明清臺灣儒學論

潘朝陽　著

臺灣　學生書局　印行

自 序

　　孔子創建儒學儒教；儒家逐漸成爲中國人的文化主體，是中國人貞定生命與生活方向的常道恆規。縱然在儒學隱晦不彰的時代，甚至分崩爭鬥的亂世，表面上，其它宗教、學說或許繁華而流行，但在人民身上作爲其日常生活中的軌則，依然非儒家的文教莫屬；譬如魏晉南北朝時代，玄風、佛禪盛行，儒學則相對而暗淡衰頹，但是無論世代之如何昏沈黑暗，人在世存有所以依靠的人倫畢竟非得具體實踐不可，人總不能依賴談玄說道或求出極樂淨土來過日子，人總是需以君臣、父子、夫婦、兄弟、朋友的五倫建立最基本的社會秩序，因此，庶民百姓不必深論孔孟儒學的本體存有論，但總是必須依賴儒家的規範常禮來建制並維繫家庭和社會的客觀結構，有了這樣的客觀結構，人才能眞正在這個世間安頓其生命和生活；而就士子而言，縱然彼等好論天命性理之存有學，也一樣必須在日常生活的灑掃應對之間，實踐孔孟儒家的文教綱常。

　　孔子之後，史稱儒分爲八。就儒學層面而言，學術分流乃是十分正常的現象，若無分流，則顯示只是壟斷於一元或寡頭，必至斷潢絕港而終究死滅的命運。儒家區分派別，表示孔子學術確實有所發展，具有健行不已之德。黃宗羲修宋元明三代儒家學案，其實也充分反映出宋明新儒家學派的波瀾分流之健行態勢。分流固然呈顯學術進路的差別性發展，但也是區域化或在地化的表徵。譬如宋明

儒學之濂、洛、關、閩或湖湘學派、金華學派、浙東學派等等區分，其實乃是儒學與儒教落實具現在區域或地方上而有的發展。換言之，孔孟儒學在存有睿智上固然其理爲一，但卻於生活世界上展現分殊爲萬的精采和多元；孔孟儒家的常道慧命不僅僅是學院門牆裏面空談玄論的知識之學，而是具體實踐在日常生活世界中的智德和教化。若剋就其落實在大地之上的實踐而言，它的鄉土文化性特別強烈，是區域或地方的文化方向、文化主軸、文化常數。

無論是高度精粹思維向度的儒家本體存有論之講求，或是對一般庶民百姓的五常、五倫的道德規範之禮制之教化，儒門有其一套教化之統緒，此即通過書院、結社之教育形式而加以實踐推廣之。孔孟二聖固已開其端源，宋明理學家以迄清儒更大力踐成了儒家書院結社的教化形式。從江西白鹿洞、湖南嶽麓直至福建武夷以至臺灣文開等等，莫不如此。地方儒士以書院結社爲中心，於當地振興儒學、講求道德，而在區域的鄉土中樹造或敷播了孔孟常道慧命，使鄉民在文化意識上有一中軸得以依持，有一方向得以前行，有一通孔得以透達。

就臺灣而言，儒學與儒教始於明末漂流來臺的浙儒沈光文，但以國家形式而在臺灣始播儒學、儒教者，應推明鄭時漳浦儒生陳永華之立聖廟、建太學於臺南。隨鄭延平拒清渡臺的儒士，多以浙東東林、復社、幾社精神，爲臺灣播下了抗拒強權不義之義理種子，表彰了孔孟春秋節義。康熙領臺之後，臺灣承大量閩儒之東來傳教，乃成爲朱子儒學傳播宣敷之區。通過在臺儒吏、儒士的努力以及書院、義學、文社的設立，朱子儒學遂從福建而普化於臺地，成爲數百年來臺民的文化常道、臺灣的文化主體。在臺灣的浙東儒學和朱子儒學，至清中葉後鄧傳安於鹿港建文開書院顯其千里結穴、

龍歸一海之兆，遂有匯流合一之勢。

　　臺灣儒學與儒教的長遠根基乃孔孟一脈相傳之道，其近流則浙閩儒學。明鄭和有清數百年的臺灣廟堂和草野，根本上是依儒家常道慧命爲其政教、文化和社會主體。甚至於日據時代，雖在異族殖民帝國高壓扭曲的統治之下，臺灣民間亦一直均以儒道爲其常數。若說傳統臺灣靈根何在？即孔孟儒學之深透涵容於臺灣人民的生活土壤而形成的生命之綱維軌轍，其細小之端關係於日常生活中的禮儀人倫；其宏大之端則關係於國族國史的延續命脈。

　　晚近研究臺灣歷史、社會、文化的學者嘗提所謂「土著化」、「內地化」等理論用以詮釋在臺漢人建立其社會文化體的過程及結果。其實若就中國人的文化播遷現象而言，國人渡海開臺，是乃中國人的生活方式隨中國移民而在臺灣的落實和踐成，於生活方式的上層結構方面，就是中國人的觀念價值核心之在臺灣的植根和生發，此觀念價值之核心，當然是傳承久遠深厚而無可更替的儒家常道慧命。從文化意識的大傳統層次以觀，臺灣即是以儒家價值系統爲文化主體之臺灣；從文化意識的小傳統層次以觀，臺灣即是著重春秋大義、經世濟民之學的浙東儒學及著重存天理去人欲之工夫境界的朱子閩學雙元合一而爲臺民文化生活大方針的臺灣。今之學者多翻來覆去只在生活方式的下層結構方面徒作解人，或只在其它思想、宗教系統中，欲圖虛構出臺灣的文化中軸，根本就始終未能於關鍵處切入了解臺灣本質，卻妄想掌握臺灣主體，豈非癡人說夢！

　　近十多年來，臺灣知識和文化界，承五四時代否定中國傳統價值之餘風，且與偏執的「本土化」狂潮有所匯股合流，而肆無忌憚地欲圖將臺灣的中國文化主體塗污、扯毀；此行爲的本質也就是狂暴地

要將中國文化主體中的儒家常道此文化核心、原則和定盤針,給予
徹底地摧滅。今日臺灣眾多敗德政客及文化虛無主義的知識分子以
其魯莽滅裂的狂暴墮落之心,已爲臺灣播植了大否定自家無盡藏的
惡種,且已發芽、茁壯、開花、結果,彼等正以傲慢的姿態已進行其文
化主體的否定和背叛的收割;當代臺灣乃是一個將文化主體連根拔
除的虛無混亂之時代,臺民失序而無方向、無常數、無原則。日常生
活中缺少剛健的五倫德操的實踐,朝野亦喪失了堂正光明的國族國
史之正命的認同;文化主體意識之大虛無和大混亂,實由輕鄙賤踏孔
孟儒家的常道慧命而自甘爲宇宙天地間的浪蕩敗家子而有以致之!

　　本書收載筆者近年關於臺灣儒學、儒教的數篇著作,表顯了筆
者對於臺灣文化主體和方向的關心。此數篇文章集中討論了明鄭、
清代的臺灣儒學儒教,由古鑑今,筆者臨觀今日臺灣如是之無體、
無力、無定向針的文化虛無病症,與先儒一樣,心中甚覺憂危而不
能安,故發而爲文,雖然其聲音或恐甚微,但亦期能喚起仁人志士
共相戮力,爲我臺島重新在華夏傳承一系的文化脈絡裏建中立極。

　　儒學不是純粹知性之學,而是通過並超越於知性之上的德性實
踐之學,所以儒教亦非純粹知性之教,而必須是德性實踐之教,如
同歐人之有基督教之文化社會踐履、印度人之有印度婆羅門教之文
化社會踐履,儒學的德性教化是乃中國人的文化社會踐履,其亦帶
有宗教一般的神聖性。今之臺灣,正是欠缺了如是的傳承悠久的宗
教之神聖性。此種文化主體的喪亡病痛,是朋友同仁們經常談及而
喟嘆不已者;本書之作即是在這樣的喟嘆中而提筆者也。

　　　　　　潘朝陽　*序於臺北三畏齋,中華民國九十年六月*

明清臺灣儒學論

目　錄

書院：儒教在地方的傳播形式

一、前言

　　任何一個文明社會均需有一套存有論思想以作為該社會的慧命與常規；以中國而言，儒家道德的存有論或道德的理想主義，長久以來，是中國社會的主軸型的慧命常規，在中國歷史脈絡裡，作為中國人生活世界的定盤針，已然是根深蒂固的事實。

　　儒家思想並非以單純的學術方式而為人民的指南，它是通過教化過程，將觀念浸透滲入人民的日常生活中，使儒家思想與人民的關係有如水與魚的關係；如魚生活於水而忘於水卻不能一刻離於水，中國人民生活於孔孟常道，雖日用而不知，卻一日不可離此常道。作為一種存有論系統，儒家思想，是由知識菁英份子或文化思想的創造少數所開創、詮釋、傳承的，但它必須普化於地方上人民的生活世界裡，才能成為中國社會的慧命常規；前者是為儒學，而後者則為儒教。

　　依孔孟、宋明儒諸先生以及當代新儒家諸先生的標準，一位儒家不能僅是儒學的工作者，他同時必須也是一名儒教的實際推展者。唯有學與教上下兩層的連貫落實，慧命常規才算真正建立。在傳統中國社會，讀書人確實擔負了儒學與儒教上下兩層連貫落實的

工作，因此儒家道德理想，乃能眞實地成爲中國人民的慧命常規。

然而所謂教化，並非只是將儒家存有論，由中央的菁英傳給地方的秀才，再由秀才傳給人民；而是必須從存有論的思想系統，落實轉化成整個生活世界的人民的生活方式。所以教化也者，不僅是學術的傳播，更必須是一種理想生活的普及和發揚。就儒家而言，忠孝仁義的哲理，是儒學的傳承，而忠臣、孝子、仁人、義士則是教化的結晶；孔孟儒家道德理想主義的實踐，前者爲金聲之成始，後者則爲玉振之成終也。

這樣的成始成終，在傳統中國，的確構成文化、歷史、社會、政治的慧命常規，形成了中國之所以爲中國的長期穩定不變的傳統。此傳統，由中央菁英與地方秀才攜手努力、上下連貫而深厚地在中國廣土眾民中建立起來，其中一項重要的傳承轉化的形式即是「書院」。

本文的目的，即是根據史料，詮釋書院在地方上傳揚儒教、成爲儒家教化地方眾民的重要形式之意義與內涵。本文的詮釋區域以清朝的臺灣爲主。

二、儒家大小傳統的上下連貫

關於文化歷史所形成的「傳統」，徐復觀先生說：❶

---

❶ 徐復觀：〈論傳統〉，《徐復觀文錄》（二）（臺北：環宇出版社，1971年），頁 100-113。

傳統，是某一集團或某一民族，代代相傳的生活方式和觀念。從時間上看，有其統緒性，從空間上看，有其統一性。

依此，則「傳統」即是具體地存在於時空座標中，有其一定的統緒性、統一性的生活方式和觀念。其實也可將「傳統」詮釋成某一種生活方式及其觀念系統，在時空座標中具有的社會文化之統緒性、統一性之存在。換言之，所謂「傳統」，就是某一種生活方式之所以是「甲」而不是乙、丙、丁——等「非甲」的核心質素；譬如中華文化不同於印度文化，乃是由於兩者的核心質素有別，雖然兩者有佛教的共同性。

徐先生強調傳統由於是大多數人共同創造、約定俗成的，所以一定要在歷史的時間之流中才能產生、形成；一旦生成，便與人民的具體生活關連在一起，並且在其中有某種觀念思想，屬於此文化體的價值方面，對該社會的實踐具有影響，而建立了該文化體人民的共同生活的秩序。❷

由上所論，「傳統」即是一個文化族群，在其日常生活中日積月累，並且通過不斷反思省察、修正轉化而創造出來，且具有社會結構、也具有歷史縱深的一套生活方式，族群成員大體共同遵循，因而含有社群共同生活的秩序規範。此種文化體或生活方式的核心質素，即所謂「傳統」者，又具有「大傳統」和「小傳統」的雙重

---

❷　同前註。

性結構。徐復觀先生說：❸

> 所謂傳統，應分成兩個層次。一是「低次元的傳統」，即普
> 通所說的風俗習慣。多表現在具體事象之上，成爲大家不問
> 理由，互相因襲的生活方式。另一是「高次元的傳統」，這
> 指的是形成一個民族精神的最高目的、最高要求，乃至人生
> 的最高修養。這種傳統的創始者，總是某一宗教的教主，有
> 如釋迦、耶穌。或者是某一民族的聖人，如孔子、孟子、老
> 子、墨子。創始以後，更由各式的大宗教家、大賢人、大藝
> 術家、大文學家、大史學家等等，加以繼承、充實，而成爲
> 一個民族的宗教、哲學、史學、藝術思想的主流。這些思
> 想，必有若干實現於該民族的低次元傳統之中，而成爲指導
> 的原理與信念。

　　徐先生所說的「高次元傳統」、「低次元傳統」，即是「大傳
統」、「小傳統」。前者以文字符號的形式成爲文化體之指導原則
和理念，後者則指民間習而行之、多半非有意識地存在，且常無文
字符號之系統表現者，這即是所謂「民俗」，也即是「鄉民文
化」、「常民文化」、或「素民文化」。就中國文化社會的歷史結
構而言，其大傳統是通過哲人、文士、官吏而加以型構的，是在較
高文化社會階層中存在，此即士紳階層；而其小傳統，則往往存在

---

❸　徐復觀：〈傳統與文化〉，《徐復觀文錄》（一）（臺北：環宇出版社，
　　1971 年），頁 57-61。

於鄉村農民、市井小民等低階層之中，是他們日用而不知的生活。❹

　　但是大小傳統，在中國，卻不是涇渭分明、截然區分的狀態。此兩層事實上是不斷地相互交流。大小傳統的交流暢通，是中國先民的文化自覺，孔子說：❺

　　　　先進於禮樂，野人也；後進於禮樂，君子也。如用之，則吾
　　　　從先進。

余英時先生釋之曰：❻

　　　　此處「野人」指一般農民，「君子」指貴族士大夫，「禮
　　　　樂」自是古代的大傳統。所以，孔子這句話，可以理解爲大
　　　　傳統起源於農村人民的生活；大傳統是從許多小傳統中逐漸
　　　　提煉出來的，後者是前者的源頭活水。大傳統（如禮樂）不但
　　　　源自民間，並在民間得到較長久的保存，像「緣人情而制
　　　　禮」，「禮失求諸野」之類的說法，其實都蘊涵著大、小傳
　　　　統不相隔絕的意思。

　　余先生從《論語》的「野人」、「君子」的分野，而指出上古

---

❹　金耀基：〈中國文化傳統及其復興之路〉，《文化傳統的重建》（臺北：
　　周陽山編，時報出版公司，1982 年），頁 55-72。

❺　《論語・先進》。

❻　余英時：〈漢代循吏與文化傳播〉，《中國思想傳統的現代詮釋》（臺
　　北：聯經事業出版公司，1987 年），頁 168-258。

中國大小傳統的互動流通。其實，這已成爲中國文化歷史的傳統。
特別是漢代的觀察風俗的政策，以樂府之官推展田野工作採集民間
詩歌，其目的即是藉詩歌而探知各地方的小傳統之特色，由此往上
提升，從草野轉升到京師、從庶民轉升到菁英，而在一番汰練下建
構了大傳統，然後加以疏導，使大傳統可順利貫通於民間，依此而
使民間獲得洗淨。❼

　　此種大小傳統上下互動的狀況，至明代，仍然不變。余先生
說：❽

　　　　十七世紀的劉獻廷在《廣陽雜記》卷二説：「余觀世之小
　　　　人，未有不好唱歌看戲者，此性天中之詩與樂也；未有不看
　　　　小説聽説書者，此性天中之書與春秋也；未有不信占卜祀鬼
　　　　神者，此性天中易與禮也。聖人六經之教，原本人情。」後
　　　　來章學誠説：「學於眾人，斯爲聖人」。聖人之道，源出百
　　　　姓的人倫日用，這一點是古今儒家所一致肯定的。劉獻廷明
　　　　確而具體地把六經分指爲小説、戲曲、占卜、祭祀的前身。
　　　　由於他的點破，儒家大傳統和民間小傳統之間的關係便非常
　　　　生動地顯露出來。

　　「六經」，是文化體中居於「創造之少數」位置的哲人、思想
大師、大文豪等創造的文字符號系統，是儒家的「道德的存有論」

---

❼　同前註。

❽　同前註。

之範典；而「唱歌看戲、看小說、聽說書、信占卜、祀鬼神」等活動，則是人民群眾的平凡之日常生活。兩者其實具有「道器」或「體用」的關係；民眾在日常生活的「器用世界」中，習焉而不察，而儒家六經典範，則已由形上的「道體世界」向下滲入「器用世界」，成為民眾日常生活的指導原則。作為民眾器用的戲曲、小說、書卜、祭祀等文化社會活動，在傳統中國，往往以教忠教孝、興仁振義為其內在精神，依之而顯發了道德存有論的道體價值。可以說儒家範典即是中國文化歷史的「大傳統」，民眾依忠孝由仁義的日常生活即中國文化歷史的「小傳統」；在中國社會裡，這兩層乃是相連續貫通的文化體系。

三、以「敬字亭」說明儒教大小傳統之連貫

「敬字亭」，或稱「敬聖亭」、「聖蹟亭」、「惜字亭」、「文筆亭」等。是一種塔狀的焚化爐，在傳統時代，用以專門收集字紙，然後通過祭祀儀式而加以焚化。

敬字亭的存在和運作，甚能看出大傳統的儒家文化意識，通過教化而傳播至民間，形成人民的生活小傳統。本文以臺灣為例加以詮釋。

臺灣的傳統時代，文字被視為文明象徵，也是聖賢教訓的顯蹟，因此有一種「敬惜字紙」的人文習俗。舉凡字紙，均須定時集中，送至敬字亭，經過莊重祭禮，然後點火焚化；所遺灰燼，則擇良辰吉時，由士紳耆老恭送到海、或河，付諸流水，以示人文來於天地復返歸天地的「天人合一」之義。

清嘉慶十一年（1806），臺灣縣儒學教諭鄭兼才作有一篇《捐贈敬字堂記》，其文顯示了敬字亭的運作乃中國儒教大小傳統在臺灣連續貫通的一種明證。該文可視之爲敬字亭的文化宣言。其文曰：❾

> 郡城奉倉聖神位於南社文昌閣，始嘉慶四年。其時同事捐鳩，催募檢拾字紙，遂置祠焉；並議修西定坊魁星堂之後廳，建字灰架以貯，顏曰「敬字亭」。每歲與南社同日祀。祀倉聖者，蓋因敬字惜紙，追敬於字所自出。先是郡中字跡穢褻，人鮮知敬。自創斯舉，而敬字亭之造，及今凡八所，出於街眾自造者凡七所。焚貯字灰，匯歸敬字亭。至期，備鼓敬樂，無分士庶，虔送付諸長流，以爲常。其相慕成風，自郡城及南北村舍胥倣行焉。
>
> 非敬之篤而其事足以感人者，能如是乎？抑余竊有說焉：字紙其跡者也，返諸聖人之所以作字之故，則欲人知忠孝信義之事，故筆於書，使觸於目而警心，求其解以歸於用，則在朝爲正人，在鄉爲善士，必皆自識字起。其爲敬孰大？於是吾願登斯堂者，由其跡以觀於深得聖人制字之意，務無虛敬聖之心，徒區區字紙乎哉？夫敬字之實如此。

依鄭兼才所論，則臺南敬字亭之設立，凡八所之中，多達七

---

❾ 〔清〕謝金鑾：《續修臺灣縣志·藝文（二）》（臺北：大通書局，未刊年份），頁 519-520。

所，是爲「街衆」之自造；此所云街衆，即士農工商等民間社群。
這反映了敬字亭的運作，實乃傳統時代在臺灣的中國人民間社群活
動的文化小傳統；而其上層結構，即鄭氏所云「聖人之所以作字之
故，欲人知忠孝信義之事，……在朝爲正人，在鄉爲善士」；換言
之，傳統中國文化的核心價值—儒家倫理思想，就是臺南敬字亭文
化小傳統的超越層結構，也就是當時臺灣中國人的文化大傳統。

由鄭氏的文章，顯然，儒家聖賢教訓，是由上往下而敷貫於臺
灣民間的。雖然其文所指涉者僅在臺南，但若徵諸其他史料，當知
並非孤立現象。《淡水廳志》曰：**❿**

> 塹城尤敬字紙，每屆子午卯酉年，士庶齊集，奉倉頡神牌祀
> 之；護送字灰，放之大海。燈綵鼓樂，極一時之盛云。

《淡志》修於同治十年（1871），而塹城即今之新竹市，爲當
時北臺地區—淡水廳的首邑；依上引言，在十九世紀末葉，北部臺
灣的民衆，如同在臺南府城的民衆，亦以儒家教言爲其生活實踐上
的憑依；以虔誠祭典表達北臺士庶對聖人之教的崇仰和信賴，這也
顯示了儒家思想的大小傳統在臺灣北部的上下連續貫通。

《淡志》所述較簡約。清道光十二年（1832）始修的《噶瑪蘭
廳志》則有詳實的描述。該志曰：**⓫**

---

❿ 〔清〕陳培桂：《淡水廳志·風俗考》（臺北：大通書局，未刊年份），
頁 297。

⓫ 〔清〕陳淑均：《噶瑪蘭廳志·風俗》（臺北：大通書局，未刊年份），
頁 188-189。

蘭中字紙，雖村民婦孺，皆知敬惜。緣街中文昌宮左築有敬
字亭，立為惜字會，僱丁搜覓，洗淨焚化，薰以沈檀，緘以
紙素。每年以二月三日文昌帝君誕辰，通屬士庶齊集宮中，
排設戲筵，結綵張燈；推一人為主祭，配以倉頡神牌。三獻
禮畢，即奉倉頡牌於綵亭，士子自為執事，隨將一年所焚字
紙，鋪疊春盛，迎遍街衢。所至人家，無不設香案，焚金
楮、爆竹以拜迎。是日凡啓蒙諸子，皆具衣冠，與矜者護送
至北門外渡船頭，然後裝入小船，用綵旗鼓放之大海而回。

依此段所述，十九世紀的噶瑪蘭地方之敬惜文字的活動，已是
全體中國人社群的共同文化意識；漢文字，以及其內在蘊具的儒家
道德存有論精神，已成為噶瑪蘭常民日常生活的重要質素；以敬字
亭配合文昌祠，再創設惜字會之公益文教團體，更進一步以宗教祭
典方式，而將聖賢訓誥的崇敬，推至最高潮，其儀式性活動的盛
況，實不下於民間的「迎媽祖」。同時，整個活動似乎是以士子階
層為主導，此顯示了依儒家思想為其生命價值核心的傳統中國讀書
人，已經懷抱著文化大傳統之常道慧命，而在蘭陽產生教化的影
響。

噶瑪蘭的開發始於清嘉慶元年（1796），至道光十二年
（1832），不過三十六個年頭，於短短的三十年左右，就由草萊初
闢而建文昌廟、立敬字亭、創惜字會；經由這一系列的以儒教為其
中心理念的文化社會活動，傳統中國的常規，可以說，確然已在蘭
陽區域建立起來。

根據以上論述，臺灣敬字亭的運作，雖然只是一種不佔空間的

文化景觀，但其背後則意味著儒教上下普及流貫，實無分地之南北，在傳統臺灣的中國人社會裡，是軸心性的文化價值系統。

四、地方秀才與文昌祠

敬字亭在臺灣能如是地運作，實非由虛空中無端生出，其有一文化歷史的發展脈絡，此即隨著中國人在臺灣的開拓，「地方秀才」即順此拓殖進程而展開中國文化的教育工作，由於傳統中國文教，如本文前述，是以儒家聖賢訓誥爲其核心，因此中國人開發所及的臺灣地區，大體上，均因秀才們的文教之推展，而使儒家價值規範得以普及，獲致實踐。

茲以貓裏（苗栗）地方爲例詮釋之。

根據史實，貓裏在清乾隆初年已有粵籍的中國人入墾，大致到了道光、咸豐年間，已將貓裏轉化成中國人的土地，而原住民平埔族的道卡斯族也已大體漢化。❷當貓裏地方轉化成爲中國人的土地之後，士子儒生也就隨之而在當地推展儒教，逐步使貓裏成爲以忠孝仁義爲其綱常之區域。《清修苗栗縣志》載有地方士紳推展文教之事蹟：❸

---

❷　潘朝陽：《臺灣傳統漢文化區域構成及其空間性——以貓裏區域爲例的文化歷史地理詮釋》（第貳章），國立臺灣師範大學地理研究所八十三年博士論文。

❸　〔清〕沈茂蔭：《苗栗縣志》（臺北：大通書局，未刊年份），頁 203-205、250-251。

李緯烈，監生，道光六年（1826），閩粵械鬥，以粥賑難民，賴活者數百人。行年七十三，預知壽盡，以「孝友」囑子孫。

李朝勳，緯烈子，性孝友，父母兄弟無間言；繼母詹氏，養葬盡禮，稱聲載道。處世善善、惡惡，急公向義；為鄉里排難解紛，抑強扶弱。生平好讀書，晚築家塾，設學田，延師訓子弟；歲冬，命考家課，別優劣，賞賚有差。

謝謙，附生，性正直，好讀書，口不絕吟，博學多能。事親有孝名，每月朔望，必整衣冠禮拜天地、神祇，為乃親祈年。

謝廷楨，性高潔，擇交游。授徒，善誘不倦；時常以「先器識、後文藝」之言為訓。故今出其門者，多正士焉。

吳子光，長於詩，尤長駢體，有天風海濤之觀；隸書，直追漢唐人。同治甲子科，舉於鄉。中丞徐宗幹屢貽書使北上，而生平恬淡，不營仕進，故不果。端溪陳培桂官淡水廳，悉其學行，延修《廳志》。所著有前、後《一肚皮集》，集萬言。

謝佳揚，宿儒，性中正和平。幼失怙；稍長，事母能孝。兄早逝，視姪如子。生平喜讀書，不營家計。授徒里中，孜孜不倦；嘗言：「日對聖賢，倘誤人子弟，其過莫大。」每歲冬，必倡籌經費，以課鄉鄰子弟；而文風蔚起。

羅葆元，同治壬戌科舉人，博淹經史，大擅文名。在內地，歷掌教龍川各書院，教澤所數，無不文風丕振。來臺，居貓裏，人慕其學，敦請設帳，游其門者，多獲雋焉。

陳尹，庠生，生平好學；文章不入時徑，嘗至琉球國，其王聘為太子師。道光九年來臺，設帳於社寮岡，學者稱為琉球王先生。時有督撫武隆阿，遣使招之，不至；復親造其廬，尹固辭之，其傲岸不拘如此。

謝光琛，附生，為人淡泊和厚，品學兼優。同治年，在苗屬設帳歷十餘年，樂育為心。

楊元瑛，附生，客臺設帳十餘年，士多游其門者。

由上段引言顯示了一項事實，也就是經過一段開發的歷史階段，並增益以士子儒生推展儒道為主的文教，可以說，中國的文化大小傳統，在貓裏地方，已經建成為其生活世界的主軸；這個主軸，與當時的大陸或臺灣其他區域，而有士子儒生主動推行其文化道德理想並加以實踐者，實無不同。

地方儒生和秀才之實踐其文化理想，可以他們以地方之力興建文昌祠一事而獲得明證。本文再依《清修苗栗縣志》予以說明，《苗志》曰：❶

　　文昌廟，在縣治南門外苗栗街。光緒八年，董事例貢生林際春、幫董稟生陳萬青、生員黃文龍、監生邱蘊常、監生范炳輝等倡捐建造。

---

❶　同前註，頁159。

鄉土史家黃鼎松先生在《苗栗文昌祠暨英才書院沿革》中說：❶⑮

> 光緒十一年，祠宇落成，建祠經理林際春，自新竹背負文昌
> 帝君神像入祠安座，本祠自此成爲山城文人士子信仰中心。

建造貓裏文昌祠的人物，是當時貓裏地方的士子儒生。文昌
祠，不但是他們的崇拜中心，也是傳統時期教養生童、推行儒家思
想的場所。貓裏地方的文化常規慧命，已確然能依此場所而獲得傳
揚；其傳揚，已非早期僅靠家塾或私人設帳之形式，而已是以士子
儒生所形成的文化社團來加以傳揚。換言之，貓裏文昌祠的建立以
及文教在其中的實際推展，證明了儒家倫理的大小傳統，已經成爲
與貓裏的生活世界緊密結合而不可分的文化社會結構。

清咸同年間臺灣名儒吳子光在其《募建貓裏文祠疏》一文中
云：❶⑯

> 起文翁於蜀郡，化民惟事詩書；封箕子於朝鮮，前席不違疇
> 範。九鼎鑄而神姦遂鑄，內政作而士鄉立隆。三雍修禮樂之
> 儀，萬緯掃欃槍之氣。——且夫文風與國運相權，士習即民
> 情所嚮。東壁主圖書之府，象取文明；斗魁茳將相之樞，占
> 同符瑞。建祠宇以妥神祐，文運天開，有嘉德而無違心，儒

---

❶⑮　此沿革見於苗栗街文昌祠大殿右壁。

❶⑯　〔清〕吳子光：〈募建貓裏文祠疏〉，收於〔清〕沈茂蔭《苗栗縣志》，
　　　頁217-219。

風日振。地方義舉，學校悠關。十室豈無忠信，道術正，則
國器成材；三代雖少完人，儒行端，則民風復古。念此日斯
文一脈，紹聞衣德於傳薪，待他年多士三升，請卜余言爲左
卷。

建貓裏文昌祠，依吳子光此疏，明白指出根據儒家經典教化，
而使貓裏「文運天開、儒風日振」；藉著儒家詩書文教的化育，貓
裏地方乃能由無文粗鄙的狀態轉化而成爲知書達禮、由仁義行的人
文鄉土。

祠殿主祀文昌帝君，左殿祀倉頡聖人，右殿祀昌黎伯韓夫子，
並供奉大成至聖先師神位，以及魁星。貓裏的士子儒生，在國家各
級學校均告闕如或頹然不振的狀況下，唯有依文昌祠進行儒道之教
與學，並且期冀孔聖、文昌的護持而登龍門。士子儒生，地方的領
導階層也，其文化理想意識，往往通過文昌崇拜，而由文教大傳統
流貫漫布而下，成爲貓裏庶民的生活常規慧命，因此以儒家倫理爲
核心的文化社會小傳統，乃能在貓裏眞確地樹立起來。

五、書院的意義

無論設立家塾或名儒設帳課徒，或一群士子儒生集資建立文昌
祠，藉以推展儒術，這均是書院的另外一種形式。

中國文教體制，除了國家設立的官學之外，民間自有一套文教
系統，先秦時有論諸子的「講堂」，兩漢魏晉有講經學、玄學的
「精舍」，宋明有提倡儒學的「書院」；這一個系統，有別於國家

政權牢籠天下士子的官學，而是以建立一堂堂正正的獨立人格為目的；雖然各有其存在論的擅場，但以宋明儒家的書院最為典型，主要是因為儒家書院以道德理想主義樹立了人之生命主體性，同時也就因之而樹立了中國文化社會與歷史的慧命常規之主體。此義，王陽明先生論之精矣，先生曰：⑰

> 惟我皇明，⋯⋯其於學校之制，可謂詳且備矣；而名區勝地，往往復有書院之設，何哉？所以匡翼夫學校之不逮也。夫三代之學，皆所以明人倫，今之學宮，皆以明倫名堂，則其所以立學者，固未嘗非三代意也。然自科舉之業盛，士皆馳騖於記誦辭章，而功利得喪，分惑其心，於是師之所教，弟子之所學者，遂不復知有明倫之意矣。懷世道之憂者，思挽而復之，⋯⋯

因官學科舉之敗壞，而懷世道之憂的仁人志士們，常思維如何加以挽救；其方策，依陽明先生之見，即於民間設立書院。

書院設立的目的安在？先生曰：⑱

> 今書院之設，固期我以古聖賢之學也。古聖賢之學，明倫而已。堯舜之相授受曰：「人心惟危，道心惟微，惟精惟一，

---

⑰ 〔明〕王守仁：〈萬松書院記〉，《王陽明文集》（臺北：考正出版社，1972 年），頁 21-22。

⑱ 同前註。

允執厥中。」斯明倫之學矣。道心也者，率性之謂也，人心
則僞矣。不雜於人僞，率是道心而發之於用也。以言其情，
則爲喜怒哀樂，以言其事，則爲中節之和；爲三千三百經曲
之禮；以言其倫，則爲父子之親、君臣之義、夫婦之別、長
幼之序、朋友之信，而三才之道盡此矣。舜使契爲司徒，以
教天下者，教之以此也，是固天下古今聖愚之所同具。……
是明倫之學，孩提之童，亦無不能，而及其至也，雖聖人有
所不能盡也。人倫明於上，小民親於下，家齊國治而天下平
矣。是故明倫之外，無學矣。外此而學者，謂之異端；非此
而論者，謂之邪說；假此而行者，謂之伯術；飾此而言者，
謂之文辭；背此而馳者，謂之功利之徒、亂世之政。

　　依陽明先生此論，書院的設立，是以講明人倫之教爲目的；人
倫之教，古聖賢之學也。以道心爲體，發而爲人間世日常生活之倫
理秩序的大用；而所謂「三千三百經曲之禮」，即世間所有知識學
問，亦自然含藏蘊蓄於其中矣。書院之學，聖賢之學；書院之教，
人倫之教。於此，先生規定了書院教育的惟一準則，即「尊德性、
道問學」；以孔孟聖賢之正道爲典要，捨此，則無所謂「書院」者
也。復次，書院之運作，亦即是使儒家常道之大小傳統得以上下連
貫傳達的重要憑依，這即是陽明所云「人倫明於上，小民親於下」
也；前者即大傳統，後者即小傳統，也惟有如此，才有可能達到
「家齊國治而天下平」的境界。換言之，書院之有無及其是否確實
實踐以儒家教化，正是家能否齊、國能否治、而天下能否太平的前
提或保證。

　　陽明賦予書院的根本大義，非孤證也。關於書院之文，歷來多矣，無論大儒手筆或秀才文章，其彰著儒道的精神，則一也。熊十力先生的《復性書院開講示諸生》一文卻有深刻精闢的見解，讀先生之文，更能瞭解以儒家價值爲核心的書院之教育的根本宗旨。

　　先生說：❶

　　　書院性質扼重在哲學思想與文史等方面之研究。吾國年來談
　　教育者，多注重科學與技術，而輕視文哲，此實未免偏
　　見。……至於推顯至隱，窮萬物之本，激萬化之原，綜貫散
　　殊，而冥極大全者，則非科學所能及。……哲學，畢竟是一
　　切學問之歸墟。……若無哲學，則知不冥其極，理不究其
　　至，學不由其統，奚其可哉。……哲學者，所以研窮宇宙人
　　生根本問題，能啓發吾人高深的理想。須知高深的理想，即
　　是道德。從澈悟方面言之，則曰理想；從其冥契眞理，在現
　　實生活中而無所淪溺言之，則曰道德。……吾人必眞有哲學
　　的陶養，有高遠深微的理想；會萬有而識其源，窮萬變而得
　　其則。極天下之至繁至雜，而不憚於求通也；極天下之至幽
　　至玄，而不厭於研幾也；極天下之至常至變，而不倦於審量
　　也。智深以沈，思睿曰聖；不囿於膚淺，不墮於卑近。以知
　　養恬，其神凝而不亂，故其生活力日益充實而不自知，孟子
　　所謂養浩然之氣者是也。

---

❶　熊十力：〈復性書院開講示諸生〉，《十力語要·卷二》（臺北：明文書
　　局，1989 年），頁 229-257。

熊先生此段文章明確指出，復性書院的教育宗旨，不在於世俗專家之技巧學問之傳授，而是利用哲學以建宗立極，樹立堂堂正正的崇高人格。其哲學，非西洋之知識論也，而乃是東土的道德理想主義的存有論；所以先生強調依道德理想來研窮宇宙人生，並進一步以冥契真理。依據先生的義旨，則書院實在是爲了養成學生弟子的浩然正氣人格而設立，這樣的教育目標，即所謂「立於禮」也。先生認爲惟有通過如此的道德理想主義存有論的實踐教化，天下士子才有可能具有智慧用以「極天下之至繁至雜、極天下之至幽至玄、極天下之至常至變」。於此，先生明顯是以「真如心」或「實踐理性」爲學問綱領，而作爲「生滅心」或「純粹理性」的大頭腦，這種宗旨正是橫渠先生所主張的爲學需「先立乎其大」。「生滅心」或「純粹理性」作用於世間知識，但士子儒生的胸襟、眼界、氣度和品味，卻必須以「真如心」或「實踐理性」爲其綱領；換言之，復性書院，不是一般的學校，而是具有根性大頭腦的生命智慧之養成所，其根性即熊先生所三復斯言的道德理想主義。此種教育宗旨，先生進一步闡明，實與士子儒生的「器識」有關，先生說：[20]

> 昔人有言，士先器識而後文藝。今學校教育，但令學子講習一切學術，易言之，即惟重知識技能而已。至於知能所從出，與知能所以善其用者，則存乎其人之器識。器識不具，則雖命之求知能，其知能終不得盡量發展。必有其器與識，

---

[20]　同前註。

而後知能日進。如本固而枝葉茂也。抑必器識甚優，始能善用其知能。不至以知能爲濟私之具也。苟輕器識，而唯知能是務，欲學者盡其知能以效於世，此必不可得也。

於此，熊先生揭舉了「器識」重於或先於「知能」的教育理念。他認爲建立器識之後，士子才能「善」用知能，而且惟有先行建立了器識，知能方得以因之而建立。器識者，本根也；知能者，枝葉也。惟有本根深固，枝葉方可能茂盛。器識，依先生，是爲知能之「主體性創造原理」；無器識，則無創造，苟無創造，則必無眞正之知能也。先生此論，實爲傳統儒家的基本觀念，也就是《大學》所說的「大學之道在明明德」，明明德者，品識之功夫；也是《中庸》所說的「尊德性，道問學」，乃以「德性」的修爲爲首務。

總之，儒家的書院，自古及今，必均以建立士子儒生的「道德主體」爲其根本主旨。根本建立，才論及專業知能的學習。此在大陸如此，在臺灣亦然。茲就臺灣的書院論之。

六、臺灣的書院

臺灣的書院始自明鄭；鄭氏儒臣陳文華對鄭經說：㉑

昔成湯以百里而王，文王以七里而興，豈關地方廣闊？實在

㉑ 〔清〕江日昇：《臺灣外記》（臺北：大通書局，未刊年份），頁236。

國君好賢，能求人材以相佐理耳。今臺灣沃野數千里，遠濱
海外，且其俗醇；使國君能舉賢以助理，則十年生長、十年
教養、十年成聚，三十年真可與中原相甲乙。何愁急促稀少
哉？今既足食，則當教之。使逸居無教，何異禽獸？須擇地
建立聖廟、設學校，以收人材。庶國有賢士，邦本自固，而
世運日昌矣。

　　鄭氏納其言，於是在臺南置聖廟、設明倫堂，此即「全臺首
學」也。雖然此為官方建立的學校機構，但以陳文華之儒臣的素
養，其設書院的根本精神乃由孔子訓誥而來。所謂「今既足食，則
當教之」之語實即出自《論語》也。❷❷

　　　子適衛，冉有僕。子曰：「庶矣哉。」冉有曰：「既庶矣，
　　　又何加焉？」曰：「富之。」曰：「既富矣，又何加焉？」
　　　曰「教之。」

　　足食即表示明鄭在臺灣的經濟財政無問題，軍民不愁凍餒；根
據孔子的訓示，不可任人民因物誘而墮落成「動物性」的存在，故
需進行教化。此項治國原則，自孔子後，再由孟子弘揚發揮，遂成
儒家治道的重要規範。陳文華雖只是鄭氏一家之臣，卻有著大儒之
臣的風範與規模，臺灣一地的儒教大傳統，究實言，乃是陳氏開啓
之功；自是，臺地之儒學教化遂啓端緒。

---

❷❷　《論語·子路》。

　　有清一代，臺灣的書院，無論官方或民間設立，主其事者必屬
儒家門生而無疑。其基本精神當然置於儒家理想的教育和傳播。雖
然傳統儒者多順仕進之路而爲官宦，但基本上，以人文而化成天下
的文化使命感卻未喪失，臺灣的書院，多由地方官配合地方士紳耆
老而設立，其目的實在地方生民「富之」之後的「教之」；通過教
化之功，雖無法每人均成聖賢，但使臺灣由樸拙粗鄙的不文之野上
升而爲修文雅麗之鄉，乃書院在臺存在的意義也。就偏遠位置的澎
湖爲例，此種文教要求，實無異於臺灣的精華地區，可見士子儒生
的儒教大傳統並無區域性的分別，而成爲一種普遍性的文化現象。

　　清乾隆三十一年（1766），澎湖通判胡建偉應貢生許應元等人
之請，在文澳西偏設立了「文石書院」。㉓胡氏特爲此而撰成《文
石書院落成記》以記其盛。其文有曰：㉔

> 文石者，澎產也。──石何以貴？以文爲貴也。──文石之
> 文，以堅貞之質著。班爛之耀，五色紛綸；應乎天則五緯
> 昭，應乎地則五行位，應乎人則五常敘而五教彰。充實光
> 輝，發越而不可掩，斯文之可貴也。

　　胡建偉藉澎湖的特殊自然物之「文石」以點出「文」的珍貴；
石有文，人亦有文；因有文，人才所以可貴。人之文何哉？即其所

㉓　〔清〕林豪：《澎湖廳志·書院》（臺北：大通書局，未刊年份），頁
　　110。

㉔　〔清〕胡建偉：〈文石書院落成記〉，收於〔清〕林豪《澎湖廳志》，頁
　　436-437。

云「五常敘、五教彰」也。而所以敘五常彰五教之文教設施，此即文石書院。胡文又曰：㉕

> 學者之始爲訓詁、繼而服習，久而漸摩之至義精仁熟，不知不覺升堂入室進乎聖賢之域。

由此可知，胡建偉和許應元等士子儒生共建文石書院，其目的即是透過敘五常彰五教的教育工作，而使澎湖士民能夠「義精仁熟」而最終「進乎聖賢之域」。此種宣示，可稱之爲澎湖人的「文化宣言」也，而無疑的，其根本精神，乃是儒家的文教理想。胡文又曰：㉖

> 春夏詩書、秋冬禮樂，以砥礪其心性、潤澤其文章，處則爲有道之士，出則爲有用之儒。

由此亦知，文石書院教授學生的教材即詩書禮樂等儒家的典籍，其目的不外砥礪心志的「尊德性」和潤澤文章的「道問學」，並據此教化工夫而期使澎湖後生們成就爲有道有用的儒士。無疑的，儒家文化慧命所形成的大傳統，也透過了地方循吏和地方士子的傳播而在偏陬之地的澎湖落實下來，於是成爲其生民日常生活的最高規範。澎湖如此，臺灣本島當不例外。

㉕　同前註。
㉖　同前註。

臺灣的書院，一如上述，儒家基本倫理由大傳統往下而貫通於其中，透過儒師和儒生在其中的教化，逐漸將文化常道慧命傳播於臺灣。此種形式，與大陸各地的基本形態並無不同。唯臺灣因有一水之隔，大傳統跳越天塹而在島上樹造小傳統，此則特顯儒家倫理傳播未因地方之別而有差異。

茲以噶瑪蘭設立「仰山書院」為例加以論述。《噶瑪蘭廳志》載：❷

> 仰山書院，在廳治西文昌宮左，以景仰楊龜山得名。嘉慶十七年委辦知府楊廷理創建三楹，旋圮。道光五年，通判呂志恆移假文昌祠東廂房，為山長安硯之地，並於東首臨街建一門樓，額曰「仰山書院」。十年夏，署牢薩廉乃即舊址重建一廳、二房、一廚灶，連一曠地大可數弓，編花樹果，編以杙籬；西接敬字亭，南連行香官廳，外又護以板踏門，環以短小牆，砌石鋪磚，窗疏明爽。雖肄業學舍無地兼營，不可謂非小結構也。

由此可知，楊廷理在蘭地創建書院，其命名為「仰山」，實因「景仰楊龜山」之故；廷理有詩以明己之創設書院之志，詩曰：❷

---

❷ 〔清〕陳淑均：《噶瑪蘭廳志·書院》，同註⓫，頁139。

❷ 〔清〕楊廷理：〈蘭城仰山書院新成志喜詩〉，收於〔清〕陳淑均《噶瑪蘭廳志》，頁140。

龜山海上望巍然，追溯高風仰宋賢，行媲四知敦矩範，道延一線合眞傳。文章運會關今古，理學淵源孰後先？留語諸生勤努力，堂前定可兆三壇。

依此詩，楊廷理站在儒家的立場，特別是宋儒理學的傳承脈絡來創建仰山書院，此種文化色彩是十分明顯的。

自仰山書院成立，學風所及，蘭地士習因之醇厚。廳志論其地士習曰：㉙

> 蘭士愛惜名器，最重身家。一衣頂不容冒濫，一簪紳必加敬恭。歷試采芹，固無一捉刀之誚；即逐隊童子軍中，亦無不家世清白者。蓋平日於書院內另置一社，亦曰「仰山社」。每於玉石攻錯之中，寓涇渭別流之意。蘭士四仲月，必聚會於「仰山社」，樽酒論文，不勞刻燭。各競一日之長，就正甲乙；然不輕於投贄也。擇其品端學裕，遠在几席之外，方肯載酒問奇。故千里問笈，至今尚復有人。

依此，蘭地的儒生士子，均多有士君子之行，此不可不說是仰山書院和仰山社的設立並推展其文教而產生的功效。當仰山社設置時，諸生請廳署官員烏竹芳寫序，以記其盛。烏竹芳曰：㉚

㉙　〔清〕陳淑均：《噶瑪蘭廳志·士習》，同註⑪，頁187。
㉚　〔清〕烏竹芳：〈仰山社序〉，收於〔清〕陳淑均《噶瑪蘭廳志》，頁152-153。

蓋聞五步之澤，必有香草；十室之邑，必有忠信。況噶瑪蘭
環山面海，幅員百三十里（原作五十里），雖地屬新闢，而間
氣所終，秀靈所聚，將來必有大發其祥者。蓋上天之降才，
原不限於遐域也。余以乙酉夏來攝斯土，訪其俗，樸以醇；
問其民，直以慤；察其學校之設，則有仰山書院。每於公餘
之暇，按月考課，因得與諸生相接。而仰山社附焉。則見多
士濟濟，蔚然挺秀，有蒸蒸日進之風。

烏氏此序清楚指出，蘭地因屬初開，其民風醇樸敦篤，於此厚
實的根基上，創設書院以及學社，推展以儒家學術，遂「見多士濟
濟，蔚然挺秀，有蒸蒸日進之風」。

總要言之，楊廷理在蘭陽平原設置仰山書院、推展傳佈儒家文
化常道，此即中國文化大傳統落實具現在蘭陽平原而成為當地漢人
生活世界的小傳統之核心的典型明證。

前引楊廷理詩有云宗仰宋儒，此宋儒即楊龜山。「仰山」者，
「敬仰龜山先生」也，楊龜山，楊時也。《宋史》曰：[31]

楊時字中立，——熙寧九年，中進士第。時河南程顥與弟程
頤講孔孟絕學于熙、豐之際，河洛之士翕然師之。時調官不
赴，師禮見顥於潁昌，相得甚歡。其歸也，顥目送之曰：
「吾道南矣。」四年而顥死，時——又見程頤於洛，時蓋年

---

[31] 《新校本宋史·列傳第一百八十七·道學二》（臺北：鼎文書局，1994
年），頁 12738。

四十矣。一日見頤，頤偶瞑坐，時與游酢侍立不去，頤既
覺，則門外雪深一尺矣。——杜門不出者十年，久之，歷知
瀏陽、餘杭、蕭山三縣，皆有惠政，民思之不忘。——時德
望日重，四方之士不遠千里從之游，號曰龜山先生。

由此，龜山先生即有名的「立雪程門」的主角楊時。以二程先
生為師，並將二程道學傳往南方；若無龜山，則宋之儒學道統能否
發揚光大，且由河洛延漫於華中、華南，實未可預知也。

宋室南渡，龜山亦渡江。宋高宗時，龜山以「龍圖閣直學士提
舉杭霄宮」的官位告老致仕，優游泉林、著書講學以終。《宋史》
說：❸❷

時在東郡，所交皆天下士，——既渡江，東南學者推時為程
氏正宗。與胡安國往來講論尤多。——時所論列皆切於世
道，而其大者，則闢王氏經學，排靖康和議，使邪說不作。
凡紹興初崇尚元佑學術，而朱熹、張栻之學得程氏之正，其
源委脈絡皆出於時。

南宋的儒學源委脈絡，實由龜山先生承傳開展也。在宋室倉皇
南遷、人心慌惑不安之際，若無楊時，或許千年儒家血脈，就因此
而斷絕矣。

據《宋史》，龜山授其學予羅從彥，從彥再授其學予李侗；李

---

❸❷　同前註，頁 12743。

侗，延平先生也，《宋史》曰：❸

> 是時吏部員外郎朱松與侗爲同門友，雅重侗，遣子熹從學，
> 熹卒得其傳。

由此，朱熹之儒學道統，實由龜山先生此一血脈傳承而來也。朱子學開出往後中國文化常規。究實說，若無程朱，則無「中國」，而於程與朱之間的啓承轉合之關鍵儒者，即楊龜山先生。文化慧命的延續和發揚，先生之功偉矣。朱子與閩深有淵源，朱子之學故能傳揚於閩，而因此越躍天塹，遂將孔孟道統播佈於臺灣。

「仰山書院」之設立，即程子－龜山－朱子：華北－華南－閩南，然後到臺灣的畫龍點睛。此即楊廷理之文化功德也。

書院的設立以及依據書院設教，此正是前聖後聖、先儒後儒的一貫之文教理想；書院講學傳道，一直都是儒家深自期待並戮力以赴的使命。

王陽明高揚斯義，其《東林書院記》云：❹

> 東林書院者，宋龜山楊先生講學之所也。龜山沒，其地化爲
> 僧區，而其學亦遂淪入于佛老訓詁詞章者且四百年。成化
> 間，今少司徒泉齋邵先生，始以舉子復聚徒講誦於其間，先
> 生既仕，而址復荒，屬于邑之華氏；華氏，先生之門人也，

---

❸　同前註，頁 12748。

❹　〔明〕王守仁：〈東林書院記〉，《王陽明文集》，同註❼，頁 56-57。

以先生之故，仍讓其地爲書院，以昭先生之跡，而復龜山之
舊。——當是時，遼陽高君文豹，方來令茲邑，聞其事，請
表明賢人君子之跡，以風勸士習，——夫龜山沒，使有若先
生者，相繼講明其間，龜山之學，邑之人，將必有傳，豈遂
淪入于老佛詞章，而莫之知？求當時從龜山遊不無人矣；使
有如華氏者，相繼修葺之，縱其學未即明，其間必有因跡以
求道者，則亦何至淪沒於四百年之久？又使其時有司有若高
君者，以風勸士習爲己任，書院將無因何而圮，又何至化爲
浮屠之居，而蕩爲草莽之野，——若夫龜山之學，得之程
氏，以上接孔孟下啓羅李晦菴，其統緒相承，斷無可疑。—
—先生樂易謙虛，德器溶然，——有龜山之風。——從先生
游者，——以先生之心，而上求龜山之學，庶乎書院之復，
不爲虛矣。

　　陽明先生此文重點有二，其一指出儒家賴以傳揚慧命常道的書
院，必須代代有人傳承下去，若無人，則「淪入于佛老訓詁詞章者
四百年」；若有人，如邵先生、華氏、高文豹君，則將能「表明賢
人君子之跡，以風勸士習，而復龜山之學」。其二則指出東林書院
乃龜山先生講學之所；此有何意義耶？陽明一針點出血脈，乃說
「龜山之學，得之程氏，以上接孔孟下啓羅李晦菴，其統緒相承，
斷無可疑」。東林書院若能恢復講論儒家常道，即所以復龜山學
也，而復龜山學，即所以重振孔孟之道的統緒也。

　　陽明沒後，又數百年，楊廷理先生在臺灣噶瑪蘭創立仰山書
院，其精神實無異於前儒往賢之重建東林書院；通過龜山，究明宋

明諸儒文化心懷，而由此統緒以上追孔孟二聖之道德理想主義也。
復次，由於仰山書院的成立於噶瑪蘭，正顯示了儒道大傳統之在臺
灣落實而建成了地方的慧命常規之小傳統。並且由此書院之在蘭地
的設置之事實，證成了儒學要在地方發揮儒教之功，實須仰賴地方
上的儒生士子的自覺努力，傳統時代的臺灣讀書人，應該沒有辜負
往聖前賢的期望。

七、結語

　　以書院爲基本形式，在臺灣推展踐履的儒家文教，雖然不免亦
雜冗以科舉功名之利祿心，但就整體大方向而言，實乃臺灣承接中
國文化大傳統而轉化成自己的小傳統的最重要的方法，士子儒生依
據私塾、家學、書院、文昌祠，以及文人結社等方式，很自然地將
文化常道之大小傳統連續貫串而爲一上下流通的文化生機體。假若
中央體系崩潰，地方卻由於平時有賴「秀才」們的文教工作之奠定
深厚的慧命常道之根基，而得以自我守護貞定，不至於隨中央之崩
潰而魚爛；這便是臺灣四百年來的漢人開發史中，雖一直不斷有各
種社會動亂，但傳統生活價值系統仍能如長江大河滾滾延流的主要
原因。

　　臺灣進入「現代」之後，以書院爲基本傳道形式的儒教，早已
蕩然無存；「現代秀才」從書院形式中被拔離出來，而墜落成爲
「政權教育機器」裡面的一員「知識的販售者」，往往不免同時要
擔負替「政權」宣傳政治意識形態的工作。在各級學校裡，教師只
「授業」，何必「傳道」？同時，更喫緊者乃是「現代秀才」只在

學校門牆裡面，作一名「專技之士」，與傳統時代的士子儒生之與
土地社區結合的文化生態不同，彼等與土地社區是疏離而不相干
的，大傳統與小傳統的中間環節斷裂剝離，文化慧命常規無法下貫
流敷於地方；地方、鄉土因此而斷喪了源泉活水，其心靈生命下萎
墮落乾枯而日漸淪喪為罪惡污染之世界，美麗的臺灣鄉土日漸失落
矣。如何在「現代」重建具有「現代」之意義的儒家書院，並且透
過吾人當代新儒家的教化功夫，或許可以在臺灣重新將文化常規慧
命之大小傳統溝通建立起來，而讓在臺灣的中國人再樹生命主體，
期能使臺灣由「楊朱型」的放浪性社會風氣中「浪子回頭」而能歸
返仁義大道的軌約；同時也願從臺灣出發，如孝子之反哺，去影響
幫助大陸由「墨法型」的乾枯性政治牢籠中「衝決網羅」而能回復
仁義大道的自由。筆者認為這是當代新儒家的「終極性外王使
命」，願終身一心以赴之而無倦無悔。

　　※本文發表於《鵝湖》第 21 卷第 5 期（總號：245 號），
　　1995 年 11 月。

地方儒士興學設教的
傳統及其意義
—以臺灣爲例的詮釋—

一、前言

　　傳統中國的「土地文化」或「文化土地」，是依賴與眾民共同
生活在地方社區內的基層士子將文化常道之大、小傳統加以連繫貫
通而往前有所發展的。文化常道典範之創造者畢竟是少數；他們建
立文化常道的理想主義之後，係賴基層士子有意識地將此理想主義
的存在典範落實具現於廣大土地上人民的生活世界之中。

　　確切而言，若缺少了基層士子所形成的傳播、延續以及連繫文
化常道的環節，則該文化常道之理想主義的存在典範，將只成爲懸
空亢龍的孤乾；蓋無坤德之相應，必飄盪無所歸而不能落實在篤實
深厚的土地上，終成爲一種空虛之論罷了。此「乾龍」者，文化常道之
存在樣態；「坤德」者，廣大人民之生活世界也。即因基層士子不斷地
將文化理想的存在理據的道理由上層接引下貫至人民生活世界的土
地上，形成人民文化生活教化得以滋潤的營養；故此土地的坤德，乃

不致因斷絕了乾陽的普照而下墮爲不能長養文化慧命的枯槁荒野。

地方士子運用祠堂、寺廟、書院等建物及制度將文化常道慧命的存在理據，透過教育方式轉化爲地方上一般民眾的文化涵養。正因爲有如此涵濡以常道慧命的土地作爲文明體上層結構的基礎，所以才有健全穩定的國家社會。是以，基層地方士子之文化意識以及實際的教化工作，正是國家文明體系得以上下連貫通暢而不致於斷裂枯槁最主要的「傳承轉接器」。

復次，先民爲了發展新生而往邊陲之地開墾，一旦在新闢的土地上立定腳跟，首要之務多爲建立教化機構以教育子弟——其在開拓新地的同時，實即懷抱著一種文化理想，此即：若無聖賢常道慧命在自己新墾拓的土地上落實呈現，則不論此地如何開展發達，卻終爲「蠻夷」而非「中國」；一定要確實實踐往聖先賢所創造開展的文化常道與慧命，則新墾地即非「蠻夷」，而已爲「中國」。「中國」之所以爲「中國」的關鍵，實不在地理，且無關政治，而是決定於文化意識的認同和實現。

如上所言，由地方士子將文化常道往廣土眾民生活世界的傳播，使常道之存有論得以落實具現而爲廣大土地上眾民社區的生機源泉，此種中國歷史文化的結構，乃以儒家的思想爲其原則。《中庸》即點出了此理。

「中庸」一辭最早見於孔子之言：

> 中庸之爲德也，其至矣乎，民鮮久矣。❶

---

❶　見：《論語·雍也》；在《中庸》經裏，此句爲：「中庸其至矣乎，民鮮能久矣。」

　　此指出「中庸」為一種極至的行為。而行為之所謂「極至」，乃是就道德於日常生活上的實踐之程度而言。孔子於此點明「中庸」作為一種道理的真正價值，應於生活的行為上入手，而非高懸為某種論辯的理論而已。唯其時正處於價值壞亂的春秋時代，孔子不免嘆息一般人幾乎已將「中庸」的實踐義遺忘而不能把握矣。

　　徐復觀先生解釋了「中庸」，其觀點甚深闢。徐先生說：

> 所謂「庸」，是把「平常」和「用」連在一起，以形成其新內容的。《說文》三下用部「庸，用也」，這是庸字最基本的解釋。所謂「用」，《說文》三下用部「用，可施行也」。「可施行」的範圍很廣，凡可見之於行為的事，即是「可施行」之事；所以《方言》六，「用，行也」。因此，《中庸》的「庸」字第一個含義，應當是指人的行為而言。但，——孔子若僅為了表示行為的意義，可能不必特用一個「庸」字。——朱元晦「庸，平常也」，「平常」二字，即為妥貼；惜尚不夠完全；完全的說法，應該是所謂「庸」者，乃只「平常地行為」而言。所謂平常地行為，是指隨時隨地，為每一人所應實踐，所能實現的行為。❷

　　此處，徐復觀先生說明了「中庸」的「庸」乃是著眼於強調其為平常的、隨時隨地的、一般人都能在其日用之中加以實現的行

---

❷　徐復觀：〈從命到性——中庸的性命思想〉，《中國人性論史》（臺北：臺灣商務印書館，1969 年），頁 103-160。

爲，而不是少數高深的存有論者的理論建構；存有論的理論建構，
爲抽象純理的思維形式，與「百姓日用」的生活世界一無關連也。
若依徐先生的詮釋，此抽象純粹之思維形式正與孔門之教著重將道
理在人民日常生活世界中加以實踐的精神相背離。因此，徐先生
說：

> 壞的行爲，使人與人之間互相抵迕、衝突，這是反常的行
> 爲，固然不是「庸」。即使是有道德價值，但爲一般人所不
> 必實踐，所不能實踐的，也不是「庸」。因此「平常地行
> 爲」，實際是指「有普遍妥當性的行爲」而言；這用傳統的
> 名詞表達，即所謂「常道」。——平常的行爲，必係無過不
> 及的行爲；所以「中」乃「庸」得以成立的根據。僅言中而
> 不言庸，則「中」可能僅懸空而成爲一種觀念。言庸而不言
> 中，則此平常地行爲的普遍而妥當的內容不顯，亦即「庸」
> 之所以能成立的意義不顯。中庸是不偏、不易，所以中庸即
> 是「善」。——這種善，必由不偏不易的行爲而見，亦即由
> 中庸而見，這即表明了孔子乃是在人人可以實踐、應當實踐
> 的行爲生活中，來顯示人之所以爲人的「人道」；這是孔子
> 之教，與一切宗教乃至形而上學，斷然分途的大關鍵。❸

　　徐先生透過對「中庸」的詮釋，點明了孔子道德理想主義存有
論，乃是一種「智慧與道德的實踐學」，它需落實踐履在人民的生

---

❸　同前註，頁113。

活世界中，活潑潑地經由人民自身的踐行而成爲地方社區主要的文化質素。如此，方才可說其爲中國文化歷史的常道慧命。

　　本文需指出：孔孟之智慧，固然是一種落實具現在廣大土地與人民之生活世界上的實踐學，著重於人民平常能行的中庸之德，而非是一種高懸不下的形而上哲理，但是孔子也說過：「民可使由之，不可使知之」❹，即指出：在廣大土地社區裏，一般人民只習於日常的各種平庸生計，對於高層的形上本體的道理，未必能了悟，卻仍須一種生活規範使其能依人文道德而非原始動物性地存在，所以需有地方士子這一環節以爲上層本體存有論及下層日用常道之間的轉軸，如此上下連貫運作，一旦將上層的形而上哲理轉化成地方上人民的生活常規之後，所謂中庸的儒教才能眞正成爲中國文化歷史結構和脈絡中的核心。

---

❹　《論語・泰伯》，子曰：「民可使由之，不可使知之。」（蔣伯潛，《論語新解》，香港：啓明書局，1964 年，頁 111）。一般以爲孔子此語是所謂「論爲政之道」，如蔣伯潛氏說：「此章孔子論爲政之道也。……一般人民，未曾全體受過教育，知識淺陋，對於國家所發施之政令法律，必不能知其意義。所以執政者，只能是人民遵我的政令法律而行，以入於治道，故曰『民可由之也』。這種種的政令法律，一時間要人民都明曉其意義，是做不到的事情，故曰『不可使知之』也。」蔣氏這種說法十分錯謬，簡直把孔子當作申韓法術之家看待。朱子引程子說：「聖人設教，非不欲使人家喻戶曉也，然不能使知之，但能使之由爾。」此種詮釋，可謂確得宣聖之旨。蓋高度思辯的存有哲理，聖人並未主張禁止一般人學習，但畢竟存有哲理因需高度思辯智慧，實非一般人民能力所及，所以聖人也並不勉強一般人民學習，但人民的生活必須賴有道德性之指針和軌轍，而且本於人心之至善之理，聖人也相信一般人民必能樂於遵智德而生活，故乃設庠序傳儒教也。《論語》此句應作此解。

中國傳統社會是以家族或鄉黨爲其地方基本結構，前者有賴宗祠，而後者則以村廟爲其社區運作中心，地方士子們正是應用家族宗祠或鄉黨村廟進行文化常道的教育工作。本文茲以臺灣爲例加以詮釋之。

二、地方士子依家族在地方興學設教

先人到邊陲蠻荒之地開發移民，一旦稍有成效之後，總不忘急於延師以教化子弟，期使新建立的漢人世界也能如自己的原鄉一般，是屬於孔孟文教被的地方。譬如清代漢人在臺灣苗栗開墾，於山區艱困之地建立了小山村，亦知於百難之際設法教育子弟。清中葉貓裏儒士吳子光於其〈紀諸山形勝〉一文有云：

> 由貓裏東行五公里至坪頂山，……又一里至銅鑼灣，有聚落，……。由街東行八里至老雞籠莊，有小村，溪水環繞，左右人煙百餘家，書塾設焉；雖山徑蹊間，然路頗平坦，可以通輔馬者止此。❺

由吳子光的紀實可知，一旦小村落已經建成，不管此地是否爲偏僻的山區，先人均不忘盡力建立村塾以延師教育子弟；若以教育的功能而言，一個村塾或只能讓村童具備基本認字書寫的能力，但

---

❺ 〔清〕吳子光：〈紀諸山形勝〉，《臺灣紀事》（卷一）（臺灣文獻史料叢刊，臺北：臺灣大通書局，未刊年份），頁1-9。

文化的養成也就是在這種最基本的文教上出發。山陬之地的老雞籠莊其父老所以能延師設教，正顯示他們本然具有文化慧命。此一重視子弟受教的「文化理想心」，即是儒家常道可以傳播溥漫於廣大土地之上而成爲社區文化常規的根基所在。

先人宗族播遷至臺灣，在臺灣建立新家園，甚重視傳統文化在新土地上及宗族內部的推展。苗栗嘉志閣莊的重要開發者湯氏一族可爲顯例。其興建宗祠沿革有曰：

> 早在乾隆初期，先祖入墾苗栗（貓裡），溯後龍溪而上，沿岸盡爲原住民之居住地。先祖爲了生活，與番民爭地，胼手胝足，艱辛拓墾數十年，子孫遍佈苗栗。乾隆五十三年（西元 1788 年）洪鵬公等感念先祖庇蔭之德，乃結合宗親，藉以發揮團結互助之力，而約叔姪九十名，嘗份計壹佰零伍分，各拈花邊銀一元以生放利息和購置田產，以爲祭祀祖先之需，於是祖嘗成立。**❻**

此說明清乾隆初年湯氏由唐山渡海來臺，入墾苗栗且定居繁衍於斯土，經過數十寒暑，至乾隆末葉五十三年，其宗族已大盛，因而決議設立祖嘗禮制，期能藉之而團結宗族。

祖嘗既已成立，不可無文章以記其盛，因而由湯氏第十七世嗣孫湯玉堂撰寫紀念之文，曰：

---

❻　引自：《苗栗湯氏宗祠中山堂》（苗栗：祭祀公業湯家祀湯家嘗，1990年），頁 12。

自元以來歷經數百餘年，我子孫蕃庶直不下萬餘，溯厥初系
自寧化石壁來也。始避亂藍坊牛欄角，一二世移居高思鄉，
我
始祖約在藍坊仙遊，詳查系譜係湯氏四十七郎。當世混人稀
血食尚少，及後土滿人繁，有遺徙他鄉而去者，隻身望臺而
去者；因思木本水源，斂嘗立簿，永爲享祀，我一姓繁衍，
或登賢書、或薦明經、或由鄉學，代不乏人，無非我
始祖陰爲叮護，以至世世簪纓纍纍印綬，鵬等復念少遊海
外，追遠猶存，更約叔姪壹佰有奇，各貼花邊銀壹元，積累
生放爲
始祖祭祀之需，慎勿藉此侵漁而負厥初心也，將見佑啓後昆
光大門閭，謂子孫之無忘始祖焉，可即以爲
始祖之血血焉，亦無不可。是爲序。

　　時
乾隆五十三年歲次戊申貳月望日
十七世嗣孫稟貢生候選儒學　玉堂撰❼

　　按湯氏於第十五世來臺，而此撰文者湯玉堂自稱是第十七世
孫。換言之，湯玉堂已是湯氏來臺的第三代了，其頭銜爲「稟貢生
候選儒學」，顯見湯氏已經有了具備功名的讀書人。在其撰文中可
見湯氏在臺灣立定了腳跟之後，其先祖們所殷殷告誡並且深深期盼
於湯氏子孫者，並非如何營生、殖財等經濟上的事務，而乃「我一

---

❼　同前註，頁 38-39。

姓繁衍，或登賢書、或薦名經、或由鄉學，代不乏人。無非我始祖
陰爲叮護，以至世世簪纓纍纍印綬」，其希冀湯氏後代能多讀書、
求功名，以爲如此才是眞正光耀了湯氏的門庭。雖然藉求取功名以
光耀門庭，不免雜以現實利益之要求，但透過對教育的重視，乃有
意識地傳延了文風。一個原爲粗俗魯莽的邊鄙區域，也因此而日漸
開化。這正是儒家一向重視之移風易俗的文化意志及使命。此基本
的意志和使命，亦爲傳統地方士子階層發自其文化心靈的主體性理
念。這些士子根據家族在地方的地位和力量，教育其族中子弟，人
文化成其宗族；所謂「齊家、治國、平天下」的「外王」事業，傳
統地方士子，即以此形式在最基礎的「齊家」一項上，認眞且自然
地實踐著。

　　家族自我要求以孔孟文教教化己族子弟，應可信爲一種共通的
常態。上言苗栗湯氏之例，並非孤立的事實。以下擬另舉苗栗打哪
叭溪谷地四湖莊劉氏家族自我施教的史事闡明之。

　　清乾隆二十年（1755），粤東陸豐客家人士劉恩寬白身渡海來
臺，初始爲人傭工，生活刻苦自勵並勤於積蓄，後娶妻成家，並在
打哪叭溪的四湖莊開基立業。二十五年（1760），劉恩寬在四湖莊
建立了劉氏宗祠。❽祠宇的大門有聯句，曰：

　　　　祿閣重光淵源接詩書禮樂
　　　　彭城大啓根本在慈孝友恭

---

❽　黄鼎松：〈西湖彭城堂宗祠〉，《苗栗史蹟巡禮》（苗栗：苗栗縣立文化
　　中心，1990 年），頁 114-115。

　　此門聯貼切點出四湖莊劉氏家族在打哪叭溪谷地的文教貢獻。恩寬及其子孫十分重視文教傳統，正如此聯所言「詩書禮樂，慈孝友恭」，儒門文教確實在四湖莊源深沛然地傳播開來。其文教和倫常的散播點，就是他們的「雲梯書院」，這座書院，即是四湖莊最神聖性的精神中心。

　　根據清修的《苗栗縣志》，貓裏區域要到光緒十六年（1890）苗栗文昌祠設置「英才書院」❾，才象徵貓裏有了自己的人才養成所，也才顯示了貓裏區域的文化教養之水準。但其實在此之前，早已由劉氏家族於打哪叭溪谷地四湖莊，以私人興學的方式，建立了貓裏區域最早的書院。

　　劉家自恩寬在四湖莊開基立業後，至其子劉漢魁五兄弟，已成地方望族首富，再傳至第三代，其田產以遍及打哪叭溪谷地以及銅鑼灣、蛤仔市（今苗栗公館鄉）等地。其時已入道光初年。劉家確能秉遵「富而好禮」的孔門古訓引領族人過一種文化教養的生活。恩寬的孫子永長（字錫金）、永石（字錫詮）等兄弟為使子孫明禮尚義、遵循聖賢之道，於是在道光九年（1829），於四湖莊創設了學堂。這即是「雲梯書院」。該書院的沿革志云：

　　　　溯自清宣宗道光九年（民前八十三年）春，由劉永長字錫金公
　　　　使子孫明瞭崇尚禮教，遵行聖賢之道，於伯公背（瑞湖國校現
　　　　址）創辦私塾奉祀孔夫子，延聘教師傳授漢學與族內子弟，

---

❾　見：〈苗栗文昌祠暨英才書院沿革〉，該文崁鑲於苗栗市文昌祠大殿右
　　壁。

爭求上進。後因學生日增，至道光二十二年（民前七十二
年），經劉永義字錫鑽公獻地，遷移山仔頂擴建學堂，並往
粤省惠州府奉請分祀至聖先師孔夫子爲主祀，暨五文昌夫子
合祀，稱爲雲梯書院。尊師重道，廣興文教，崇振儒風。至
光緒二十六年（民前十二年）秋慶祝雲梯書院創建六十週年
時，由芎林飛鳳山代勸堂奉請分祀三恩主後，改爲修省堂
（修身克己省過知非之意），開堂濟世，並繼續編纂善書《洗甲
心波》十部勸世行善，貢獻社會，民國廿四年春惜遭天災大
地震，堂破亭毀，村內善信人士爲地方信仰中心同心協力，
再築簡易宮殿式廟宇，繼于朝則誦經閱卷，暮則稽古論今，
修身省過，重振中華文化，持續香火，迨至民國六十五年
春，……動工改建，……名「宣王宮」。❿

　　據此沿革志之言，雲梯書院的主要時期其實分清代與日據兩
者，前期從道光九年到光緒二十六年（1829-1900），共七十個年
頭，此期的雲梯書院供祀孔夫子和五文昌夫子，其基本性質即劉氏
的家族學堂，存在的意義在使子孫「明禮崇教」，並「遵行聖賢之
道」；且希望透過書院的教育而能達至「尊師重道，廣興文教，崇
振儒風」的目的。

　　經過書院教育的推展，四湖莊劉家先後產生大學生、貢生、廩
生、庠生，乃至進士等，總共十餘人。其中，尤以光緒六年
（1880）庚辰科恩進士劉廷珍和光緒十一年（1885）乙酉科進士劉

---

❿　此沿革見於苗栗縣西湖鄉四湖村的「宣王宮」。

廷耀最爲翹楚。在劉氏宗祠外埕至今尙留有兩對清廷御賜旗竿石座，一爲咸豐八年（1858）附貢生劉錫金、劉錫鑽立，一爲光緒十四年（1888）進士劉廷珍偕男貢生劉聯科立。⑪

　　由此可見清代四湖莊劉家確然人才雲蔚，其書香之濃，或許貓裏區域無出其右者。有此彰著的文教成果，不得不歸因於其先人秉持深切的文化意識，建立雲梯書院作爲教化中心，有效提振文風教養才有以致之。如果說十九世紀的雲梯書院是打哪叭溪谷地的儒教中心，實不爲過。因爲有了這座傳播儒學文教的書院，西湖莊方能發啓於屯蒙而日臻於文德化成。其基本原動力，正是劉氏在打哪叭溪開荒立基的先祖們秉其涵濡深厚的傳統常道慧命以及所由出的文化意志。

　　後期的雲梯書院，始自光緒二十七年（1901）。其時臺灣已被日本佔據，日人入臺採行高壓殖民統治。依沿革志，劉家從竹塹九芎林飛鳳山的代勸堂奉請三恩主至雲梯書院，並將書院改爲「修省堂」，而且「開堂濟世、編造善書」。此種轉變乃是將書院轉化爲儒宗神教的鸞堂。「恩主公崇拜叢」的鸞堂宗教系統於日據初期，自大陸和澎湖跨海東傳臺灣⑫，以唱鸞闡教爲其宗教崇拜之形式，藉此傳播傳統漢文化的道德倫常思想以深入人心。四湖莊劉家始終不忘華夏中國文化血脈綿延之大義，雖不幸遭遇夷狄之入主宰制，但孔孟之教卻絕不可一日斷絕。爲了掩日人耳目，避免引起日人對

---

⑪　同註❽。

⑫　「鸞堂」以崇拜關聖帝君爲其特色，其來臺灣發展之相關研究，見王世慶：〈日據初期臺灣之降筆會與戒煙運動〉，《清代臺灣社會經濟》（臺北：聯經出版事業公司，1994 年），頁 415-474。

於儒家書院的疑忌，因此引入儒宗神教，以民間信仰的外形修飾，而其基本精神和推展的作為，其實依然不離儒家的「聖賢綱常」。這種以儒家常道為「修省堂」基本立堂主旨，事實上貫通整個日據時代，甚至以迄現今，均未有根基上的變動。民國六十五年（1976）春，重修「修省堂」（即「雲梯書院」），易其名曰「宣王宮」；所謂「宣王」，即「文宣王」的省詞，而「文宣王」者，即孔子也。

今宣王宮主祀孔子與三恩主，左殿陪祀三官大帝，右殿陪祀觀音菩薩。陪祀之神，前者為天地水的自然崇拜，庇佑著四湖莊風調雨順、五穀豐登；後者為佛教大慈大悲、救苦救難觀世音菩薩的民間宗教化，護佑著四湖莊民眾平安和祥、無災無難。其主祀神，則為四湖莊劉家當年創建雲梯書院的本懷，以文聖孔子和武聖關公代表了漢文化的最高標竿。因此，此聯句多為宣揚發揮傳統儒門的仁義忠誠等道德規範。如：

　　宣聖顯安邦高築宮牆香火盛
　　王師忠護國中興氣象海天青

上聯是頌文聖孔子的人文功德，下聯則是頌武聖關公的武功勳業。又如：

　　宣揚道德西湖杏雨承先聖
　　王化禮儀東魯文風啓後人
　　鶴朝東嶽萬仞宮牆傳泗水
　　鯉躍西湖一龕聖跡繼尼山

　　上言兩聯以「西湖」對「東魯」、「東嶽」；西湖者即四湖莊的大地名（今苗栗縣西湖鄉），而東魯或東嶽，實即指明孔子的家鄉，象徵著儒門氣象的崇高豐隆。此彰顯了孔聖教化遠由華夏中原而傳播延續於邊陲海隅的四湖莊。也表明了宣王宮—修省堂—雲梯書院之一貫文教宗旨，實在於中國傳統文化中的孔孟儒家之價值核心。

　　復次，又有聯曰：

　　　　義薄雲天封金掛印辭魏相
　　　　精忠貫日丹心赤膽輔劉公

　　此聯贊頌關雲長不受利誘，拒斥奸雄曹魏而以滿腔的忠心義膽輔弼承繼大漢正統的劉玄德。

　　此聯撰於日本入佔臺灣之初，修省堂成立之時；四湖劉家分明以此贊頌關公之聯隱喻其劉家雖然在日人殖民帝國統治下，但卻不忘其先祖劉氏締建的大漢天朝，且崇祀以忠義知心扶輔大漢的關公，正表明了其劉氏絕不受日本人引誘詐騙，絕不忘祖宗訓誡，而必以一腔殷款孤心忠義於漢家故國。

　　劉家實即在四湖莊的神聖中心嚴正地宣告彼劉家只為華夏漢家郎而絕不為日本順民奴才；四湖劉氏確真能實踐春秋大義也。

　　雲梯書院外左側築有一座「敬聖亭」（「惜字亭」），此亭當為初建書院時之古蹟。古樸典雅，其型甚美。亭宇分成兩層，其上層為一小神龕，敬奉倉頡先師神位，龕上橫書「始制文字」，聯寫「啟發乾坤密、傳統宇宙心」；下層為一火爐，用以焚燒字紙之

用，其爐門則書「曾作飛龍舞鳳、化作紫氣祥雲」之聯。

敬聖亭於傳統時代爲一專門作字紙焚化用的焚化爐，國人素敬象徵人文教化的文字；文字者，開啓展發乾坤奧秘、傳承統緒宇宙眞心的鎖鑰也。字紙不敢隨意毀棄，必認眞蒐集貯存，並於吉日良辰恭敬焚香禱神之後加以焚化。焚化的儀式中，文字如龍鳳雲化爲紫氣而歸返天地，此象徵由人文界而回返自然界之天人合和的文化意識。⓭

敬聖亭於文昌祠、書院，以及許多重要場所均多有設置。實爲傳統時代國人不分士庶而全民一致之文化生活的重要內涵。其內部核心成員即地方上的士紳，以此禮制來不斷提撕地方社區的文化修養。

四湖莊劉家雲梯書院的敬聖亭即是傳統時代中國廣土眾民高度敬重文化意識的呈顯，是中國家族重視文教的明證。

三、地方士子依村廟在地方興學設教

儒家人文教化，或如上章所述，以家族的力量而在中國各地乃至邊陲之區傳承擴散。若無相當規模的家族，則地方上常依據地緣情感，以地方廟宇爲中心，將儒門教化傳播浸潤至鄉土的心靈之中，一樣可以達到文教傳續的目的。茲以清代臺灣苗栗的打哪叭溪

⓭　關於「敬聖亭」之義理性詮釋，請參閱拙作《臺灣傳統漢文化區域構成及其空間性—以貓裏區域爲例的文化歷史地理詮釋—》，臺灣師範大學地理系博士論文，1994 年。

谷地之三湖莊爲實例加以詮釋。

三湖莊五龍宮修建於光緒五年（西元 1879），主建者爲三湖莊貢生黎彬南、貢生張鵬漢，⓮此廟主祀天上聖母媽祖娘娘。天后崇拜在臺灣是最重要的信仰，對於臺灣地方社區的團凝和教化提撕的貢獻，素具核心性的地位。三湖莊天后宮由具有貢生銜的地方士子黎、張二氏主持興建，以此可見讀書人掌握並透過村莊神聖中心的大廟，依據神道崇拜的運作，將上層結構的文化意識以潛移默化的方式傳播浸透至一般村莊庶民身上。

五龍宮右側有一座敬聖亭，其形制基本上與上章所言雲梯書院的敬聖亭一樣，上層供奉倉頡聖人神位，橫書「始制文字」，聯曰：「包羅天地密、蘊蓄聖賢心」。此種文化意識與四湖莊雲梯書院敬聖亭內涵是一致的，即文字貫通古聖先賢，通貫天地乾坤；文字是連接自然秩序和人文秩序不可或缺的中間符號，此種文化景觀就是中國文化天人合一觀在土地社區中的落實；推行並實踐此文化理想者，不是活躍在中央京師的文化道德理想主義的「創造者少數」，而乃是廣大土地上默默傳播教化的鄉土士子。

此座敬聖亭上層背後嵌有一塊清時的芳名牌，上款題曰：「光緒辛丑年創立崇文社會員芳名」。按，光緒辛丑即光緒二十七年（西元 1901），而「崇文社」者，即三湖莊地方士子社群的人文結社。其時臺地已入日本殖民帝國之手，傳統中國士子結社，其目

⓮ 《苗栗縣志》曰：「天后宮一在三湖莊，距城十二里。光緒五年，貢生黎彬南、貢生張鵬漢等倡捐建造。」見〔清〕沈茂蔭：《苗栗縣志·祠廟》（臺灣文獻史料叢刊，臺北：臺灣大通書局，未刊年份），頁 160。

的在於存漢學、續儒道。其故國之思，宛然畢見。

中國士子結社的淵源久遠。顧亭林《日知錄》論及明萬曆末葉，士人相會課文，各立名號，曰某社某社，到天啓之後，士子書刺往來，不僅曰社，更曰社盟❶。由此顯示最遲於明代始，中國士子依「以文會友、以友輔仁」之聖訓來結合儒者而爲社群，已甚普遍。

就臺灣而言，若追溯會文結社之事，不得不推源沈光文（文開）創設的「東吟社」；明末光文避清，航海遭颶漂至臺灣，受延平王禮遇，以王師待之。唯因作詩諷諫鄭經，觸怒鄭氏，光文幾遭不測，變服遁入內山，於目加溜灣社教平埔族人讀書，並以醫藥治活社人。清入臺，光文卜居臺南府，集同志結吟社，扶掖後進，逐漸振興文雅，其社名「東吟社」，時在康熙二十四年（西元1685）。自沈光文一開風氣之後，至乾隆年間，諸羅城亦多有士紳文人們就文昌閣結「文彥社」❶。道光五年（西元1825），噶瑪蘭通判呂志恆假文昌祠建「仰山書院」，蘭地士子百數十人自相訂盟，每年四仲月，在書院內一會，文酒盡日。完篇，擇其品優學裕者，評定名次，於七名之內，贈以筆硃墨等，而名之曰「仰山社」。❶因仰山社士子文人的鼓舞激勵以文教，而使噶瑪蘭一地的

---

❶ 〔明〕顧炎武：《日知錄》（明倫版《原抄本顧亭林日知錄》，臺北：明倫出版社，1970年），頁639。

❶ 〔日〕伊能嘉矩：《臺灣文化志·中》（臺中：臺灣文獻委員會，1985年），頁25-28。

❶ 〔清〕陳淑均：《噶瑪蘭廳志》（臺灣文獻史料叢刊，臺北：臺灣大通書局，未刊年份），頁152。

人文化成，一時極盛、蔚爲風氣。到光緒七、八年（西元 1881、
1882）之交，竹塹城士紳相謀而在城內組織「培英社」，亦予風城
後學帶來文化風潮雲湧霞蔚之氣象。⑱

由上所言，自康熙起，臺灣人士結社的文風，可謂不斷。其結
社實可反映臺灣一地的傳統儒教士子社群已然養成，同時也說明了
儒教在臺灣的傳佈和深植已有顯著的成果。準此，光緒辛丑年（西
元 1901）銘刻於三湖莊五龍宮敬聖亭的「崇光社芳名碑」，實在
就是打哪叭溪谷地傳統儒家文教成就的最佳明證。這個成就，乃是
一種具備了歷史脈絡的文化存有者—若無道光年間在四湖莊設立的
雲梯書院，則將不必然有光緒年間在三湖莊設立的崇文社；從「雲
梯」至「崇文」，其「道」實一貫相傳。

創建五龍宮的黎彬南既爲「貢生」，而其兄弟黎壽南則列名於
「崇文社」的芳名碑上，而在此芳名碑上的一些士子，也正是肇建
三湖莊另一大廟天福宮以及萬善祠的人士。由此，三湖莊的士子社
群，一方面組織文社以提倡文雅；另一方面則積極建置廟宇依宗教
祭祀形式教化莊民。是故，在三湖莊，結社和祀典，實乃其文治教
化的一體兩面，而在其中眞實地運作者，即地方之士子群體也。

三湖莊另一大廟金獅洞天福宮主祀三恩主，並陪祀觀音菩薩與
五穀神農大帝。此廟建於光緒二十七年（1901），其創廟碑記云：

> 本宮創建於歲次辛丑年，清光緒二十七年。—考究本宮淵
> 源，溯自本宮創建前，本鄉三湖保西三湖排之崇德堂、二湖

---

⑱　同註⑯。

保土牛溝之重華堂、鴨母坑保閹水窩之警化堂，分由林天相、羅新蘭、彭應魁主持，均奉祀孔聖先師、關聖帝君。三堂主持人爲建立莊內信仰中心及顧久遠之計，三堂合一建廟。由羅新蘭策劃，共商擇地，於癸丑年在地理頗佳的鴨母坑金鵝洞口鄭拱成私地山腰建廟奉祀孔聖先師、關聖帝君等尊神，命爲天福宮，乃以天福，蓋天心多眷顧福耀而來。古人建廟奉祀聖賢，不外乎代天宣化、正道人心，曾奉諭開堂闡教、施方拯救蒼生，頒造善書。……民國二十四年乙亥年，臺灣大地震，本宮廟宇倒塌破毀，……本宮……移地重建，經得地主黎石古、鄭進才、林孔昭等人金獅村之私地捐贈部分，其餘由羅萬元等二十人出資購地，並在地方仕紳羅萬元、李阿添、羅明炎、羅明火、羅炳林、李傳盛等熱心人士奔走捐募籌建廟現地址，……完成後，香火鼎盛。……本宮爲永年之計……於民國七十六年三月……（改建）破土興工，……八十年十月完成，……對仁山以問道，向知水而知津，朝經閱卷，暮論古今，修心養性。……三堂之一崇德堂在地方仕紳李錦昌悉心籌畫之下，亦於民國七十六年十二月十六日復堂，……。

中華民國八十一年歲次壬申年十二月吉旦

天福宮創建於光緒二十七年（西元 1901），時，日據臺灣之第六年。天福宮主祀關聖帝君（三恩主），爲儒宗神教鸞堂系統之民間宗教。其建廟開堂的時間，恰好就是四湖莊劉家雲梯書院改爲修省堂的時間；三湖、四湖兩莊，在同一個年份在自己莊中創立文

武二聖崇拜的鸞堂，不可不說是打哪叭溪谷地漢人「嚴夷夏之防」的宗教性舉措；在日本異族統治下，建成鸞堂型的村莊大廟，等於是爲漢人世界重新再立新的神聖的、精神的中心，其藉中國文化最高典型的文武二聖作爲打哪叭溪谷地漢人文化意識的凝聚劑；其「春秋大義」的立場甚爲昭著。

碑記所云「崇德」、「重華」、「警化」三堂，即鸞堂也。鸞堂，乃文人結社，並以神道設教而推行傳統中國文化道德之價值規範，藉此變化社會人心使趨向善行的一種民間宗教崇拜叢。此三堂，可視爲三湖莊及其附近地區文人士紳的人文宗教型結社，也是在日本政權下傳統漢人文化自覺的社會教育團體；三位堂主之中的林天相和羅新蘭也同時是崇文社的社員。依此得知，鸞堂與社學在三湖莊是結合爲一體兩面的社會文化體，而且其重要成員也是村莊神聖教化中心——村莊大廟的創建者及領導者；由此可見，大廟天福宮與鸞堂、社學乃是三位一體的結構，成爲日據時期打哪叭溪谷地漢民族在地方上承傳延續我國族文化慧命的機關。

天福宮以如上所言三位一體的體段而成爲三湖莊的神聖教化中心，其主要精神在於鸞堂的開堂闡教和施方濟世。換言之，即是從身心兩者之療治和培育來提撕三湖莊的我族文化意識，若就其古碑記文而觀之，三湖莊地方士子顯然十分重視經典的講論。在「修文生」羅金聲撰文、「鸞下生」李省志書誌之最早的碑記中有云：

> 見夫群生畢至，對仁山以問道，向知水而問津；朝則誦經閱卷，暮則稽古論今。修養此中之心性如點別有之天地懿歟！休哉美矣！難怪諸生樂而忘返哉！

　　依此原始碑記，天福宮是乃鸞堂講論經典的書院；其所謂於此
處修養，則心性將如「點別有之天地」云云。「點」者，即曾點
也，其典故出自《論語》，孔子問曾點之志，曾點回答老師說：

> 莫春者，春服既成，冠者五、六人，童子六、七人，浴乎
> 沂，風乎舞雩，詠而歸。⑲

　　曾點此志，深得孔子讚美，其可貴處在於人生心性追求真理的
怡然自適，不求碌碌營營、外在空虛的生活。可見地方士子在天福
宮鸞堂推展的人文教化，就是希望經由講授傳統儒學，期使三湖莊
士子儒生均能涵泳於經史子集，如此而轉化氣質、提升人品，成為
樂善達禮、和平安祥的高貴君子，從而促進三湖莊成為合於儒家理
想的和善世界。

　　天福宮雖曾重建，已非原始的殿宇，但其門聯、柱聯、楹聯仍
為當年原初建廟時的文字。均一致指向道德倫常教化。如：

> 天道昭彰三千法律
> 福堂明訓十六薪傳

　　此所言「十六薪傳」應為「十六字心傳」之訛寫；十六字心傳
出自《偽古文尚書》的〈大禹謨〉，曰：

---

⑲　見《論語·先進》。

　　人心惟危，道心惟微；惟精惟一，允執厥中。⑳

　　天福宮鸞堂正是以此千餘年來儒家相傳的「心法」爲其「明訓」，可見雖已在日本帝國殖民統治之下，地方士子仍不忘根據儒家思想以教化莊民，於此亦可見儒家道德規範在三湖莊社群中植入之深。依此。臺灣固然被迫遭受日人統治，但其文化生命之本質，仍然根深蒂固地屬於「華夏」，而在日常生活世界中眞實不虛地實踐著「嚴夷夏之防」的春秋大義。

　　天福宮的士子實眞正爲儒家門生，其聯文幾乎均出於儒門經典：

　　　　一脈紹心源大旨不離孝友
　　　　千秋存道統名言悉本中庸

　　此聯上句出自《論語》，下句則提及《中庸》。

　　　　金聲也、玉振也、道氣也、文風也，天爵同修萬載宏興聖教

　　此則出自《孟子》。

　　　　天爵修成登聖域，忠孝廉節稱帝君
　　　　福田種就步賢關，仁義禮智看春秋

---

⑳　見《僞古文尚書·大禹謨》，引自屈萬里：《尚書集釋》（臺北：聯經出版事業公司，1983 年），頁 307-310。

此也出自《孟子》，同時也提及《春秋》。

> 天不可欺爾室正宜防屋漏
> 福由自種其間須有好心田

此所謂「爾室正宜防屋漏」，典出《中庸》；《中庸》曰：

> 君子內省不疚，無惡於志，君子之所不可及者。其唯人之所
> 不見乎。詩云：相在爾室，尚不愧於屋漏，故君子不動而
> 敬，不言而信。㉑

天福宮的士子，憑藉其在鸞堂的教化活動，以此「不愧於屋漏」的
君子之德，勸勉規範三湖莊社群。「屋漏」，指屋之西北隅，為居
住生活之最隱密幾微之地。㉒因此，所謂「不愧於屋漏」云者，即
指居心與行為在最隱微之處均一本天理良知而可質諸鬼神了無虧
敗；《中庸》此句訓言，刻鏤於天福宮殿上，即冀求莊民「不愧於
屋漏」而莫做出對不起三恩主或文武二聖的敗德惡行；換言之，士
子透過恩主公或文聖孔子的教誨惕勵，其實也就是依神明的鑒照而

㉑　見《中庸》，引自蔣伯潛：《中庸新解》（香港：啓明書局，1964 年），
　　頁 48-49。

㉒　朱子注釋「君子內省不疚，無惡於志」曰：「無惡於志，猶言無愧於心，
　　此君子謹獨之事也。」又注釋「不愧於屋漏」曰：「屋漏，室西北隅也，
　　君子之戒慎恐懼，無時不然，不待言動而後敬信，則其為己之功加密
　　矣。」見蔣伯潛《中庸新解》，頁 48-49，朱子注釋。

將儒家綱常敷教於三湖莊民的身心之中，最高標竿在於促使莊民不忘我族與文化的「華夏血脈」，其次亦促進莊民的生活風範趨向於道德之醇化。

　　如上所論，臺灣村莊因地方士子的努力，將儒門常道慧命，透過講學教化而溥濡於人民社群之中，形成其生活世界的核心生源。此文化規範實爲普遍於臺灣土地上的一種文化現象。清嘉慶二十二年（1817），在貓裏、蛤仔市平原（今苗栗、公館平原），因爲防泰雅族由山區突出至平原對漢人馘首攻殺，而由業戶吳琳芳領導許多佃人在山口處建立了「石圍墻莊」以防禦泰雅；莊中建了公館，奉祀關聖帝君。至道光二十七年（1847），莊民將公館改爲關帝廟，並以孔子並祀，成爲文武二聖之廟宇。其主事者特命其廟曰：「揆一樓」，乃取孟子「先聖後聖，其揆一也」的大義。㉓

　　石圍墻莊乃一位於邊陲的小村莊。在莊中士子的領導下，竟能於其莊中心的大廟表彰孟子之義。可見在傳統時代的臺灣地方，縱然是鄉陬僻壤之區，儒家慧命確能透過地方士子的教化工作而有效地展布。由廟的門聯、柱聯實亦可見儒家典雅端肅之風格，必是出自儒者之手筆。其聯曰：

㉓　見《孟子·離婁·第廿九》，孟子曰：「舜生於諸馮，遷於負夏，卒於鳴條，東夷之人也。文王生於岐周，卒於畢郢，西夷之人也。地之相去也，千有餘里。世之相後也，千有餘歲。得志行乎中國，若合符節；先聖後聖，其揆一也。」引自蔣伯潛，《孟子新解》，頁 186。石圍墻莊關帝廟引用「先聖後聖，其揆一也」，是指山東文聖孔子與山西武聖關公，「其揆一也」；此在儒家義理標準上，雖不必或不能如此，即不必或不能拿關雲長與孔子相比配，但是在中國民間信仰之小傳統，確以孔子、關公爲文武最高典範。

文啓尼山魯雨鄒風傳萬古
武揚漢室忠魂義氣壯雙峰

文聖仰宗師子弟登堂尊至德
武聖騎赤兔江山扶漢盡精忠

至正至剛臨大節而不可奪也
能文能武非聖人豈能若是乎

先武穆而神大漢千古大宋千古
後文宣而聖山東一人山西一人

揆千秋再千秋亦後先道脈
一萬世兩萬世也今古人心

　　上列大廟中聯句，頌贊文武雙聖，充滿儒家文化的主體意識。由此顯示了石圍墻莊所在的臺灣貓裏、蛤仔市平原，可說已經具備了由儒家文化大傳統貫注而成的常道慧命小傳統。

　　這種以儒門綱常爲立廟宗旨的情形，非唯石圍墻莊獨然。上一章所述的三湖莊天福宮、四湖莊雲梯書院均莫不如此。儒家聖訓，確在地方士子戮力文教之下，藉由地方中心的大廟，眞實地在地方上普及生發，成爲臺灣人民生活世界的源泉活水；縱然在臺灣已被日本帝國殖民高壓統治的時代，亦不改其本色，繼續在臺灣土地上的各個角落，特別是在鄉土中的村莊，不絕如縷地延續、實踐、證成。

四、興學設教傳統之斷裂與
文化意識的回歸運動

實證儒門聖訓，即是實證「中國」；所謂「中國」，即確實依於儒家價值系統來實踐證成其日常生活之國度者也。歷史上，有背離此種標準的時代，則實爲中國不能如其本來自己而扭曲地存在的時代，唯有返歸儒家結構與內涵，中國才屬於「自己如如地存在」的中國。

自陳永華在臺灣設置書院❷、沈光文在臺灣設帳講學始❷，來臺漢人就開啓了以儒家觀念、價值系統爲核心之「中國文明教化意義的臺灣」。此文化意義，不斷地由臺灣士子加以護持展延。四百

---

❷ 〔清〕江日昇：《臺灣外記》（臺灣文獻史料叢刊，臺北：臺灣大通書局，未刊年份），頁236。

❷ 全謝山〈沈太僕傳〉云及清軍入閩，南明國事已大壞，沈太樸光文知大勢已難挽，挈家浮舟，過圍頭洋口，颶風大作，舟人失維，飄泊至臺灣。時鄭成功尚未至臺，臺灣仍爲荷蘭所據，公從之，受一廛以居，極旅人之困，不恤也。遂與中土隔絕音耗，海上亦無知公之生死者。

辛丑，成功克臺灣，知公在，大喜，以客禮見。且以田宅贈公，公稍振。成功死，子經立，頗改父之臣與父之政。公作賦有所諷，幾遭不測。公遂逃入羅漢門山中以居，山有目加溜灣社，公於其中教授生徒，並濟以醫術。癸丑，清軍下臺灣，公老矣。時，諸羅令季麒光爲之繼肉繼粟，旬日一候門下。時者宿已少，而寓公漸集。乃與宛陵韓文琦、關中趙行可、無錫華袞、鄭延桂、榕城林奕丹、吳蕖輪、山陽宗城、螺陽王際慧結社，所稱福臺新詠者也。尋卒於諸羅山，葬於縣之善化里東堡。

公居臺三十餘年，及見延平三世盛衰。海東文獻，推爲初祖。

以上引自〔清〕鄧傳安：《蠡測彙鈔・附錄》（臺灣文獻史料叢刊，臺北：臺灣大通書局，未刊年份），頁55-56。

年來，固然亦有背離歧出的情形，但就臺灣人民生活世界的歷史脈絡而論，緣於儒家教化的影響而建立之「中國文明的臺灣」，實早已成為不可更易歪曲的歷史性客觀結構。

然而此種儒家綱常典範的文化意義結構，必須代代均有士子不停息、不斷裂地通過文教工夫，在廣土眾民生活世界的土壤中層層累積而成，並且必須時時予以澆漑培育護養。假若士子一旦停息、斷裂了基本的地方上常道慧命的文教工作，就等於是停止了文化的澆漑培育和護養，則此文化土壤必乾枯、意義必崩解。

如前所述，儒家大傳統的道德理想主義存有論，如果缺少了中間環節的地方士子做為上下傳導轉接的媒介，必高懸飄蕩，無法落實具現在土地上，成為一種空空高玄而抽象之虛理的存在。此在易卦上言，即「亢龍有悔」也。由於「龍」之高亢而無施雨滋潤大地，如是日久年深，大地將退返為蠻荒之野境。此際即使有大德智者欲將常道慧命普降施漑於此塊荒野之地，亦將遭逢極端之艱辛與危難，甚至可能肝腦塗地、流盡鮮血、犧牲生命，此即易卦所言「龍戰於野，其血玄黃」也。❷⑥

---

❷⑥　坤卦上六：龍戰於野，其血玄黃。朱維煥在《周易經傳象義闡釋》中詮釋曰：「坤卦六爻皆陰，其發展，自初之始萌，至上而極盛。爻雖無陽，相應以言，而陽實伏焉。上六，陰聖之極，伏陽則相對以衰，而不絕如縷。當此際，依據陰陽消長原則，伏陽雖為陰所逼，必不屈於陰，並趁陰之極盛將衰之機，代陰而起以復其主位。於此伏陽與陰爭長之際，作易者以客觀之筆法，嚴『主』、『從』之分，予陽以主動之地位，取其龍象，稱陰與戰，敘之曰『龍戰』。」又曰：「李鼎祚周易集解引九家易曰：『血以喻陰也。』『其血』，云與龍之戰，定有所傷。玄黃為天地之色，是與龍之戰，其血濺於天地間，渾然與天地之色同其玄黃。……作易者設象如

　　自西力東漸，全盤衝擊中國以來，國際勢力假借「現代化」概念，於價值系統層及觀念系統層不斷地侵剝蝕滅中國固有傳統，特別在一批批西化知識分子擁抱西方鄙薄中國的情形之下，中國傳統常道慧命，尤其是儒門之智慧學問，急遽地在國家教育機器的運作系列中被大力排除，或只是點綴式地安置於極端邊緣的位置。今天已無傳統時代的秀才—地方士子；傳統的地方士子，已為小學、中學教師取代，這些教師在求學的階段，是被按照「一曲專業之士」的形態塑造養成；基本上，只是專業知識的販售者，其在職業生涯中已缺少了將儒家道德的理想主義傳揚至廣土眾民生活世界的襟懷。而他們在地方上，也多為國家教育機器的門牆所圍困，殊少走出門牆，進入人民的生活世界，在人民的社區裏，成為民眾尊德性、道學問的導師典範，並將儒家綱常溥敷於人民的日常生活中，形成他們的活水資源。

　　地方文化常道慧命的斷裂、枯槁，其日久矣、其勢深矣，非履霜而已，實已寒冬堅冰、極冷冷而生機滅絕矣。大陸姑不論。在臺

此，可謂深於天機者。史記李斯列傳曰：『物禁太盛。』此之謂乎！不言吉凶，其凶可知乎！見朱維煥，《周易經傳象義闡釋》（臺北：臺灣學生書局，1980 年），頁 32。本文借用坤卦上六之爻來點明一個與上層道德理想主義存有論斷裂的鄉土，由於缺乏文化常道慧命的滋溉，久而積其陰毒之錮勢而難返；此陰毒錮極之勢，正如坤爻初六所云「履霜，堅冰至」；其文言曰：「臣弒其君，子弒其父，非一朝一夕之故，其所由來者漸矣。由辯之不早辯也。」當鄉土以陷入此堅冰難溶之局中時，龍德君子欲由乾天下降至此種陰極之地嘗試溶化此堅陰冷極之冰，必無可避免要遭逢甚多麻木愚昧、粗暴兇惡之人，這些人「其心剛強，菩薩難化」，或甚可能對君子之人身性命有所不利，龍德君子或將「出其血」也。

灣地方，傳統儒門智德綱常，早已多爲年輕一代完全忘懷，甚至肆
無忌憚加以嘲笑、欺凌、謾罵。前所述及之石圍墻莊關帝廟以「揆
一樓」爲其廟號，足以證明清道光時代該莊乃依孟子大義提撕莊民
心志。最近，我帶領臺灣師大某系一年級學生進行鄉土田野考察，
在石圍墻莊「揆一樓」廟額前，問學生此「揆一」何義、出自何
典？如是一問、再問、三問，全體同學如聾似啞，了無所知。由
此，我乃眞確明白，在我面前的這批「現代秀才」，也將是日後國
中、高中老師，竟然完全陌生於儒家智德學術，少有儒門涵養。我
以驚訝語氣嘆曰他們爲何連這一點都不知？他們理直氣壯回答說從
來沒有人教過他們。由此，我乃確知如今的國家教育早已把中國傳
統的儒家常道慧命鄙棄盡淨矣。

廣土眾民的風俗、心性、教養往往繫乎上層知識分子及爲政者
的言行。《論語》記載孔子與魯定公論「一言可以興邦、一言可以
喪邦」之旨，❷深哉聖人之言。當前爲政者與知識份子「胡言亂
語」之例多矣。孟子曾言及所謂「知言」。

---

❷ 《論語》，定公問：「一言可以興邦，有諸？」孔子對曰：「言不可以若
是，其幾也，人之言曰：『爲君難，爲臣不易。』如知爲君之難也，不幾
乎一言可以興邦乎！」曰：「一言可以喪邦有諸？」孔子對曰：「言不可
若是，其幾也，人之言曰：『予無樂乎爲君，唯其言而莫予違也。』如其
善而莫之違也，不亦善乎？如不善而莫之違也，不幾乎一言而喪邦乎！」
（《論語・子路》，蔣伯潛：《論語新解》，香港：啓明書局，1964
年，頁 198。）知識份子一言一行，固然不至於興邦、喪邦，但「其幾
也」，實亦可累積而至乎「喪邦」；民國以來中國知識份子洪水猛獸的言
行，不正足以「喪邦」嗎？

公孫丑問：「何謂知言？」孟子曰：「詖辭知其所蔽，淫辭
知其所陷，邪辭知其所離，遁辭知其所窮。生於其心，害於
其政，發於其政，害於其事。聖人復起，必從吾言矣。」❷

孟子所言之「詖辭、淫辭、邪辭、遁辭」，於現代中國，其害
之慘烈已然甚深。若取來印證五四以來的中國國運，則以胡適為首
的西化派知識份子，實難辭其罪；如無他們恣意放肆地將傳統常道
橫加侮衊踐踏在先，則中國應可避免馬恩列史的反人性之意識形態
的入主中國於後。西化派糟蹋踐躪了祖宗慧命之後，雖口口聲聲要
為中國引進灌注「進步的西方思想」，但驗證胡適一生，他對西方
文化的理解，其實僅止於皮相膚淺的層次，其前半生只用宣傳品的
方式，半生不熟地鼓吹美式民主思潮及杜威哲學；其下半生，返回
東方，也只能效尤乾嘉學究生涯，撿故紙討生活，卻美名之曰「整
理國故」。但終結而言，東方、西方思想之智慧，在胡適等西化派
的身上，均落得空花泡影，皆未嘗真確如實地著根發芽茁壯。彼窮
其一生以輕浮無根的游談空虛了中國知識份子的心志和智慧；習氣
所及，不免使現代中國人活在虛浮空茫的生涯中，徹底失落了具有
豐沛意義之存有。

孔子曰：「君子之德風，小人之德草；草上之風，必偃。」❷

---

❷ 《孟子·公孫丑》，蔣伯潛：《孟子新解》，同前註，頁69。

❷ 《論語·顏淵》：「季康子問政於孔子曰：『如殺無道，以就有道，何
如？』孔子對曰：「子為政，焉用殺？子欲善，而民善矣。君子之德風，
小人之德草，草上之風，必偃。」（蔣伯潛，同註❷，頁 184-185。）
按：《論語》此章雖是孔子對季康子之論仁政之方，但若就知識份子之言

一旦執掌國政及國家教育機器的上層知識份子說：「將儒家經書扔到茅廁裏」之後，流焰所至，尚能有儒門教化的春草與繁花在人民的土地上長養茂盛嗎？當西化派菁英力主廢止國家學堂中的經典教育，在國家教育系統中常道慧命的教育不啻立即宣告死亡。日久年深，民族文化的慧命乃委頓而下墮，終而陷落至國不成國、民不成民之被異化、物化或自我異化、物化的修羅魔境。此流毒無已，大陸早已成爲馬克斯、列寧、史達林、毛澤東意識形態的實驗場，中國之「非中國化」已久入鐵圍山阿鼻煉獄，出脫無期；在臺灣，則有一股民族文化的分離勢力，要在文化歷史的意義上，而非僅在政權的意義上，極力地、拼死地否認自己是中國人，而要作一種完全不屬於中國文化常道慧命認同下的「非中國的、外邦的臺灣人」。此種背離運動，並非全歸因於日本在臺五十一年的統治，因爲半個世紀日本人統治下的臺灣民間，依然艱苦地延續漢文書院或私塾的教育，使臺灣民間一日不忘自己乃是華夏中國之民。只是那種依靠日本帝國剩餘利潤來獲致一身、一家榮華富貴，卻反過來榨取臺灣人民血脂血膏的臺灣「皇民」買辦階級，才壓根不願意作一個在中國常道慧命中安身立命的臺灣人。唯此種甘心吸吮日本主子餘唾以奴才形態爲活計的「臺灣皇民」，畢竟是廣大臺灣人民之中的極少數；多數臺灣人民，在民間漢文經典的教育及神道宗廟的濡沐之下，依然孜孜經營先人相傳本來具足的華夏文化生活世界。

行對國家民風之影響，亦是如此；知識份子透過各種文字、聲光媒體的傳播，確能左右全國民眾的言行思想。民初以來，許多知識份子好發「詖、淫、邪、遁之辭」而肆無忌憚，中國之苦難，他們之罪實不可道，今日臺灣的言行之風，亦多有此病也。

　　然而在臺灣光復後的數十年，早期的執政者爲了其政治之目的，欲藉儒家招牌樹立其政治正統，雖然消極地表示其爲政方向是重視文化道統，亦曾以一國元首的立場發起所謂「中華文化復興運動」，但終究是以政統之力扭曲了道統的眞實性。在一般學術及文化界，其實卻多以反對中國文化爲尚；特別是對儒家的價值觀念、規範系統，莫明所以地深惡痛絕；或雖有正面肯定傳統中國學術的意義價值者，但對於文化核心常道慧命的微言大義，常全然缺乏存在實感的體悟；國學也者，被當成是外在於文化與道德生命之外的「國故」來進行文字遊戲式的研究，與埃及學者之研究金字塔、木乃伊的出發點及目的，實無不同。

　　當臺灣上層知識階層瀰漫著反對或輕鄙傳統中國或儒家文化的氣氛，而從事「國學」研究的學圈，又不幸地吹送昧於中國智德之學的迷茫昏濁濃霧時，誠然不知臺灣民間要如何有效且正確地吸取常道慧命之大傳統的養分？復次，由於大學殿堂以及負責國家教育設計與發展的機器，大多數在長時期被傾向西化的知識階級佔據宰制，甚至於今日臺灣的執政要員們，幾乎全然以美國、日本的思想與意識形態爲其生命的主體信仰，或甚有從根本上反對儒家思想；縱許能不鄙薄儒門常道慧命之傳統，唯於孔孟智德的眞實存有義，恐怕全無所悉。在此狀況下，絕大部分出身成長於如此教育機制下的「現代秀才」—地方上的小學、中學教師，以及地方上的讀書人、文化工作者，焉能如傳統時代的秀才，確實扮演著文化道統傳承接續的角色，而使地方知書達禮、明仁修義？我們應沈痛地體認並宣告：數十年來在美其名爲「現代化」，實則爲世俗性、敗壞性之感官嗜欲的世界性世紀末之毒風侵襲下，臺灣鄉土由於斷絕了傳

統儒門常道慧命及綱維規範的護衛，已經急遽地在腐敗衰竭之中矣。地方上的成人姑且不予論評，就地方上的青少年、孩童而言，幾人能接近儒家經典？儒典對他們來說，如死物、幻影，或根本為不存在的事物。當臺灣鄉土中絕大部分的青少年、孩童已與孔孟典籍智語，了無相接、全無相感－也就是在今日臺灣能典藏儒家經典、並且父母以儒家智德教化子女且全家依儒家常道慧命而生活的家庭已然稀少之時，當代儒者倘若仍只是在大學堂中高談闊論儒家「道德理想主義」之存在，卻無法普施展溥於人民之生活世界，則此精闢之理論，除去其學院門中知識系統的價值之外，又能有多少文化生命的意義呢？當鄉土中的子弟們活在物欲、感官之中，隨著紅塵而讓自心長期蒙蔽於「順軀殼起念」，德智蕩然而無存，僅只是動物性地過活著；此時此際，當代儒者依然只是停留於思考或辯論著「執或無執的存有論究竟何義」之餘，想必不能全然無動於衷？若是如此，此將儒者進德修業生涯的矛盾與弔詭，也是荒誕和諷刺。此誠非列聖列賢之所願見。

在大學堂中研討「儒家道德理想主義」或辯難「執與無執的存有論」，並非無關緊要，事實上，此舉甚為重大，因為它關係著文化民族常道慧命大傳統之源泉活水；若無高明深厚堅篤之「儒家道德理想主義」確然挺立，自亦必無明禮尚義、興仁達智的臺灣或中國民間之生活世界。在大學堂中講經典、論學術，使儒典得以明晰、使儒學得以發揚，此功夫甚急切且必要。然而，在鄉土人民的社區中，也需當代儒家士子前往講經典、論學術；儒典與儒學在大學堂的講論，為儒教之起始，而在鄉土人民社區中的講論，則是儒教之成終也。若僅有起始，卻無成終，就等於是儒家文化理想之乾

坤不能合德；若不能合德，則文化理想不免徒然落空。

　　若要求儒家道德理想主義轉化成臺灣鄉土之文化理想，並期其能夠在臺灣鄉土眾民身心上充分證成，則捨當代儒者在大學堂講學之際，不時地下降至鄉土人民社區中講經典、論學術，並感召地方知識份子，共襄盛舉，蔚為風尚之外，實無他途。此種由大學堂下降至鄉土社區的文化社會運動，實是儒者由高遠之「乾天」回返切近之「坤地」的一種文化回歸土地的反哺運動；❸我們終究不能從鄉土中長養茁壯而高飛於天之後，卻將我們母親般的鄉邦故土背棄遺忘。

　　回返鄉土社區的講道論學，其對象有成人，也有少年、孩童；就我們已然乾涸枯槁的文化鄉土而言，為少年、孩童宣讀儒經並講解儒學，或更有其「貞下起元」的深長意義。王財貴先生即正依此初基培元的文化意識，長期地實際埋首推行踐履。王先生的這項志業是在臺灣都市鄉村推廣「兒童讀經」民間文教活動，他構思已二十五年，家庭小規模實驗也有十年以上，然後深信此種「讀經運動」確然可行，最近數年開始正式展開，已在臺灣民間社區油然沛然、興雲化雨地蔚成一股文化教育風氣。王先生說：

---

❸　《易》主乾坤並建之精神，「天行健」需相配以「地勢坤」，如此乾坤陰陽和合，宇宙萬物方能大生廣生而盎然沛然永無止息；故乾大象「天行健，君子以自強不息」必相配以坤大象「地勢坤，君子以厚德載物」。自強不息的君子，必須實踐「載物之厚德」；而此「載物之厚德」需是在「坤地」上敷展浸濡於眾民身心中，否則必無以見君子博厚之坤德，而當然亦無以顯君子高明之乾德也，因此，儒者若離廣土眾民而孤身逍遙自化於天上，此終非儒門君子，非孔孟之道所許可。

我個人思考此問題已二十五年，家庭小規模實驗也已十年以上，長期地從理論與實際兩面證實其可行，才正式在社會上「推廣」，期望激起風氣，普遍施行。目前的「推廣」工作，主要的辦法是用講演的方式宣說觀念，並鼓勵有人士開班教學。這兩年來，據我記憶所及，大大小小約有四、五十場演講，聽講者約有三、四千人，而整場臺澎地區，現在約有兩百班，合計五千餘位小朋友正接受「讀經」的教育。㉛

由此得知，王財貴先生並非只由他自己一人獨力地開設讀經班來領引孩童讀經，如此效果將十分有限；他是巡行臺澎各地舉辦讀經觀念宣揚之演講，以此演講宣導吸引地方老師、家長和社會人士出來在地方上開班讀經；王先生此法正是為了臺灣地方傳播儒教的種子幼苗，期能重新為臺灣從基本的鄉土開始，再灌注進儒家永恆的智德慧命。其功效已然顯現。王先生說：

> 「讀經」風氣有日益擴大之效，依我預期，在兩三年內，全國至少應有十萬個小朋友接受讀經教育若持續其效應，則將是五四以來最大的文化運動，而這卻是重新回歸文化本位的運動。回歸文化本位，不是頑固，也不是墨守，而是希望保住自我傳統的活力，以求更有能力深入了解他人的文化，吸

㉛ 王財貴：《兒童教育讀經手冊》（臺中：國立臺中師範學院語文教學研究中心；臺北：宗教哲學研究社華山講堂，全國電子專賣店，再版，1995年），頁5。

收消融，兩相綜合會通，爲人類創造更充實的文化。（同上）

民初「五四運動」之爲一種「文化運動」，其本質是反文化經常之道的—由於父母邦國的暫時中衰，便就情願作一叛逆子，倒反過來譏呵謾罵自己父母祖宗，從文化歷史中自我踐踏、自我異化，現代史上常稱其爲「新文化運動」，此種運動的本質實則乃是欲將自己傳統割截喪亡，然後心甘情願去作異邦文化奴子的運動。在「五四」的氣氛之中，「讀經」，是會被斥責詆毀、群起攻之的；因此，今日標榜提倡並實踐「讀經」，正完全相對反於「五四」的文化意識，固然必將引起秉承五四自我分離、割裂、異化者的攻訐，但誠如王財貴先生所云「讀經，是重新回歸文化本位的運動」；深哉，斯語。「讀經」及「讀聖賢書」，之所以浪子回頭，歸返自我主體文化歷史生命之經常大道也。在今天臺灣有一些政治、學術、文化及社會人士極其所能地推行文化歷史的背離運動的時候，王先生提倡實踐「文化本位回歸運動」實在具有深刻的意義。

五、結論

唯有透過讀經、讀聖賢書，才能使臺灣人民回歸文化本位，不再如失家的浪子在紅塵亂世中漂泊一生；也才能使臺灣在當今四無搭掛卻於國際風雲激盪的局勢中找到自我的定航針。

當前臺灣輿論界和文化界每喜強調所謂多元文化價值之發展，認爲這乃是民主社會應有的結構內涵；而且也特別強調「民主自由之政治制度」之無限上綱。其實，任何一個社會若無文化核心爲主

體，則此社會勢必因為缺少主體性而淪落成零碎散裂、不成體系的碎裂型文化社會。一個健全的民主自由社會應該是由深具共同主體性之文化核心價值觀的公民所組成；而在此涵養中，他們能欣賞、了解、吸取並創造文化的豐富、繁賾和精采。在這樣的意義下，我們才能說民主社會的多元價值。否則，若任由社會的文化核心空洞化，畢竟是末世頹廢的病態，而非一種健全人類社會應有之現象。

法政意義下的民主自由，應僅視之為社會外在的規約形式，而非其終極而充分的內在價值。一個健全的社會，應有其內在道德意義典範內涵，依此內在的道德典範，社會的人文價值方有所貞正。此於西方歐美社會即是由基督教、聖經來加以範疇、導引，其人民的生死婚喪之禮，非由官吏主持，而是由神職人員之神父、牧師主持；其政治人物就職宣誓多一手按聖經，而說效忠國家、人民之誓詞。依此，西方基督教社會的人民，乃是在耶和華的戒律下方有真正的自由。穆斯林亦然，若無真主阿拉的允許，則無所謂自由；可蘭經的子民必在可蘭經裏面才能獲得安頓。

可以斬釘截鐵斷言，由於宗教實屬彼邦之文化核心，假若歐美與阿拉伯社會毀棄其宗教，則其法政意義下的政治社會制度必崩潰敗滅。

周公制禮作樂，為中國建立一套外在規約形式的「周文」，此套禮樂典章制度，粲然完備，奠定了周朝數百年的根基，也成為中國文明的一個「基本型」。所以孔子贊曰：「郁郁乎文哉！吾從周。」然而由於「周文」是建立在諸侯貴族文化教養上的一套禮樂典章，假若諸侯貴族在文化生命上失去了應有的敬慎憂患的教養，則此套禮樂勢成具文，而喪失其存在的價值和意義。周之末世，諸

侯貴族確然墮落，爲孔子及身親見，周公創制的禮樂典章早成爲僵化死物。牟宗三先生稱此現象爲「周文疲弊」。針對周文疲弊，孔子採取什麼態度呢？牟先生說：

> 孔子對周文是肯定的態度，禮總是需要的。……這一套周文並不是它本身有毛病，周文之所以失效，沒有客觀的有效性，主要是因爲那些貴族生命腐敗墮落，不能承擔這一套禮樂，……不能夠實踐周文。不能來實踐，那周文不就掛空了嗎？掛空就成了形式，成爲所謂的「形式主義」，成了空文、虛文。……孔子就要把周文生命化。……如何使周文生命化呢？孔子提出仁字，因此才有「禮云禮云，玉帛云乎哉？樂云樂云，鐘鼓云乎哉？」這些話。人如果是不仁，那麼你制禮作樂有什麼用呢？禮樂要有眞實的意義、要有價值，你非有眞生命不可，眞生命就在這個「仁」。所以仁這個觀念提出來，就使禮樂眞實化，使它有生命，有客觀的有效性。㉜

孔子樹立的「仁」，使周文禮樂眞實而有生命，也正是這個「仁」使中國文明眞實而有生命。傳統中國之所以具有眞實之生命，並不在各朝代的典章禮樂所決定，而是在中國文明裏的「仁」所決定；今日的中國與臺灣是否具有眞實的生命，亦非由外在的民

㉜　牟宗三：〈中國哲學之重點以及先秦諸子之起源問題〉，《中國哲學十九講·第三講》（臺北：臺灣學生書局，1983 年），頁 60-61。

主自由之禮樂典章所決定，而是必須由其是否內在地具有「仁」來決定。「仁」即是中國人整套禮樂的文化核心，在臺灣自不例外。

如同西方或阿拉伯，或如同傳統中國，臺灣社會之必須具有其所以維續而不墜的文化核心，乃一無可變易之理。就臺灣而言，四百年來由於漢人的拓殖、開發、定住，已早成為以中國華夏文明為文化主體的臺灣，雖然臺灣本有原住民的文化，也曾經受到日本半個世紀的統治，但不可否認，以漢人佔多數的臺灣人民仍然依照其列祖列宗代代相傳的中國文化價值系統而生活著，其核心當然即是以孔孟智德為主的儒家常道慧命，數百年來迄於半個世紀前一直如此，未嘗稍變。

牟宗三先生說：

> 儒家並不是抱殘守缺，死守著那個周禮。周文本身並不是不實用，如果你本身有真生命，它一樣可行的。最重要的問題在使人的生命站起來，……從這個地方說，儒家的思想開闢價值之源、挺立道德主體，……所謂價值就是道德價值、人生價值。儒家對夏商周三代的文化，開始作一個反省，反省就提出了仁的觀念。觀念一出來，原則就出來。原則出來人的生命方向就確立了。所以他成一個大教。這個大教，「開闢價值之源、挺立道德主體」，儒家所以為儒家的本質意義就在這裏。㉝

㉝　同前註，頁 61-62。

臺灣並非只有民主自由的一套法政制度便足夠而充分；臺灣人民需要「開闢價值之源、挺立道德主體」的「大教」，此一大教唯「儒家仁教」無他。

聖經或可蘭經的子民之所以能依上帝或阿拉的教諭成爲一個有德之人活著，並非由上帝或阿拉直接教育啓發，而是由彼等之神職人員作爲上帝阿拉的使徒，在廣土眾民中不斷地推展傳播神諭與聖言而造成；臺灣人民長期能依儒家常道慧命而活著，亦非由孔子、孟子之直接教育啓發，而是由歷代生生不息的上層、下層的儒門士子在臺灣城鄉土地上不斷地推展傳播孔孟聖訓而形蔚創成。

若無這些儒門士子不止息地在鄉土中傳道，就必然沒有依儒家智德而活著的臺灣人民；臺灣人民若無儒家智德爲其生命核心，則彼之不爲華夏中國意義下的臺灣人，無寧將是十分自然之現象。最近數十年來臺灣鄉土中已甚少「當代儒門士子」傳播孔孟之道，臺灣鄉土急速「物化」、「異化」，在學術殿堂中談學論道的當代儒家，能無憂懼乎？

※本文發表於《鵝湖學誌》第 17 期，1996 年 12 月。

論臺灣儒家政教傳統的創建
——鄭成功的抗清與治臺

一、前言

　　中國人以「國家」形式來臺，當推源自鄭成功；傳統中國爲政者若行仁政則必以儒家政教爲其治國方略，鄭成功尤其如此；故臺灣儒家政教傳統實由鄭成功與陳永華君臣開始。明鄭國祚雖短，但其所拓之源深遠，自是之後數百年，臺灣漢人社會基本上已成儒家政教社會，縱然日據時代，亦不例外。鄭成功的影響既巨且長，故其儒家精神人格及其生發之意義，站在臺灣儒教、儒學史的研究立場，應加以詮釋彰顯，故爲此文。

　　本文論述鄭成功，有一一貫之道以彰顯其文化生命存有的莊嚴，此即：鄭成功實乃儒家孟子學與春秋大義的眞正實踐者，中國生民橫遭劫難而人文價值崩蹐傾頹、風雲飄颯之明季清初，其以一少年儒生英豪之姿，獨力奮勉，航渡抗清拒夷之義師於東南大海，隻手撐舉忠孝節義之正氣旗幟於滔滔濁世，以此浩然正氣對抗夷狄之道的滿清，而展現出中國常道慧命永不斷滅的剛健雄渾之力。噫！微鄭成功，則華夏儒宗的浩然正氣與正道，或將從此永絕；若

微成功之渡海開臺，亦將無一常道慧命潤育培護的臺灣。鄭成功於華夏和臺灣，其功德深矣遠矣。

本文首先論鄭成功的孝思孝行，及其依《孟子》、《春秋》之訓，以夷夏、君臣、忠奸之大義而與父親永世絕決，移私孝作大忠展開其抗清拒滿的一生功烈；復次，論鄭成功的政道及其治道；最後則彰明其在臺灣的政教措施之意義。

二、移孝作忠

鄭成功，福建泉州南安縣人，明天啓四年七月十四日（1624）生於日本平戶千里濱，七歲始歸泉州晉江縣安平。❶黃典權說：

> 成功父親鄭芝龍不愛詩書、浪跡江湖，到過澳門、到過日本，接觸很多外國人，替荷蘭人在臺灣服過務，跟日本華商鉅子李旦的關係也非常密切，可說是個貿易商人，有時無疑又爲海盜。他跟臺灣好像有著一種特別關係，祇是難於詳細瞭解。……他在天啓年間對福建開始發展，掌握漁商的管制，劫掠沿海的農作，從事南北的貿易。等到崇禎元年（1628）降於明廷時，他不但兵強而且家富。置宅晉江的安平，直接策劃著海上的貿易，控制住東南海域的安全。幾年之中把閩廣的巨盜鍾凌秀、李魁奇、楊六、楊七、劉香

---

❶ 黃典權：〈鄭延平臺灣世業〉，《臺灣史論叢》（第一輯）（臺北：眾文圖書公司，1980 年），頁 105。

（老）等悉數肅清。芝龍家世之顯耀，無疑已達巔峰。❷

　　鄭芝龍是一個甚爲勢利且極有手段的大投機冒險豪強，既爲大盜巨寇，又爲海上大貿易家，更能勾結明政權而遂其龐大的私利；其爲人屬於「工具理性」極爲發達者，而「道德理性」則全無。此型人物正是傳統儒家標準中的小人奸徒之類。鄭成功卻恰恰是此種反面人物鄭芝龍與日本女子在日本生下的混血兒；而此降生在「不義鄭家」的中日混血兒卻是全然根據儒家忠孝節義的生命標準成就了一代英雄豪傑的志業。

　　成功儒家理念之養成，實因在日本七歲稚齡前的幼教以及七歲返回中國之後延師儒教而來。清人鄭亦鄒撰述的《鄭成功傳》曰：

> 崇禎三年，成功在倭已七歲矣。芝龍屢請之，不能得；乃遣人齎金幣往，圖畫芝龍爲大將軍秉鉞橫絕海表軍容炫赫之狀，倭亦頗憚，受略而歸之。成功風儀整秀，俶儻有大志。每東向而望其母，輒掩涕。大爲叔父芝豹所窘，叔父鴻逵獨偉視焉。讀書穎敏，不治章句。先輩王觀光一見，謂其父曰：「是兒英物，非若所及也」。十五，補邑諸生；試高等，食二十人餼。金陵有術士視之，驚曰：「此奇男子骨相非凡，命世雄才，非科甲中物」。❸

---

❷　同前註，頁105-106。

❸　〔清〕鄭亦鄒：《鄭成功傳》（臺灣文獻史料叢刊，臺北：大通書局，未刊年份），頁10。

江日昇《臺灣外記》則曰：

> 九月北風起，國王回鄭芝龍書，送其子……歸。……順風十
> 月到安海。芝龍望見其子儀容雄偉，聲音洪亮，屈指已七歲
> 矣。……延師肄業，取名森，字大木，讀書穎敏。但每夜必
> 翹首東向，咨嗟太息，而望其母（日本在東）。森之諸季父兄
> 弟輩數窘之；獨叔父鄭鴻逵甚器重焉（逵字聖儀，別號羽公，庚
> 戌進士）。每摩其頂曰：「此吾家千里駒也」！有相士見之
> 曰：「郎君英物，骨格非常」！對芝龍稱賀。芝龍謝曰：
> 「余，武夫也，此兒倘能博一科名，爲門第增光，則幸甚
> 矣」。相者曰：「實濟世雄才，非止科甲中人」。性喜《春
> 秋》，兼愛《孫吳》。制藝之外，則舞劍馳射；楚楚章句，
> 特餘事耳。事其繼母顏氏最孝。於十一歲時，書齋課文，偶
> 以小學「洒掃應對」爲題，森後幅束股有「湯、武之征誅，
> 一洒掃也；堯、舜之揖讓，一進退應對也」。先生驚其用意
> 新奇。❹

　　綜合上引史料，成功在日本七歲的幼年成長，而能以七歲韶齡
之資就能顯發出「風儀整秀，俶儻有大志」、「儀容雄偉，聲音洪
亮」的不凡氣質，此甚可能受其日本母親優秀傑出的調教而有以臻
之。黃梨洲《賜姓始末》提及鄭芝龍所娶日本女子乃日本長崎王族

---

❹　〔清〕江日昇：《臺灣外記》（臺灣文獻史料叢刊，臺北：大通書局，未
　　刊年份），頁39。

之女兒，❺實爲日本貴族世家女也，日本深受儒家思想影響，尤以貴冑爲然，故不難理解成功母親在異國丈夫遠離而獨自一人撫養獨子，其艱難困頓和憂患意識必然深刻加強其教兒成龍中物之堅定意志；嚴慈之母乃能教養出秉具君子英雄不凡氣象的少年鄭成功；偉哉，成功之母。

上引史家均言及成功別離母親返回中國泉州後，因思懷母親，每每東望而咨嗟掩涕，慈母誠然教養出仁孝之子也；成功乃一大孝之人，七歲幼兒已懷抱其至誠仁孝孺慕之心。此當非偶然，若無母之慈藹，則或無幼年成功之孝感也。鄭芝龍家絕多爲浪莽魯夫，無人識此天性，而唯嘗讀詩書的進士叔父鴻逵能一見而透澈也。此無他，成功母子慈孝常道，實由儒家強調的天倫慧命而來。

清順治二年、明隆武元年（1645），鄭成功二十一歲，是年，日本始歸其母至閩。睽別十五年，成功母子始能團聚。然天道多舛，次年，即生變故。梨洲言：

> 北兵入福州，芝龍退屯安海，樓船尚五六百艘，乃爲洪承疇所誘，必欲降附。諸將多不從，成功痛哭而諫。芝龍意不可回，單騎北去。芝龍既降，其家以爲可以免暴掠，遂不設備。北兵至安海，大事淫掠，成功母亦被淫，自縊死。成功大恨，用夷法剖其母腹，出腸滌穢，重納之以斂。❻

---

❺ 〔明〕黃宗羲：〈賜姓始末〉，《黃宗羲全集》（第二冊）（臺北：里仁書局，1987 年），頁 194。

❻ 同前註，頁 195。

慈母橫罹劫難而自縊以殉女子貞節，成功痛失慈母，昊天罔極，清
人殺母大恨不共戴天，懷此大悲難、大仇恨，成功自是轉其大孝而
為大忠，開始展開其燦耀奪目、隻手擎天的抗清志業；其義無反顧
的抗清拒滿，是所以盡孤臣的大忠，亦是所以盡孽子的大孝也。

　　成功自幼好讀書，不喜飣餖考據，但求經典大義。其好讀《春
秋》以辯明華夏夷狄、聖君賢臣及君子小人之大義；也喜研究《孫
吳兵法》而能於大地之上搏龍蛇、殺妖異。崇禎十一年（1638），
成功十五歲，進南安學弟子員。崇禎十五年（1642），成功十九
歲，赴福省鄉試。❼宏（弘）光時，成功應為二十或二十一歲之
際，以弱冠青年之英姿，入南京太學並拜當時名盛一方的大學者、
詩人錢謙益為師。成功可謂翩翩儒士矣，梨洲特贊之曰「丰采掩
映、奕奕耀人」。❽

　　自崇禎三年，鄭成功七齡回中國，芝龍為其延師受教始，至二
十青年入南京太學止，成功正式受學亦不過十二、三年而已。但此
短短十數年的教育已造就其「善養浩然正氣」的人格，此除了歸功
於嚴慈之母在他七歲之前的善育良養之外，實也須歸因於福建原本
就是理學南播發展、朱子講學傳道的儒家醇厚敦篤之地，故能培養
出儒家典型的一代英豪鄭成功。

　　傳統儒家自孔孟立教，即教人盡忠盡孝，嚴華夏夷狄之防，明
君臣大節之本，並辨別君子小人之異；成功確能真實不二秉此儒門
常道以立身處世。唯其出身浪子海寇之父鄭芝龍人格全然與子相

---

❼　以上關於鄭成功之就學與應試，均據江日昇《臺灣外記》，同註❹。

❽　同註❺。

反，而決意降清，甘爲滿人二臣奴才。成功曾力勸曰：

> 吾父總握重權，未可輕爲轉念。以兒細度，閩粵之地，不比
> 北方得任意驅馳，若憑高恃險，設伏以禦，雖有百萬，恐一
> 旦亦難飛過。然後收拾人心，以固其本。大開海道，興販各
> 港，以足其餉。然後選將練兵，號召天下，進取不難矣。❾

成功明白儒家父子不責善之理，故先只以兵學戰略方策說動其父保
全大節，希冀其父能由戰略實利考慮而止住降清爲滿人二臣奴才之
惡念。惜芝龍不悟。成功復再苦勸曰：

> 天時、地利，有不同耳。清朝兵馬雖盛，亦不能長驅而進。
> 我朝委係無人，文臣弄權，一旦冰裂瓦解，釀成煤山之慘。
> 故得其天時，排闥直入，剪除兇醜，以承大統。迨至南都，
> 非長江失恃，細察其故，君實非戡亂之君，臣多庸祿之臣，
> 遂使天下英雄飲恨，天塹難憑也。吾父若藉其崎嶇、扼其險
> 要，則地利尚存，人心可收也。❿

成功於此明白指出：清兵之所以入關而躍馬中原，原不在滿清之
盛，而是「我朝無人、文臣弄權」。換言之，即明崇禎帝時的朝廷
已至君不君、臣不臣的腐敗地步。迨至南明，並非長江已失其天塹

---

❾　同註❹，頁90。
❿　同前註，頁91。

之險，而乃是由於「君非戡亂之君、臣多庸祿之輩」；成功實為其
父親諱也，故未說出文臣多奸、武將多悍之言，但也嚴正指出明廷
及其南方流亡政權的君臣墮落腐敗的真面目。成功期望其父以其聲
望、地位和實力出來收拾人心、力挽狂瀾，作一個旋乾轉坤的大丈
夫。

鄭成功誠然孟子學中的人龍豪傑之士也，其諫父言，正氣浩然
瀰天漫地，沛然莫之能禦。四百年後的今天，以誠明之心細讀其
文，其莊嚴光輝仍耀耀如在目前。

唯鄭芝龍畢竟不聽。江日昇《臺灣外記》載曰：

> 成功見龍不從，牽其衣，跪哭曰：「夫虎不可離山，魚不可
> 脫淵；離山則失其威，脫淵則登時困殺。吾父當三思而
> 行。」龍見成功語繁，厭聽拂袖而起。成功出，適遇鴻逵於
> 途，告以始末。逵壯之。功遂密帶一旅，遁金門。……龍差
> 往金門尋成功，功不從，上書有：「從來父教子以忠，未聞
> 教子以貳。今吾父不聽兒言，後倘有不測，兒只有縞素而
> 已」之句。[11]

成功知其父不悟，惟以最關利害的「虎不可離山、魚不可脫淵」的
機微以期點醒：鄭芝龍若一旦降清，必生殺操之他人之手，任憑宰
割。芝龍蒙昧不能警覺。從此，鄭氏父子正式走上忠奸絕裂不共存
之路。成功最後的絕決相勸書，已非以一人子呈父親之書矣，而是

---

[11] 　同前註，頁 91-92。

儒家春秋夷夏君臣之義的大宣言法音也。

鄭亦鄒《鄭成功傳》曰：

> 成功雖遇主列爵，實未嘗一日典兵權；意氣狀貌，猶書生
> 也。既力諫不從，又痛母死非命，乃悲歌慷慨，謀起師。攜
> 所著儒巾、藍衫，赴文廟哭焚之；四拜先師，仰天曰：「昔
> 爲儒子，今爲孤臣；向背去留，各有作用。謹謝儒服，惟先
> 師昭鑑之！」高揖而去；禂旗糾族，聲淚俱并。與所善陳
> 輝、張進、施琅、施顯、陳霸、洪旭等盟歃願從者九十餘
> 人，乘二巨艦斷纜行，收兵南澳，得數千人，文稱「忠孝伯
> 招討大將軍罪臣朱成功」。
>
> 其明年，遙聞永明王即位肇慶，改元永曆；成功則奉朔，提
> 師歸自南澳，舊眾稍集；年二十四（1647）。……乃泊鼓浪
> 嶼，與廈門隔帶水。⑫

在此天崩地坼的風雲時代，儒家英傑若不能提三尺劍上沙場斬龍
蛇，則難定國安邦、拯生民於水火。「王赫斯怒而安天下」原本即
是儒家孟子義理的明訓，鄭成功本爲儒子，自幼明讀聖賢書，早已
以儒門君子英豪自我期許。滿洲，夷狄也，闖關牧馬、殘害生靈，
是華夏忠臣烈士者豈能不奮袂而起、共赴國難？何況親父受大奸人
洪承疇所惑而降清喪志，⑬以致成功父子恩情天倫爲之痛絕。更有

---

⑫　同註❸，頁 13。

⑬　〔清〕趙爾巽：《清史稿·列傳十一》(30)（北京：中華書局），頁 9159。

甚者，乃慈母爲滿清辱殺，奇恥大辱、肝腸寸斷，故成功與異族夷狄勢已誓不兩立、不共戴天。

　　自此之後，成功興勤王護明之銳師勁旅，以寡禦眾，堂堂正正、轟轟烈烈地展開了東南沿海的抗清義戰。西元一六六一年（清順治十八年、明永曆十五年），成功率軍民來臺，驅逐荷蘭。於是「改臺灣爲安平鎮，赤崁爲承天府，總名東都，設一府、二縣，府曰承天府，縣曰天興、萬年。」❹漢人以「國家」形式正式在臺灣建立了政權，從此，中國文化和生活方式，才眞正源源不絕地隨漢人移民潮進入臺灣；國人尊成功爲「開臺聖王」，立廟春秋馨香祀之，誠不虛而其神有格也。

三、服膺春秋君臣之義

　　成功以弱冠英年帥勤王衛明之義師以對抗異族之大清帝國，終其鄭氏父子三代（成功、經、克塽），一直奉明永曆正朔，直至克塽降清爲止。成功此悲壯莊嚴功業，不啻「挾泰山以超北海」之難也，而明知其艱辛困苦卻義無反顧，堅貞勵節，冰志潔操，誠然鬼神心動、天地感佩。此乃由於成功深受儒學的教養而服膺孟子所說的君臣之義。孟子曰：

> 故將大有爲之君，必有所不召之臣，欲有謀焉則就之。其尊
> 德樂道，不如是，不足與有爲也。故湯之於伊尹，學焉而後

---

❹　〔清〕蔣毓英：《臺灣府誌·沿革》（北京：中華書局，1985年），頁8。

臣之，故不勞而王。桓公之於管仲，學焉而後臣之，故不勞
而霸。⑮

又曰：

> 君之視臣如手足，則臣視君如腹心；君之視臣如犬馬，則臣
> 視君如國人；君之視臣如土芥，則臣視君如寇讎。⑯

成功與隆武帝有君臣深義厚誼，梨洲曰：

> 隆武皇帝即位，（成功）入朝，年纔二十一。上奇之，賜今
> 姓名，俾統禁旅，以駙馬體統行事，封忠孝伯。⑰

梨洲所敘甚簡，江日昇則有較詳之述說。《臺灣外記》曰：

> 芝龍引其子森入見。隆武奇其狀。問之，對答如流。隆武撫
> 森背曰：「恨朕無女妻卿」！遂賜姓，兼賜名「成功」，欲
> 令其父顧名思義也。封爲御營中軍都督，儀同駙馬、宗人府
> 宗正。自此中外咸稱國姓。
> 三月，賜姓成功條陳：「據險控扼，揀將進取，航船合攻，

---

⑮　《孟子・公孫丑》（第十）。
⑯　《孟子・離婁》（第三十一）。
⑰　同註❺，頁 194。

通洋裕國」。隆武嘆曰：「騂角也」！⑱封忠孝伯，賜上方
劍，便宜行事，掛招討大將軍印。

忠孝伯賜姓成功叩陛，辭回安平。隆武曰：「卿當此有事之
際，何忍舍朕而去」！成功頓首曰：「非成功敢輕離陛下，
奈臣七歲別母，去秋接到，並未一面。忽爾病危，爲人子者
心何安？以其報陛下之日長，故敢暫爲請假。稍愈，臣即兼
程而至」。隆武允成功馳驛省母，准假一月。成功謝恩，出
歸安平。⑲

此即隆武、成功君臣對應之僅有的史事，由此已足顯示君禮臣忠，
一如孟子所論之義矣。

自是之後，閩地形勢逆轉，芝龍降清，成功母死，而隆武亦於
汀州爲清兵殺戮。故成功出離，集合義士抗清，「丙戌十二月朔，
成功會文武群臣於烈嶼，設高皇帝位，定盟恢復。隆武三年，移於
南澳；勤王者遠近至，軍聲頗震。五月，於廈門中左所設演武
場。」⑳於是正式展開了抗清拒滿的歷史戰役，戊子（隆武四年），
八月，「知永曆帝駐蹕廣東之肇慶，遣光祿寺卿陳士京入朝。己
丑，士京還自行在，封成功爲延平王，始稱永曆三年。」㉑時爲西
元一六五四年，成功三十一歲。從此世人亦尊稱成功爲「延平郡

---

⑱　孔子曰：「犁牛之子騂且角，雖欲勿用，山川其捨諸？」由此可見隆武會
　　觀人也，彼實已看出鄭芝龍與成功父子資質品格之天淵差別。

⑲　同註❹，頁 73、82、85。

⑳　同註❺，頁 195。

㉑　同前註。

王」。

　　國姓爺、延平郡王鄭成功，由福建轉進臺灣，直至其孫克塽，均奉明永曆正朔而無替，其於大明朝的孤臣孽子之忠憤血腔亦可謂深矣。黃典權說：

> 鄭成功由於個人的儀表才具，深受隆武的眷顧重用，賜姓嘉名，統師掛印，在福建西北、浙江南部和清人一番戰鬥，表現他過人的統御才能，和精忠大志。他跟他父親忠奸異途，從此永別。君亡家破，加上母死眾分，鄭成功孤兀的處境，觸發他無比剛毅的復國大義。……隆武皇帝所代表的皇室是他終身以之的服膺對象，產生他無窮的奮鬥才力，創現出當世難有倫比的孤忠大節，成為滿清窮十八年全國軍力所無法搖撼的堅強陣容；最後且遷海隔離，作消極的抵制而已。對滿清而言，鄭成功根本沒有失敗。
>
> 永曆朝廷有著十五年的歷史（1647-1661），這中間鄭成功在東南沿海的戰果極其輝煌，第一他完全掌握制海之權，漁商的利益無窮，第二閩粵的戰事常處主動，故勝多於敗。第三他號召著長江以南廣大的民心，最大的貢獻是「堅強的存在」使得西南朝廷，川鄂義師，太湖水寨，浙東山區，互相照應，獲得養息機會；使愛國志士從容立命，堅定意志，把民族精神培養在學術思想裏，千里灰蛇，伏脈遠紹，影響了日後的國民革命。㉒

㉒　同註❶，頁106-107。

黃氏此段史論懇切推贊鄭成功一生功業，可說深切著明，甚得重心。唯未在鄭成功居心動念的幾微之地指明其何以能以此種霹靂壯烈手法，將己生命作此如天上耀日的燃燒？我們以為若捨孟子所云「舍生取義，自反而縮，雖千萬人亦往矣」以及「富貴不能淫，貧賤不能移，威武不能屈」的道德主體意志生發的仁義信念，促使他興勤王護國之師以實踐春秋大節，則將無法真正加以了解。

儒家春秋大義實為成功行事的標竿；楊英《從征實錄》載成功稟其父芝龍書，曰：

> 違侍膝下，八年於茲矣。但吾父既不以兒為子，兒亦不敢以子自居，坐是問候闊絕，即一字亦不相通；總由時勢殊異，以致骨肉懸隔。蓋自古大義滅親，從治命不從亂命，兒初識字，輒佩服春秋之義。自丙戌冬父駕入京時，兒既籌之熟而行之決矣。
>
> 兒於己丑亦已揚帆入粵，屯田數載矣。（清）不意乘兒遠出，妄啟干戈，襲破我中左，蹂躪我疆土，虔劉我士民，擄辱我婦女，掠我黃金九十餘萬、珠寶數百鎰、米粟數十萬斛，其餘將士之財帛、百姓之錢穀，何可勝計。……我將士痛念國恥家亡，咸怒髮指冠，是以有漳泉之師。㉓

成功在給其降清喪節的父親書中，清楚說明自己自幼受教既秉儒家

㉓ 〔明〕楊英：《從征實錄》（臺灣文獻史料叢刊，臺北：大通書局，未刊年份），頁 42-43。

春秋嚴夷夏之防、明義利之辨、知君臣之節的教訓，更深明於春秋彰舉的為天下國家復大仇之義理；滿清既踐踏我華夏、殺我士民、辱我婦女、奪我財物，遭此奇恥巨難，豪傑之士焉能不奮起復血海深仇哉？

孟子曰：

> 待文王而後興者，凡民也。若夫豪傑之士，雖無文王猶興。❷

成功正是孟子所云豪傑之士也，故數滿清窮兵之惡而興堂堂義師以弔民伐罪。若其父芝龍無恥之二臣、奴子，讀成功文，能不羞煞？成功在給其弟鄭渡書中剖示自己高潔肝膽明其不事夷狄之志；成功曰：

> 夫虎豹生於深山，百物懼焉，一入檻阱之中，搖尾而乞憐者，自知其不足以制之也。夫鳳凰翶翔於千仞之上，悠悠乎宇宙之間，任其縱橫而所之者，超超然脫乎世俗之外者也。兄名聞華夷久矣，用兵老矣，豈有舍鳳凰而就虎豹者哉？❷

鄭成功即此翶翔九天、悠然宇宙而縱橫無礙、超然世俗之外的鳳凰。但此鳳凰卻非莊周一往而不返的鳳凰，而真真確確為孟子的鳳凰也。孟子曰：

---

❷ 《孟子·盡心》（第十）。
❷ 同註❷，頁62。

> 居天下之廣居，立天下之正位，行天下之大道；得志，與民
> 由之，不得志，獨行其道；富貴不能淫，貧賤不能移，威武
> 不能屈。㉖

成功不正是孟子筆下的大丈夫耶？能如是，方爲儒宗鳳凰也。成功
實可當之而無愧。孟子又曰：

> 廣土眾民，君子欲之，所樂不存焉。中天下而立，定四海之
> 民，君子樂之，所性不存焉。君子所性，雖大行不加焉，雖
> 窮居不損焉，分定故也。君子所性，仁義禮智根於心；其生
> 色也，睟然見於面，盎於背，施於四體，四體不言而喻。㉗

由此觀之、證之以成功的行事，不外根於心的仁義禮智的踐履
顯發。我們當贊國姓爺延平郡王開臺聖王鄭成功，實眞正爲一位儒
家春秋大義的實踐者、一位孟子門生的眞典型。

四、實踐孟子王道仁政

依孟子，儒家堯舜文武之政的理想，除了以王道一天下樹造仁
者政統之外，亦須有客觀法政制度以實踐之。此即孟子所說「徒善
不足以爲政，徒法不足以自行」。孟子復曰：

㉖　《孟子·滕文公》（第七）。
㉗　《孟子·盡心》（第十九）。

上無道揆也，下無法守也，朝不信道，工不信度，君子犯義，小人犯刑，國之所存者，幸也。故曰：城郭不完，兵甲不多，非國之災也。田野不闢，貨財不聚，非國之害也。上無禮，下無學，賊民興，喪無日矣！㉘

明廷以及南明政權之墮落腐敗，不正是孟子此語所警誡者？晚明浙東大儒朱舜水痛論明廷暴民虐民所以亡國之故，曰：

中國之有逆虜之難，貽羞萬世，固逆虜之負恩，亦中國士大夫之自取之也。語曰：「木必朽而後蛀生之。」未有不朽之木，蛀能生之者也。……崇禎末年，搢紳罪惡貫盈，百姓痛入骨髓，莫不有「時日曷喪，及汝偕亡」之心。故流賊至而內外響應，逆虜入而迎刃破竹，惑其邪說流言，竟有前途倒戈之勢。一旦土崩瓦解，不可收拾耳。不然，河北二十四郡豈無堅城，豈無一人義士，而竟令其殳戈服矢，入無人之境至此耶？總之莫大之罪，盡在士大夫；而細民無智，徒欲浅一朝之忿，圖未獲之利，不顧終身及累世之患，不足怪也。明朝以制義舉士，……惟以剽竊為工，掇取青紫為志，誰復知讀書之義哉！既不知讀書，則奔競門開，廉恥道喪，官以錢得，政以賄成，豈復識忠君愛國，出治臨民！坐沐猴於堂上，聽賦租於吏胥；豪右之侵漁不聞，百姓之顛連無告。鄉紳受略，操有司獄訟之權；役隸為奸，廣暮夜苞苴之路。朝

　　廷蠲租之詔，不敵部科參罰之文；乍萌撫字之心，豈勝一世
功名之想？是以習爲殘忍，倣效模糊。水旱災荒，天時任其
豐歉；租庸絲布，令長按冊徵收。……盜賊載途，惟工塗
飾；蟲蝗滿路，孰驗災傷？夫如是，則守令焉得不貪！由是
而監司、而撫按盡可知也矣，而佐貳、而首領更可知也矣！
此見任官害民之病也。

　　其居鄉也，一登科第，志切饋遺；欲廣侵漁，多收投靠。妻
宗姻婭，四出行兇；子弟豪奴，專攻羅致。女子稔色，則多
方委禽；田園遂心，則百計垂餌。緩急人所時有，事會因爾
無窮，攘奪圖謀，終期必濟。釘田封屋，管業高標者，某府
某衛；訴屈聲冤，公事至僵者，何科何院。曲直撓亂，白黑
蒼黃；庇遠親爲官戶，擠重役於貧民。事事貼賠，產已賣而
役仍在；年年拖累，人已斃而名未除。官司比較未完，滿堂
歡喜；隸役牌勾欠戶，閭室棲遑。士夫循習故常，鍘心民
瘼；被害胥讒，睯慝沒齒。官邪漁肉小民，侵牟萬姓；閭左
吞聲而莫訴，上官心識矣誰何。饒財則白丁延譽，寒素則
賈、董沈淪。薦剡猥多，賢路自塞。此鄉官害民之病也。㉙

　　由無恥士大夫組成的明廷官僚系統，成爲漁肉人民、摧殘百姓，因
而敗壞國政、傾側天下的元兇罪魁；此輩逢君之惡、勾結奸黨、串
連宦豎，盡其暴虐殘酷地吸吮全天下人民血髓，形成率土地食人肉

㉙　〔明〕朱舜水：〈中原陽九述略〉，《朱舜水集》（臺北：漢京文化事業
　　有限公司，1984 年），頁 1-2。

的盜匪政權。舜水痛論明朝亡國亡天下之故，直斥明時士大夫無廉恥、無人理之眞面目；舜水之論，儒者今日讀之，仍覺創傷血痕深長而未癒，心甚悲也。

若平心細讀朱舜水之文，明季國政與吏治實已魚爛肉腐至不堪聞問的慘酷地步，正如同孟子所嚴厲斥責的率獸食人的暴政，明若不亡，是無天理也。

但是，朱舜水究竟爲明朝皇帝諱也。明政的敗亂喪亡，皇帝豈能了卻責任？《明史·莊烈帝本紀》的〈論贊〉曰：

> 帝承神熹之後，……大勢已傾，積習難挽。在廷則門户糾紛，疆場則將驕卒惰；兵荒四告，流寇蔓延。遂至潰爛而莫可救。……而用匪其人，益以僨事。乃復信任宦官，布列要地，舉措失當，制置乖方，祚託運移，身罹禍變，豈非氣數使然哉。❸⓿

按《明史》爲清人張廷玉奉清廷之命所撰，代表統治者立場的史觀，故多爲崇禎隱藏。實則以「信任宦官，布列要地，舉措失當，制置乖方」而言，崇禎就已必須爲亂亡鼎祚、禍蔓天下而負其罪矣。

史家孟森對於崇禎則有較深刻的批判，孟氏說：

---

❸⓿ 〔清〕張廷玉：《明史·莊烈帝本紀》（臺北：《新校本明史》第一，鼎文出版社，1984 年），頁 335。

綜帝之世，廟堂所任，以奸諛險諂者爲多且久。文武忠幹之
臣，務摧折戮辱，或迫使陣亡，或爲敵所禽。至不信外廷，
專倚內侍，卒致開門引入，而當可以恤民時，君臣銳意刻
剝，至臨殉之日，乃嘆曰：「苦我民」！使早存此一念，以
爲辨別用人之準，則救亡猶有可望，乃有幾微大柄在手，即
不肯發是心，猶不自承爲亡國之君，何可得也？**⑪**

　　孟森特指明朝之覆亡，當推因於明廷統治者專恃奸險宦豎、專務殺
戮忠貞幹練文武能臣，挾國家機器以橫徵暴斂、推黔首百姓於水火
溝壑，輾轉死亡而無所歸；如此悖天理、反人性的豺狼虎豹暴政，
天下人其共誅滅之！明廷的統治者，如崇禎皇帝，罪不容於死，何
能了卻罪責？

　　南明政權之墮落腐朽比崇禎時期更有過之也。奸人馬士英勾結
宦黨阮大鋮及軍閥高傑、劉良佐、劉澤清、黃得功，以武力爲後
盾，擁立昏瞶荒淫的福王朱由崧爲弘光帝，於一六四四年即位於南
京。奸黨大事搜刮民財、橫徵暴斂，民不堪其苦，恨不得剝吃吞嚼
其骨肉。此輩復大肆排擠東林忠貞之士；阮大鋮編錄東林、復社人
士名單，名《蝗蝻錄》，依名錄而將南明君子加以慘酷迫害。昏淫
的弘光則在深宮縱情聲色，荒誕不堪。駐地的軍閥則日日擾民、害
民，且互相仇殺。清兵南下，如摧枯拉朽；過揚州，殺明忠臣史可
法，屠城十日，然後入南京，滅弘光政權。不到一年，荒唐的南明

⑪　　孟森：《明清史講義》（臺北：里仁書局，1982 年），頁337。

弘光朝便草草終結。㉜

　　南京淪陷，弘光被殺，浙中的南明官吏和士大夫方國安、張煌言、錢肅樂等人在西元一六四五年（清順治二年）閏六月擁立明室魯王監國於紹興。魯王政權擁有浙東的紹興、寧波、溫州、臺州等地，差不多是錢塘江以東的地區；其軍隊則有王之仁、方國安帶領的南明軍，以及錢肅樂、張煌言領導的義師。

　　同時，兵敗南逃的鎮江總兵鄭鴻逵與其兄鄭芝龍及儒者黃道周等人共同於福州擁立唐王，建元隆武。隆武政權成立後，明朝官兵及義師都熱烈響應，奉爲正朔。其控制區有閩、粵、桂、黔、滇、湘全部以及安徽、江西、湖北的一部分。

　　此兩個偏安小朝廷勢同水火，自相攻戮，徒予滿清訕笑，且可從容加以各個擊破。紹興政權之腐敗一如弘光朝，豎宦與軍頭結爲奸黨，排擠正直。一六四六年，清軍直取紹興、溫州、臺州等地，小朝廷潰敗。魯王在張名振、張煌言等忠臣保護下，漂泊海上。後來投靠鄭成功，最後至臺灣，並老死於臺。隆武朝則宰制於鄭芝龍兄弟手中，形同傀儡。鄭氏兇殘貪婪，盡刮民脂、濫徵商稅，並加增田賦、賣官鬻爵，同時又排擠抵制儒臣黃道周，小朝廷中善類爲之一空。一六四六年六月，滿清大軍滅紹興政權後，立刻急下福建，鄭芝龍大撤二百里仙霞嶺防線，水陸兩軍均不抵抗，以獻媚並屈膝於清廷，福州陷，隆武政權亡。㉝

　　在浙閩地區此三個腐敗墮落的南明小朝廷背景下，特別凸顯鄭

㉜　不著撰人：《明朝史話》（臺北：木鐸出版社，1987 年），頁 267-270。
㉝　同前註，頁 271-273。

成功屬行法治的意義；在那個敗亡紛亂時代，惟有鄭成功的抗清集團眞正地依一套客觀政教制度以推展內部建設並維護生存，成功復將此種客觀性體制帶到臺灣，而爲在臺漢人樹立客觀的「國家形式」；換言之，若無鄭氏以一套客觀政教制度帶來臺灣，則歷史上將無一個屬於漢人國家形式之臺灣也。

西元一六五四年，鄭亦鄒《鄭成功傳》提及：

> （成功）乃分所部爲七十二鎮；立儲賢館、儲才館、察言司、賓客司，設印局、軍器諸局。令六官分理庶物，以壬午舉人潘賡昌兼吏、戶官，丙戌舉人陳寶鑰爲禮官，世職張光啓爲兵官，浙人程應璠爲刑官，丙戌舉人馮澄世爲工官。改中左所爲思明州，以鄧會知州事。奉監國魯王、盧溪王、寧靖王居金門；凡諸宗室，悉厚贍之。禮待避地遺臣王忠孝、盧若騰、沈佺期、辜朝薦、徐孚遠、紀許國等。此數人，鄭之上客也，成功不敢與講均禮軍國大事，悉以諮之。凡所便宜封拜，輒朝服北向稽首向永曆帝座，令禮官讀疏畢，抗手焚之。㉞

如此設置的一套客觀政教法制，在那個大崩潰的時代，可謂爲禮法兼備的國家形制了；成功禮尊王忠孝等儒賢，待爲上客；孟子曰：「費惠公曰：『吾於子思，則師之矣。吾於顏般，則友之矣，王順

㉞　同註❸，頁 20。

長息，則事我者也。』」❸成功之尊禮王忠孝等儒賢，正是「師之」之舉也。孟子曰：

> 天子不召師，而況諸侯乎？爲其賢也，則吾未聞欲見賢而召之也。繆公亟見於子思，曰：「古千乘之國以友士，何如？」子思不悅，曰：「古之人有言，曰事之云乎！豈曰友之云乎？」子思之不悅也，豈不曰，「以位，則子君也，我臣也；何敢與君友也？以德，則子事我者也；奚可與我友？」千乘之君，求與之友而不可得也，而況可召與！❸

成功實善學並善行孟子學也者，其師事王忠孝諸儒，此舉正所以昭明道統常道的超然爲國家指導原則也。

　　成功於政統方面，一直奉永曆爲正朔，並善養明諸王及宗室，故能堂正爲大明忠貞義烈，而非南明小朝廷的一班亂臣賊子可望其項背；而在治統方面，則能用賢才、立館司、置六官以實際有效推展政教諸事。孟子曰：

> 不信仁賢，則國空虛。無禮義，則上下亂，無政事，則財用不足。❸

---

❸　《孟子・萬章》（第十二）。
❸　《孟子・萬章》（第十六）。
❸　《孟子・盡心》（第五十八）。

明社之屋及南明政權之土崩魚爛，豈不正是如孟子所言之「不信仁賢，無禮義、無政事」而有以致之？而鄭成功反之；信仁賢，講禮義，行政事，此正所以展現成功真是儒門英雄豪傑也。

五、在臺創建儒家政教傳統

惟時代大勢已定，孤臣之力無以回天，無可如何，亦只有息兵以休民也。成功以一介書生焚祭儒服改著戎裝，提三尺劍，興勤王護國師以對抗狂飆烈焰之大清帝國，奔苦天涯海陬，奈何大明國祚盡矣，一時實亦無可挽既倒的巨瀾，悠悠多年，其心苦矣、身亦累矣，成功一點盡忠報國之心，雖仍孤懸天壤，卻需尋一安穩之地好自將養，故來臺灣休養生息，以待來時。

西元一六六一年，年初成功渡海來臺驅荷，年底荷人降，成功在臺立東都，設府承天，設縣萬年、天興。滿清於同年十月殺鄭芝龍及其在北京子孫，並遷東南各省沿海邊界居民，以絕接濟。史曰：

> 成功既聞邊界令下，嘆曰：「使吾徇諸將意，不自斷東征得一塊土，英雄無用武之地矣。沿海幅員上下數萬里盡委而棄之，使田盧丘墟、墳墓無主，寡婦孤兒望哭天末，惟吾之故；以今雖披猖，亦復何用。但收拾餘燼，銷鋒灌燧、息兵休息，待天下之清未晚也。」迺立興法、辟刑獄、起學宮、計丁庸、養老幼、恤介特、險走集、物土方；臺灣之人，是

以大集，鄭氏遂安。**㊳**

成功多年征戰，知悟多戰傷民爲不仁矣，故來臺存息華夏一絲血脈。其嘆正爲一代儒門英傑傷懷戰火殘生之宗教良知上的懺悔也。由此亦可知成功確善學孟子者也；孟子曰：

> 君不行仁政而富之，皆棄於孔子者也。況爲之強戰。爭地以戰，殺人盈野；爭城以戰，殺人盈城。此所謂率土地而食人肉，罪不容於死！故善戰者服上刑，連諸侯者次之，辟草萊、任土地者次之。**㊴**

故成功來臺，以安民養民爲其要務，重用賢儒陳永華，爲臺灣規劃一個長治久安的宏圖。清人郁永河曰：

> 成功立法尚嚴，雖在親族有罪，不稍貸；有功必賞金帛珍寶，頒賚無吝容；傷亡將士，撫卹尤至，故人皆畏而懷之，咸樂爲用。其立法：有犯奸者，婦人沈之海，姦夫死杖下；爲盜不論贓多寡，必斬；有盜伐人一竹者，立斬之。至今臺灣市肆百貨露積，無敢盜者，以承峻法後也。**㊵**

㊳ 同註**❸**，頁 30。

㊴ 《孟子·離婁》（第十四）。

㊵ 〔清〕郁永河：〈鄭氏逸事〉，《禆海紀遊》（臺灣文獻史料叢刊，臺北：大通書局，未刊年份），頁 50。

昏亂之世，人心剛強難化，儒門亦重刑教之並用；成功承明季亂亡
之世，九死一生，深知民人欲求正命於亂世之艱難，故治臺如武侯
之治蜀，推尚嚴法之治，再行之以德教，庶幾乎國家可致安寧。郁
永河於康熙三十五年來臺，其所述臺灣無有盜市肆之貨者，已是清
領臺十三個年頭之事矣，由此可見成功治道之功德。高拱乾《臺灣
府志》也說：

> 其自內地來居於此者，始而不知禮義，再而方知禮義，三而
> 習知禮義。何言之？先爲紅毛所占，取其地而城之，與我商
> 人交通貿易；凡涉險阻而來者，倍蓰、什伯、千萬之利，在
> 所必爭。夫但知爭利，又安知禮義哉？嗣是而鄭氏竊據茲
> 土，治以重典；法令嚴峻，盜賊屏息。民間秀良子弟，頗知
> 勵志讀書。❹

按高氏於康熙三十五年序成其主修的《臺灣府志》，時高氏任「福
建分巡臺灣廈門道兼理學政」，其乃立於大清官吏的立場而言鄭氏
在臺治績。由上觀之，實美言也，依此亦見出成功在臺確爲臺灣樹
立守法好學的優秀根基。

成功來臺次年不幸病歿（1662，清康熙元年），世子鄭經嗣位。
一代英豪就此星落，明大儒梨洲先生論贊成功曰：

---

❹ 〔清〕高拱乾：《臺灣府志·風土志》（臺灣文獻史料叢刊，臺北：大通
書局，未刊年份），頁 185-186。

鄭氏不出臺灣，徒經營自爲立國之計，張司馬作詩誚之，曰「中原方逐鹿，何暇問虹梁？」曰「圍師原將略，墨守亦夷風。」曰「寄語避秦島上客，衣冠黃綺總堪疑！」曰「只恐幼安肥遯老，藜床皂帽亦徒然」；即有賢乎鄭氏者，亦不過儕之田橫、徐氏之間。某以爲不然！自緬甸蒙塵以後，中原之統絕矣；而鄭氏以一旅存故國衣冠於海島，稱其正朔。在昔有之，周厲王失國，宣王未立，召公、周公二相行政，號曰「共和」；共和十四年，上不係於厲王、下不係於宣王，後之君子未嘗謂周之統絕也。以此爲例，鄭氏不可謂徒然矣。❷

梨洲可謂善述史善論人者矣。張司馬即張煌言也，其領義軍與滿清作生死困鬥，天地荒大、宇宙悠悠，君子卻獨有一腔忠憤而子獨徘徊無所容身，衷腸淒淒、孤心激切，不免對成功有所不平。梨洲之評斷方較公允而得歷史之眞。鄭成功之非徒然，乃由於能以孤旅而存故國衣冠於臺灣，使「中原之統」不絕而延續於臺灣也。「存亡續絕」正是儒家春秋之義，成功開臺其德偉烈矣。

　　賢君需賢臣之佐，陳永華爲鄭成功、經父子的輔弼；鄭氏善政多出自永華之規劃推行。《陳參軍傳》曰：

　　陳參軍永華，字復甫，泉郡同安人。父某科孝廉，以廣文殉國難；公時年舞象，試冠軍，已補龍溪博士弟子員。因父

喪,遂隨鄭成功居廈門。成功為儲賢館,延四方之士,公與
焉,未嘗受成功職也。其為人淵沖靜穆,語訥訥如不能出諸
口;遇事果斷有識力,定計決疑,瞭如指掌,不為群議所
動。與人交,務盡忠款。平居燕處無惰容,布衣蔬食,泊如
也。成功常語子錦舍(即鄭經)指公曰:「吾遺以佐汝,汝其
師事之」!

成功既沒,鄭經繼襲,以公為參軍,職兼將相。公慨然以身
任事,知無不言,謀無不盡,經倚為重。……

逮耿逆以閩叛,鄭經乘機率舟師攻襲閩粵八郡,移駐泉州;
使公居守臺灣,國事無大小,惟公主之。公轉粟餽餉,五六
年軍無乏絕。初,鄭氏為法尚嚴,多誅殺細過;公一以寬持
之,間有斬戮,悉出平允,民皆悅服,相率感化,路不拾遺
者數歲。㊸

依此知永華為節烈忠誠之遺裔,面對滿清,有滅我國殺我父之血海
深仇;其亦泉州一介儒生也,有德操、智慮,故深獲成功的欣賞、
倚重。成功且如玄德故事,令經事永華一如劉禪之事武侯。

陳永華確能忠懇勤恪為鄭經在臺灣籌謀規劃完備的政教軍經大
事,鄭經亦確能依重之而無憂煩也。永華實為一儒門賢臣,足為後
世楷模。江日昇《臺灣外記》載永華治績曰:

以諮議參軍陳永華為勇衛(永華,浯州人,陳鼎之子,同安學弟子

㊸ 〔清〕郁永河:〈陳參軍傳〉,同註㊵,頁51-52。

員）。初，兵部侍郎王忠孝與談時事，大有經濟，遂薦於成功。功用之。迨至敗兩島，退守銅山，遁回臺灣。患難之際，與洪旭籌畫相從，剖心不貳。故鄭經母論大小，悉諮之。……

親歷南、北二路各社，勸諸鎮開墾；栽種五穀，蓄積糧糗；插蔗煮糖，廣備興販。於是年大豐熟，民亦殷足。又設立圍柵，嚴禁賭博。教匠取土燒瓦，往山伐木斬竹，起蓋廬舍，與民休息。以煎鹽苦澀難堪，就瀨口地方，修築坵埕，潑海水爲滷，暴曬作鹽；上可裕課，下資民食。❹

永華甚熟孟子學，確能知「明君爲民制產」之理，當亦知爲政者在「教民」之先應先「富之」的治道；孟子說：

無恆產而有恆心者，惟士爲能。若民，則無恆產，因無恆心；苟無恆心，放辟邪侈，無不爲矣。及陷於罪，然後從而刑之，是罔民也。焉有仁人在位，罔民而可爲也？❺

永華在臺的舉措，無論是栽種五穀、甘蔗或暴曬海水作鹽，以及爲民斬竹伐木起造廬舍，其要義即先爲民制產也；此即孟子所說：

明君制民之產，必使仰足以事父母，俯足以畜妻子；樂歲終

---

❹　同註❹，頁235。
❺　《孟子・梁惠王》（第六）。

身飽，凶年免於死亡；然後驅而之善，故民之從之也
輕。……五畝之宅，樹之以桑，五十者可以衣帛矣；雞豚狗
彘之畜，無失其時，七十者可以無飢矣。❹

為民制產之後當如何？孟子曰：

仁言不如仁聲之入人深也。善政不如善教之得民也。善政，
民畏之；善教，民愛之。善政，得民財；善教，得民心。❹

永華深明孟子之大義，故在臺為政，首須得臺民之心；除了實行善
政之外，更亟須行善教也，此即孟子所云：

謹庠序之教，申之以孝悌之義，頒白者不負戴於道路矣；老
者衣帛食肉，黎民不飢不寒。❹

甚至能夠進一步通過善政、善教的推行而達到「無敵於天下」的境
界：

尊賢使能，俊傑在位，則天下之士，皆悅而願立於其朝矣。
市廛而不征，法而不廛，則天下之商，皆悅而願藏於其市

---

❹　同前註。
❹　《孟子·盡心》（第十四）。
❹　同註❹。

矣。關，譏而不征，則天下之旅，皆悅而願出於其路矣。耕
者，助而不稅，則天下之農，皆悅而願耕於其野矣。廛，無
夫里之布，則天下之民，皆悅而願爲之氓矣。信能行此五
者，……無敵於天下。㊾

永華治臺，的確懷抱如此之王道理想。其見臺灣民生底定，遂啓鄭
經曰：「開闢業已就緒，屯墾略有成法，當速建聖廟、立學校」。
經曰：「荒服新創，不但地方侷促，而且人民稀少，姑暫待之將
來」。永華曰：

昔成湯以百里而王、文王以七十里而興，豈關地方廣闊？實
在國君好賢，能求人材以相佐理耳。今臺灣沃野數千里，遠
濱海外，且其俗醇；使國君能舉賢以助理，則十年生長、十
年教養、十年成聚，三十年眞可與中原相甲乙。何愁侷促稀
少哉？今既足食，則當教之。使逸居無教，何異禽獸？須擇
地建立聖廟、設學校，以收人材。庶國有賢士，邦本自固；
而世運日昌矣。㊿

永華此語，其德足可震古鑠今而質諸聖賢無稍讓也，其純然是堂堂
正正之孟子學也。特別在晚明清初華夏鼎革、士民憔悴的大時代，
全中國人如聾似啞、噤若寒蟬之際，永華此言，不啻爲大雷音、大

㊾　《孟子·公孫丑》（第五）。
㊿　同註❹，頁236。

獅子吼，正是十七世紀中葉儒家政教理想之大宣言也，就臺灣而言，此文應視爲臺灣儒學第一篇重要文告。

史載鄭經悅納其請，於承天府起蓋聖廟、學校。《臺灣外記》曰：

> 康熙五年丙午（明永曆二十年，1666）正月，建立先師聖廟成（今臺灣府府學是也），旁置明倫堂。又各社令設學校延師，令子弟讀書。議兩州三年兩試，照科、歲例開試儒童。州試有名送府，府試有名送院；院試取中，准充入太學，仍按月月課。三年取中試者，補六官内都事，擢用陞轉。
>
> 三月，經以陳永華爲學院長、葉亨爲國子監助教，教之、養之。自此臺人始知學。(51)

雖明鄭在臺國祚甚促，但清以後的政教措施，不能不以永華的創設爲基礎而行之；陳永華以一介儒生將臺灣由荒野而致文教，其功德深長矣，而設若無成功的識人之明及尊崇儒術，則縱有千百永華，臺灣亦無可如何也，故臺民馨香敬祀開臺聖王鄭成功數百年，其香祀至今仍不衰替，表層是致謝其開臺之功而深層實未嘗無存此儒者人文化成之感念也。

---

(51) 同前註。

六、結論

明，國姓爺、延平郡王鄭成功，一生功烈，是儒家政教理想的
悲壯型實踐者；其率義不帝秦、誓不事胡的忠臣烈士、故國遺裔漂
洋過水而來臺灣，在臺灣立東都以存明緒並待來時，臺人贊之日
「開臺聖王」。在文化意識上而言，成功實即為臺灣第一位儒家政
教理念的實踐執行者。

鄭成功開臺，首為儒家賢士闢一存續忠孝節義血脈之淨土；如
南明碩儒王忠孝、辜朝薦、盧若騰、沈佺期、李茂春以及沈光文等
君子，均遠隱臺灣，而得成功之禮遇，或著述或教導，故臺灣得有
文風興作，儒教亦因此在臺開始其源流發展。諸君子之能保生全德
於亂世，並始傳儒道於臺灣，實拜成功開拓之賜。❺❷

成功七歲前在日本的承母教誨，實亦朱子學之教化。其時之日
本正是屬行朱子思想實踐的時期，尹萍在《發現臺灣》中說：

> 日本自從十七世紀經過織田信長、豐臣秀吉、德川家康等的
> 連番爭戰，結束群雄割據的戰國時代以來，產生了一種專業
> 官僚──武士。……武士，在國家統一、承平之後，轉變成
> 肩負國家行政工作的官員，但仍然是崇尚武藝、講究忠誠的
> 家臣。他們又自恃身份，要作四民的表率，而他們的端正言
> 行也確實對人民產生了示範的作用，形成了普遍自我規律的
> 道德觀。

---

❺❷　〔清〕蔣毓英：《臺灣府誌·縉紳流寓》，前揭書，頁 220-224。

也在同時，德川家康定朱子學爲「官學」。……朱子學……
宋朝就已傳入日本。……德川家康把朱子學中的「五倫」觀
念與日本固有的「天道」觀結合，建孔廟，講四書五經，名
分、道德、責任等思想，隨著武士的示範深入民間。⑤

幼年鄭成功在此文化薰習之下，已然深種其儒教的生命種子，待返
回故土中國，又在原本就是朱子學大本營的閩地生活、成長、受
教；其受教受學之內容必更爲純正的中土儒家朱子學也，因而自然
生發茁壯成爲儒門巨木。此株儒門巨木，嚴夷夏之防、明君臣之
義、達忠奸之分，終於成爲晚明獨挽狂瀾的擎天巨柱，並爲臺灣開
創出華夏人文之光芒。

光緒紀元，沈文肅公奏建延平郡王祠於臺南府治，從臺人士之
請也。祠成，文肅撰一聯云：

開萬古得未曾有之奇，洪荒留此山川，作遺民世界；
極一生無可如何之遇，缺憾還諸天地，是創格完人。

其後劉壯肅公誌南亦聯一聯云：

賜國姓，家破人亡，永矢孤忠，創功業在山窮水盡；

---

⑤　尹萍等：《發現臺灣》（上冊）（臺北：天下雜誌社，1995 年），頁 35-
　　36。

寄父書，辭嚴義正，千秋大節，享俎豆於舜日堯天。㉞

此兩聯出自清末中興名臣沈葆禎和劉銘傳之手筆，二公與臺灣的開發振興，有深厚的關係；他們撰聯贊頌並紀念國姓爺、延平郡王、開臺聖王鄭成功，其文其情，可謂深得儒家實義。

牟宗三先生對於沈文肅公贊念鄭成功之對聯，深致其文化感懷，先生認為：鄭成功開臺的意義在於留存儒家春秋孟子義理血脈於臺灣，使臺灣成為中華民族靈魂的寄託，臺灣的歷史地位要從這裏衡量，才顯現其價值。先生呼籲，今日臺灣更應由鄭成功往上堂堂接續明末顧黃王三巨儒的文化理想，庶幾可為臺灣甚至進一步為大陸開出一個內聖外王的大格局。㉟

開臺聖王鄭成功為臺灣創建的春秋孟子之義理傳統，正是顧黃王三大儒的儒教傳統，這個傳統也真正是孔孟儒門傳之久遠的慧命常道；當明季華夏之人慘遭亡國亡天下之痛之際，成功以孤臣孽子之心開啓臺灣的文化意義，即在於為華夏之人保存不絕如縷一絲血脈的慧命常道，臺灣作為華夏之人安身立命之臺灣的文化意義實在於斯。

※本文發表於《第一屆臺灣儒學國際學術研討會論文集》，國立成功大學中文系，1997 年。

㉞　兩聯均引自楊雲萍：〈延平郡王祠的楹聯〉，《南明研究與臺灣文化》
　　（臺北：臺灣風物雜誌社，1993 年），頁 425。

㉟　牟宗三：〈陽明學學術討論會引言〉，《鵝湖月刊》，第 15 卷第 3 期，
　　171 號，臺北，1989 年 9 月，頁 2-6。

從閩學到臺灣的傳統文化主體

壹、前言

「閩學」的稱謂始於明代。宋濂已有「濂、洛、關、閩四夫子」之說；明末大儒黃梨洲亦說：「咸淳元年七月，(王應麟)除著作郎，時湯文清公爲太常少卿，與先生鄰墻居，朝夕講道，講關、洛、濂、閩、江西之異同。」至清康熙時代，清儒張伯行編輯了《濂洛關閩書》十九卷❶。由此可見，「閩學」是新儒家的一個重要學術脈流；「濂」指周敦頤、「洛」指二程、「關」指張載，而「閩」則指朱熹；「閩學」實指朱子開創的新儒家重要學脈，又稱爲「朱子學」。

　　清人蔣垣在其《八閩理學源流》(卷一)中提到：「濂、洛、關、閩皆以周、程、張、朱四大儒所居而稱。然朱子徽州人(按：此指祖籍)，屬吳郡，獨以閩稱何也？蓋朱子生于閩之尤溪，受學于李延平及崇安胡籍溪、劉屏山、劉白水數先生。學以成功，故特稱閩。蓋不忘道統所自。」朱子學被稱爲「閩學」，是由於朱熹出生、成長、受學、著述、講學皆於福建，蔣氏所強調的「不忘道統

---

❶　劉樹勛：《閩學源流》(福州：福建教育出版社，1993 年)，頁 1-2。

所自」，實即指出朱子的學術思想源頭主要啓自福建，而朱子對後學的培養、啓發，以及其學說的承傳，亦主要在福建，而從福建往外擴展。因此學者認爲「閩學」是指以朱熹爲首包括其門人在內的南宋朱子學派的思想，以及其後理學家對朱子學的繼承和發展，因爲朱熹及其門人主要于福建活動，所以特稱其學說爲「閩學」❷。

然而，蔣氏所云「道統所自」，不應只拘限於地理範圍；閩學就其儒家道統的傳承而言，實有其淵遠流長的道術脈絡，朱子的儒宗規模和氣象乃是從這樣的道術脈絡中遠紹而來，而非福建一地之產；稱閩學，固然就其福建地望而言，但更應直探閩學內在的一貫傳承，實乃孔孟始源的儒家道德理想主義。

臺灣與福建僅一水之隔，國人數百年前已多移民來臺，其中多閩人，尤以漳泉爲夥。其等來臺，亦將閩學，亦即朱子儒學帶至臺灣傳播教化。臺灣亦閩學之臺灣也，與大陸一樣，朱子儒學所具有的孔孟常道慧命，亦成爲臺灣的傳統文化主體。

貳、朱子與李延平

一、少年朱子

朱熹幼時受其父朱松（韋齋）的調教；《宋元學案》提到朱松

---

❷ 高令印、陳其芳：《福建朱子學》（福州：福建人民出版社，1986 年），頁 2。

師事羅從彥，亦屬伊洛系統的儒門之士❸。其嘗曰：「士之所志，其分在於義利之間兩端而已，然其流甚遠，譬之射焉，失毫釐於機括之間，則差尋丈於百步之外矣。❹」可見朱松必以孟子義利之辨以教育幼年朱熹。惟彼於儒術之外亦愛好道釋之論。幼年朱熹既承庭訓，不免種下儒釋道相雜的認知種子；青年朱熹一度出入佛老，一生亦多有與高僧游，此點實與其父的影響深有關係❺。

朱熹十四歲，韋齋歿；韋齋臨終，將少年朱熹託付給好友：崇安的胡籍溪、劉白水及劉屏山，朱子從三儒學；三儒大體上均為伊洛的再傳或三傳，均好《易》，但也愛佛老。蓋與朱松一樣，因正逢秦檜專亂國政，均以歸隱為樂。朱熹幼年、少年時期，日夕盤桓周旋於父親及三儒身邊，其心靈生命之規格氣象，不免受彼等薰染而雜揉儒道佛思想，卻不知其中分際。劉述先先生提及此三儒和朱松都是不拘執於一家一派的人；興趣很廣，但缺乏深度。他們不能把握儒佛之間基本的差別，而缺少了一些必要的分疏。顯然他們對於伊洛一系傳下的義理並不見得有真正深刻的體認。甚至照朱熹的說法，乃至對於佛老也未必有真切相應的理解。朱子後來轉向延平問學，而延平確能把握儒佛分疏。朱子遲到三十一歲第三次見延平時才正式拜師受學❻。

---

❸ 〔明〕黃宗羲、全祖望：〈豫章學案〉，《宋元學案》（臺北：河洛圖書出版社，1975 年），卷 39。

❹ 同前註。

❺ 劉述先：《朱子哲學思想的發展與完成》（臺北：臺灣學生書局，1982年），頁 2-4。

❻ 同前註，頁 6。

二、李延平角色的定位

李延平亦是朱松的老友，但有其一貫之學統而不雜，此即二程道術。二程傳楊時，楊時傳羅從彥，羅從彥又傳李延平，李延平終於傳朱子而開出八百年的朱子學儒家宗主。

楊時，龜山先生，南劍將樂人（今福建將樂縣）。楊時與閩省建陽儒生游酢（定夫）至穎昌拜程明道爲師，明道喜得楊時，讚美之曰：「吾道南矣！」理學「道南之說」一直是儒學南播的美談。程顥去世後，楊游兩人至洛陽師禮伊川，亦深得程頤的賞識。北宋亡，楊時南返，在閩地傳播儒道，於南宋初年，頗受東南儒者看重，乃公認的「程氏正宗」。朱子的私淑弟子真德秀說：「二程之學，龜山得之而南傳之豫章羅氏，羅氏傳之李延平，李氏傳之朱氏，此一派也。」所以，從二程伊洛南進福建的儒家道學傳承，實即閩學最主要的一條血脈❼。

李延平，名侗，字愿中，學者稱延平先生，南劍州劍浦（今福建省南平）人，《宋元學案》載❽：

> 李侗，聞郡人羅仲素（按即羅豫章）傳河洛之學於龜山，遂往學焉。仲素不爲世所知。先生冥心獨契，於是退而屏居，謝絕世故。餘四十年，簞瓢屢空，怡然有以自適也。其始學也，默坐澄心以驗夫喜怒哀樂未發之前氣象爲何如，久之而

---

❼ 柯遠揚：〈朱熹閩學學術思想的淵源〉，《海峽兩岸論朱熹》（廈門：廈門大學出版社，武夷山朱熹研究中心編，1998 年），頁 261-268。

❽ 同註❸。

知天下之大本眞在乎是也。既得其本，則凡出于是者，雖品節萬殊，曲折萬變，莫不該攝洞貫，以次融釋，各有條理，如川流脈絡之不可亂，大而天地所以高厚，細而品匯之所以化育，以至經訓之微言，日用之小物，玩之于此無一不得其衷焉。由此操存益固，涵養益熟，泛用曲酬必發中節。

由此，李延平乃是隱居於閩中，一位安貧樂道之儒者，其教人入學之要首在「默坐澄心以驗乎喜怒哀樂未發之前的天下大本眞」；此即求取本心的居敬進路，學者指出李延平此種觀點，實來自程明道，在靜默存養中達到「中節」的天下大本之本心❾。朱子在〈延平先生李公行狀〉中說❿：

> 先生講誦之餘，危坐終日，以驗乎喜怒哀樂未發之前氣象爲如何，而求所謂中者。若是者蓋久之而知天下大本眞有在乎是者也。……
> 其事親誠孝，左右無違。仲兄性剛多忤，先生事之致誠盡敬，更得其懽心焉。閨門內外夷愉肅穆，若無人聲，而眾事自理。與族姻舊故恩意篤厚，久而不忘。生事素薄，然處之有道，量入爲出，賓祭謹飭，租賦必爲鄰里先。親戚或貧不能婚嫁，爲之經理，節衣食以振助之。與鄉人處，食飲言笑，終日油油如也。年長者事之盡禮，少者賤者接之各盡其

---

❾　同註❷，頁33。
❿　〔宋〕朱熹：〈延平先生李公行狀〉，《朱熹集》（八）（成都：四川教育出版社，郭齊、尹波點校，1996年），頁4984-4989。

道，以故鄉黨愛敬，暴悍化服。

其接後學，答問窮晝夜不倦，隨人深淺，誘之各不同，而要以反身自得而可以入於聖賢之域。故其言曰：「學問之道不在多言，但默坐澄心體認。天理若見，雖一毫私欲之發，亦退聽矣。久久用力於此，庶幾漸明，講學始有力耳。」……其語《中庸》曰：「聖門之傳是書，其所以開悟後學，無遺策矣。然所謂喜怒哀樂未發謂之中者，又一篇之指要也。若徒記誦而已，則亦奚以爲哉？必也體之於身，實見是理，若顏子之嘆，卓然見其爲一物而不違乎心目之間也，然後擴充而往，無所不通，則庶乎其可以言《中庸》矣。」……嘗曰：「讀書者知其所言莫非吾事而即吾身以求之，則凡聖賢所至而吾所未至者，皆可勉而進矣。若直以文字求之，悅其詞義以資誦說，其不爲玩物喪志者幾希。」……嘗語問者曰：「講學切在深潛縝密，然後氣味深長，蹊徑不差。若概以理一而不察乎其分之殊，此學者所以流於疑似亂真之說而不自知也。」

先生資稟勁特，氣節豪邁而充養完粹，無復圭角精純之氣達於面目。色溫言厲，神定氣和，語默動靜端祥閑泰，自然之中若有成法。平居恂恂，於事若無甚可否。及其酬酢事變，斷以義理，則有截然不可犯者。早歲聞道，即棄場屋，超然遠引，若無意於當世。然憂時論事，感激動人。其語治道，必以明天理、正人心、崇節義、厲廉恥爲先，本末備具，可舉而行，非特空言而已。異端之學無所入於其心，無一聞其說，則知其詖淫邪遁之所以然者。蓋辨之於錙銖眇忽之間，

而儒釋之邪正分矣。

熹先君子吏部府君亦從羅公問學，與先生爲同門友，雅敬重
焉。嘗與沙縣鄧迪天啓語及先生，鄧曰：「愿中如冰壺秋
月，瑩徹無瑕，非吾曹所及。」先君子深以爲知人，亟稱道
之。其後熹獲從先生遊，每一去而復來，則所聞必益超絕。
蓋其上達不已，日新如此。……上之人既莫知之，而學者亦
莫之識，是以進不獲施之於時，退未及傳之於後，而先生方
且玩其所安樂者於畎畝之中，悠然不知老之將至。蓋所謂依
乎中庸，遯世不見知而不悔者，先生庶幾焉。

〈延平先生李公行狀〉應是朱子對其老師的生命人格及儒門道
術之至誠描繪。此行狀凸現了延平作爲一位重踐履、重體驗之儒者
的鮮明形象，同時亦是一位善於綏和家族、調節鄉黨的操守及能力
俱甚佳的傳統儒者，最重澄心靜志功夫，且以明天理、正人心、崇
節義、厲廉恥爲儒行最高準則。朱子曾說他老師「不著書、不作
文，頹然若一田夫野老。⓫」延平似乎是一位拙訥而不善文字和言
詞表達之人，然而，朱子又說到他老師⓬：

李先生不要人強行，須有見得處方行，所謂灑然處。
李先生初間，也是豪邁底人，到後來，也是琢磨之功，在鄉
若不異於常人，鄉曲以上底人，只道他是個善人，他也略不

⓫　同註❸。
⓬　同前註。

與人說，待問了，方與說。

李先生涵養得自是別，真所謂不爲事物所勝者。古人云終日
無疾言遽色，他真個是如此，如尋常人去近處必徐行，出遠
處行必稍急；先生去近處也如此，出遠處亦只如此。尋常人
叫一人，叫之二三聲不至，則聲必厲，先生叫之不至，聲不
加於前也。

李先生終日危坐，而神彩精明，略無贖墮之氣。

據上言，延平分明是一位高明的教育者，他不見得真正是拙訥
如田夫野老，他其實展現了寬大廣闊且富敬重的自由學風。這樣的
寬大廣闊和敬重之自由態度，延平亦實踐在朱子身上，此亦即劉述
先先生提到的延平啓迪朱子，從來不用權威獨斷的態度，始終採取
一種切磋琢磨的討論法，常常只是出個大題目，其內容則留待朱子
自己去解答或往前發展❸。這樣的儒者，不正是如《論語》所形容
的孔子之善於教誨啓發後學一般嗎？劉先生以爲延平以如此態度待
朱子，乃是延平自覺自己尚有不足、不甚發脫得開云云❹，此處劉
先生詮釋恐稍過矣。

然而，朱子在其儒學的進路上，最後並未契合延平，而是上追
伊川。蔡仁厚先生認爲延平從學豫章，乃是黃梨洲所言「明道以
來，下及延平，一條血路」；也是朱子所說「乃龜山門下工夫指

---

❸ 同註❺，頁 62-63。
❹ 同前註。

訣」⑮。換言之，李侗的儒學進路，實乃從明道傳龜山，再傳豫章，最後傳給延平的一條南傳閩地之儒學脈絡，這條脈絡，依蔡先生所言⑯：

> 楊龜山傳羅豫章，再傳李延平，三人皆福建南建州人，是爲閩中之學。龜山就惻隱説仁，又以「萬物與我爲一」説仁之體，固然明顯地本於明道，即使論及格物窮理，亦不取伊川「能所對立」的方式，沒有以「知」認「所知」的認知之意義。龜山言「中」，主張驗之於喜怒哀樂未發之際，這是「靜復以見體」，是逆覺體證的路，與伊川論中和之意殊不同。胡安國嘗言，龜山之見在《中庸》，並指説這是「自明道先生所授」。

延平的儒學進路，由明道一系南傳，屬於「逆覺體證」之路數，此與伊川立於「能所對立」的思維方式以突出認知主體而和世界形成對蹠或割裂的進路全然不同。而朱子在延平處接下「觀未發之中」的題目後，苦參中和問題，卻始終與逆覺體證流行眞機的明道、龜山、豫章、延平之路相隔絕，至四十歲之後，朱子終於完全拋卻了延平門路，而直承程伊川。蔡先生因此下一結論説⑰：

---

⑮　蔡仁厚：〈朱子學的新反省與新評價〉，《新儒家的精神方向》（臺北：臺灣學生書局，1984 年），頁 211。
⑯　同前註，頁 210。
⑰　同前註，頁 211。

　　從師承上說，朱子當然是延平弟子，但若專就義理之脈傳而
言，朱子實不傳龜山延平之學。黃梨洲所謂「龜山三傳而得
朱子，而其道益光」，實只是單從師承上說的彷彿之見。朱
子所光大的，乃是伊川之道，並非龜山之道。龜山一脈，實
到延平而止。

　　蔡先生只就義理脈傳這個角度而指出朱子傳承伊川，而不傳承
明道龜山豫章延平的系統。蔡先生隱然是以「道統」意識而下的判
教性的判斷，有其深度，但相對而言，卻失落了某種重要程度的廣
度；梨洲此處所言「龜山三傳而得朱子，而其道益光」，其判斷所
據，不必如蔡先生的標準；大陸學者黎昕針對蔡先生的論點而有所
批評，黎氏認為「南劍三先生」與朱熹考亭學派之間，並不只是存
在著一種如蔡先生所以為的簡單師承關係，南劍三先生對於二程洛
學在閩地的傳播和闡發而於日後形成的閩學思想體系，導引出一定
的影響，三位先儒的思想觀點不僅被閩學學者重視，而且也被他們
繼承發揚，而成為閩學學者建構自己理論思想體系的重要來源之
一⑱。黎氏的看法在思想史的角度上，是一個十分有力的詮釋，他
點出閩學在發展的過程中，後之來者雖然以朱子為巨匠，深受朱子
影響，但他們也絕不可能將龜山、豫章、延平的文章語錄束諸高
閣，任憑其塵封。蔡先生著重朱子在形上存有論的伊川一脈的承襲
性，而認為龜山至延平一脈終告在閩地斷絕，於存有論路數上或

---

⑱　黎昕：〈閩學與福建早期理學〉，《閩學源流》（福州：福建教育出版
　　社，劉樹勛主編，1993 年），頁 95。

是，但於閩學教學的傳續上而言，則恐非事實。

陳榮捷先生從哲學性的角度切入而析論朱子與延平的關係。陳氏指出朱子晚歲於儒門「道統傳受」，深致惓惓；具有十分強烈的建立道統之心懷，蓋因朱子自身所開展出來的「理」之哲學，急欲成爲新儒家的中心觀念，基於對於「理」的信念標準，儒門道統從孔孟以降，唯二程爲主脈也。陳氏認爲朱子之所以選擇二程，乃是依二程來建立其自身之哲學。由於二程與朱子同一哲學性，因此乃以其他新儒家爲附屬旁枝。論理，論序，張載、邵雍俱應列于二程之前，但朱子置兩子于二程之後。邵子之數象哲學，過於道家氣息；張子的氣之哲學，在朱子看來，亦屬過于一偏。朱子深信二程爲承繼正統之人，每謂二程先生獨得孟子不傳之學，又謂吾少讀程氏書，早已知先之，其根本因素實即哲學性同質的承接⓳。

陳氏所謂「哲學性」，其實就是形上存有論的路數；於存有的體認上，朱子與濂溪、橫渠、堯夫均有異，乃至與同閩的龜山、豫章、延平也大相逕庭、不相類屬，雖然延平是他的老師。依陳氏之見，唯有二程的存有睿智能得朱子的共鳴。陳氏指李侗學于楊時，故李侗實私淑二程，然則朱子理應增列李侗入於道統之序，但李侗于理學的哲學性上實無所闡發，因此朱子必直返二程⓴。陳氏這樣的判語顯然不解實情，一方面似乎暗示朱熹輕鄙老師，一方面明顯不能體認李延平生命境界的高度，同時，也未能掌握朱子之所以自

⓳ 陳榮捷：〈朱熹集新儒學之大成〉，《朱學論集》（臺北：臺灣學生書局，1988 年），頁 15。

⓴ 同前註。

始至終都未將延平列入道統傳承的眞正原因，乃在於從明道、伊川兄弟的形上存有論的基本路數本既不同，龜山、豫章、延平一系實眞傳承明道而非伊川，而朱子卻在其氣稟和性格上，貼近親密於伊川而不喜明道，因而在道統血脈的建立上，不但不是承繼二程，而只是承繼伊川，也自然就無法容納明道系統的龜山、豫章以及延平矣。

三、牟宗三對李延平的詮釋

有關二程差別以及朱子實宗程頤而排斥程顥之實狀，牟先生在《心體與性體》中論之既深且詳，對於李延平，牟先生亦有十分精要深微的掌握，因事關閩學的重要面目，故須於此提及。

牟先生根據延平開端示人之大要而認定延平乃是眞能體認天命流行之眞機的儒者。他指出延平根據「危坐終日，以驗夫喜怒哀樂未發之前氣象爲如何，而求所謂中者」而所建立的「默坐澄心，體認天理」的工夫，是乃延平基本的入路，此入路重視「隔離、超越的體證」，乃是北宋諸家所共喻者，尤其是濂溪、橫渠、明道所著力體會者；龜山、豫章、延平一系亦秉此隔離且超越體證之工夫以顯「中體」，這中體當即是通于「天命流行之體」的「性體」，此乃根據「維天之命於穆不已」而來。牟先生說[21]：

> 延平「默坐澄心，體認天理」，此所謂「天理」，……當即

---

[21]　牟宗三：《心體與性體》（第三冊）（臺北：正中書局，1986 年），頁 4-5。

是天命天道之天理，亦當是直通「天命流行之體」者。在默
坐危坐之隔離的、超越的體證中，此體從私欲、氣質、喜怒
哀樂情變之激發（感性）之混雜中澄然凸現以自持其自己，
成爲其純粹自己之自存自在，此即是其「莫見乎隱、莫顯乎
微」之澄然、森然的氣象。在此體證中，天理與私欲有一截
然之對照。……默坐、危坐，固不只是泛泛的靜坐，只「收
斂在此，勝如奔馳」之謂；乃根本是一種本體論的體證，藉
此以見體或立體，以期清澈吾人之生命，由此，以中導和，
始有真正的道德行爲之引生，以成道德之創造，乃至天地
位、萬物育，此即「率性之謂道」，亦《中庸》後半篇盡性
以至參天地贊化育也。

延平這樣的義理間架，牟先生指出朱子不必能真切契悟，無法
繼承其師延平的入路，因爲朱子乃是繼承伊川之糾結而前進者。

牟宗三先生再點出延平工夫必再進一步漸證漸養以至於自然純
熟而到「洒然自得、冰解凍釋」的境界，至此才真是所謂「天理流
行」，於是中體之爲體才是具體真實的體，而非隔離地投置于抽象
狀態中的體。牟先生對於延平這樣的工夫境界說道㉒：

洒落融釋乃延平所最喜言者，此卻不是其玩弄光景，乃是對
之確有實感者。蓋其對於不融釋之病痛確有實感。……其言
默坐（體認），言存養，言融釋，皆不是泛泛者，乃是從實

㉒　同前註，頁 12。

地作工夫以言之者。彼畢生精神全集中于此。相形之下，猶
覺北宋諸大家皆多重在理境之開脫，尚未全集中於體認、存
養、融釋以言之；彼集中於體認、存養、融釋之工夫以消化
義理，其造詣之深遠貼切與意味之深長，決不在程門諸高弟
之下，且有過之。……此中即含有一種內聖之學之規範與義
理之方向。朱子於此未能相應也。

　　牟先生透過對延平的體認、存養、融釋工夫的豁醒而點明了儒
道生命境界乃是在於「吾人的道德踐履必達至天理本體在不同的分
際上有具體的呈現，始能說灑然、冰解、凍釋。至純熟之境，便是
天理流行，再熟，便是大而化之。德行如此，而天理本體亦成為具
體而真實的本體，不復是隔離的抽象狀態中的本體。此便是理一分
殊之圓融的表現。」換言之，延平提揭儒者踐履的標準，固非外在
知識之事，亦非徒然講解文義之事，當然，此並非鼓勵不讀書，而
「要在能就其所指點而消化之于自己生命中而體現之以成為吾人之
德行。」其實這樣的體認和工夫，牟先生特別強調才是「內聖之學
的本義、第一義」，且批評朱子卻以讀書、講解文義為重點，輕視
其師延平工夫入路為不讀書、廢講義，而認為是禪；牟先生指朱子
於此關節實是本末倒置❷❸。

　　牟宗三先生說❷❹：

────────────

❷❸　同前註，頁 6-7。
❷❹　同前註，頁 9。

南渡後，龜山在閩再傳而得此人（按指李侗），上蔡在楚再傳
而得胡五峰，皆以其簡潔精要，能攝聚北宋學脈于不墜。雖
不必能爲弘法之龍象，然要皆有實得而非浮泛者，且皆能精
練集中而開出確定之工夫入路，如延平從「致中和」開，胡
五峰從孟子「求放心」開，皆其精練集中處也。

牟先生明白指出儒家道統學脈，因有延平，方得在南傳之後的
閩地維持不墜，進而開花結果。若因朱子體系的龐大和光烈而忽視
了明道龜山豫章至延平一系血脈在閩學中的重要性，則將是甚大之
偏見，對於閩學主體價值，或將有所盲障也。牟先生在其書中反覆
推崇延平，認爲此老深得儒宗智德，並道出延平乃是閩地的濂溪與
明道，牟先生說㉕：

彼之路向與規格，實可說是一具體而微之濂溪與明道。朱子
如能承其風範而前進，善會濂溪與明道以發越其師之所未
盡，則當不至以伊川之綱領爲規範也。如此，亦不至與胡五
峰系及陸象山爲敵，而庶幾可至一大成之融化，而亦可不悖
先秦儒家本體創生之立體直貫義（縱貫系統）。然而朱子畢竟
合下是一實在論之心態，是直線分解之思考方式，故終于順
伊川之分解綱領而走上橫攝系統。此朱子之所以偉大，亦其
所以不足處。……普通多不注意延平之實蘊。延平好似只成
爲朱子之開蒙師，完全爲朱子所掩蓋，亦完全被忽略，此在

㉕　同前註，頁21。

　　了解朱子之取捨上亦是不幸者。吾故特表而出之。

　　牟宗三先生在這裏點出延平承繼濂溪、明道的本體創生之立體直貫義的儒門存有睿智，若是以朱熹的大才而能承繼其師之道與學，則往後之閩學、朱子學乃至整體之新儒學，或應該具有更周圓宏圖之規模；惜朱子乃屬典型的實在論心靈，故投契于伊川分解式的橫攝系統的儒門存有論入路，而使閩學、朱子學乃至日後的新儒學走上一條相違相悖於先秦孔孟儒道的縱貫系統之真體義。牟先生感喟延平受到朱子所掩，使致其生命存有中所蘊蓄顯發的立體流行真機之儒門智德的光輝，沒有被後世儒士所欣賞，此當然亦是閩地儒道的一大損失。

　　牟宗三先生是八百年來真能分疏了延平朱子師徒差別的第一人，也是為延平理順其委曲、發揚其智德的第一人；通過牟先生的分疏，亦能平章閩地儒學中從龜山、豫章、延平而下的閩學之精華脈絡，此條脈絡雖為朱子所掩，但它畢竟潛運默化而存在其對後儒的影響。

四、朱子與其師延平的真實之情

　　當然，上引諸學者所指出的朱子和延平之間的距離與差別，若能從哲學或存有論層面跳開而只就傳統儒家不僅只是哲學家、存有論者，而更是貼近在土地庶民的儒教之傳播者之立場而言，朱子延平於哲學存有論上的歧義，在閩地閩學的教化層面上言，恐怕不是那麼重要，若就儒教的敷播推展來看，毋論程朱陸王或「性即理」還是「心即理」，亦不管在存有論上，儒術是「縱貫系統」或是

「橫攝系統」，這些差異均與閩地儒生傳播和教育閩人以儒教這件事，沒有太大的關係，因為他們的教育只是教人怎樣澈底實踐君臣、父子、兄弟、夫婦、朋友等五倫的道德生活。閩學乃至儒學的原目的性不就是倫理教化的實施和傳達而已嗎？基於此點事實，閩學儒士除了朱子的儒家智德為其模範表率之外，龜山、豫章、延平的儒家智德亦應為其模範表率。兩者或有顯隱，但在儒教上，不會有何差別。吾人若能由這一點切入，而非在朱子傳伊川而延平傳明道的分別上，計較以觀，則可看到朱熹其實亦是澈至其心靈敬重其師延平而不敢怠忘的，朱子《祭延平先生文》曰❷：

> 道喪千載，兩程勃興。有的其緒，龜山是承。龜山之南，道
> 則與俱。……惟時生豫章，傳得其宗。一簞一瓢，凜然高
> 風。狷獧先生，早自得師。身世兩忘，惟道是資。精義造
> 約，窮深極微。凍解冰釋，發於天機。……嗟惟聖學，不絕
> 如縷。先生得之，既厚以全。……熹也小生，……從游十
> 年，誘掖諄至。春山朝榮，秋堂夜空。即事即理，無幽不
> 窮。相期日深，見勵彌切。寒步方休，鞭繩已掣。安車暑
> 行，過我衡門。返斾相遭，涼秋已分。熹於此時，適有命
> 召。問所宣言，反覆教詔。最後有言：「吾子勉之。茲凡眾
> 理，子所自知。奉以周旋，幸不失墜！」

---

❷ 〔宋〕朱熹：〈祭延平李先生文〉，《朱熹集》（八），同註❿，頁
4462-4463。

又有《挽延平李先生三首》，曰[27]：

> 河洛傳心後，毫釐復易差。淫辭方眩俗，夫子獨名家。本本
> 初無二，存存自不邪。誰知經濟業，零落舊煙霞！
> 聞道無餘事，窮居不計年。簞瓢渾謾與，風月自悠然。灑落
> 濂溪句，從容洛社篇。平生行樂地，今日但新阡。
> 岐路方南北，師門數仞高。一言資善誘，十載笑徒勞。斫板
> 今來此，懷經痛所遭。有疑無與析，揮淚首頻搔。

　　從朱子所寫祭李延平文和挽李延平詩，顯然，朱子對其老師不
惟推崇極高，以延平乃傳不絕如縷之儒家道學之關鍵者，且以其老
師為濂溪、二程之道的傳人。他也指出延平不僅於生命人格上守道
安貧而悠然洒脫，於儒門境界上，已臻本體之真機，且在推拓傳播
儒教的功德上，更是一位善誘能啓的好老師。在祭文和挽詩中，朱
熹對其師延平的感情自然流露，足徵延平在儒者的風範氣象上，給
予朱子的影響應該是恆久不衰的。後之學人若只從朱子晚年某些語
錄或朱子在哲學存有論層面上之上尊伊川，就輕易以為延平不過是
朱子青年時代的發蒙師，則實不免落入淺薄偏狹之見，而缺乏真切
存有性的體會睿智以欣賞儒家師徒巨宗的真實生命交會的光輝。

　　閩學通過朱子而得以發揚光大，而朱子的傳承，在高度思維層
次的形上存有論之認知和路數上，是伊川之學；在作為一位本來面

---

[27]　〔宋〕朱熹：〈挽延平李先生三首〉，《朱熹集》（一），同註❿，頁
　　　121。

目之儒者而言，其德性德心的開發和展延，則屬孔孟源出，經二程，到龜山、豫章、延平，如此數千年一條血脈相承不絕的儒家常道慧命。閩學主體實不在於形上存有論，而實在於孔孟常道慧命；常道慧命通過儒教而在四民的生活世界中形成文化土壤和資糧；閩學也者，必通過閩學之教化，其常道慧命才得以普敷於閩地，並且由此擴及於全中國。

參、朱子與閩學傳播

一、朱子門生的區位及閩學傳播之因素

閩學儒教，在朱子門人的培育和建成中，就已顯現出儒門常道慧命作爲數百年來中國文化主體的功效。朱子門生不少，其中閩人最多，共計一百六十四人，另外來自浙江八十人、江西七十九人、湖南安徽各十五人、江蘇四川各七人、湖北五人、廣東四人、河南山西各一人。朱子一生多在福建，立朝僅四十六日，任職者七年又六個月餘，且此七年半中，有三年在閩南泉州同安、一年在閩南漳州，另外只短期遊於安徽、江西、湖南而已，故可說朱子乃實實在在的福建人，大部份的歲月是在閩北的崇安、建陽等區活動。因此，由於地理區位的限制，其弟子遂多福建籍。雖然如此，其門生非閩籍者竟也超過半數；其中以浙江、江西爲多。

陳榮捷先生指出當時福建並非政治中心，亦非文化重地，交通更屬困難，而來自外境者竟超半數。以福建海隅邊區而成一思想中

心，有史以來未有如此現象❷。此當然由於朱子學問人品的感召和吸引，儒學遂能突破邊陲地理環境的困難而獲得播植、傳承和發揚。

　　但是陳先生顯然忽略了兩件事實，一者是：在朱子傳授門徒之前，經由龜山、豫章以及延平的三代儒者的努力耕耘，再加上福建本地原有的儒學儒教，閩地早就已經建立了儒學興復的充份資糧和豐實土壤，方能培養出朱子這株新儒家的巨樹❷；另一則是：閩學播種、發芽、茁壯的時代，也即是福建由於中原衣冠之大量南來，而促進了山區和沿海的開發，經濟迅速發展起來的時代，而且其口岸，特別是泉州，已成為南宋貿易的活躍國際性商港。由於經濟的發達繁榮，所以支持了朱子及其門生的學術文化事業的推展❸。區域間儒學的交流，則更是朱子學或閩學振興的重要因素；陳榮捷先生指出朱子短期任官於浙江，多有學子慕道來歸，而且浙江大儒呂

---

❷　陳榮捷：〈朱門之特色及其意義〉，同註❶，頁281-282。

❷　同註❶。

❸　黎昕：〈福建文化的發展與閩學的產生〉，《海峽兩岸論朱熹》（廈門：廈門大學出版社，1998年），頁245-260。楊國楨指出：宋代把「海洋裕國」列入國策，在官方鼓勵下，「福建一路，多以海商為業」，造船航海技術在全國處於領先地位，閩船、閩賈活躍于東西洋上。南宋末至元代，泉州超越廣州成為東方第一大港，是中國與阿拉伯世界經濟、文化交流互動的樞紐。海洋商業帶動了區域經濟的繁榮和商品化傾向的擴大，閩南成為我國中古海洋事業鼎盛時期最活躍的區域。見楊國楨：《閩在海中》（南昌：江西高校出版社，1998年），頁3。由於閩地經濟的繁榮，產業活動相對多元化，朱子甚至在教學與撰述之餘，從事印書的出版印刷業，而此亦反映出福建乃南宋的印製出版圖書的中心，此繁榮的事業當然對於儒學的傳播多有助益。見陳榮捷，同註❷。

祖謙（東萊）與朱子有莫逆交，且兩儒皆心胸寬廣，互能欣賞，因此多有往來呂朱兩門之浙之學子；而朱子又曾任江西南康軍，重建白鹿洞書院，講學于玉山，因此亦招來不少江西學子追隨❸。

　　當然，學術前賢建立的基礎以及經濟條件的支持，甚至區域間儒學的交流，均可視之爲閩學或朱子學發達的外緣，何者方屬其本質性因素？則必歸之於朱子及朱門強烈的道統傳續之精神意志。《宋元學案》曰❸：

> 其爲學大抵窮理以致其本，反躬以踐其實，而以居敬爲主。全體大用，兼綜條貫，表裏精粗交底于極。嘗謂聖賢道統之傳，散在方冊，聖經之旨不明，而道統之傳始晦。于是竭其精力，以研窮聖賢之經訓，其于百家之支、二氏之誕，不憚深辯而力闢之。

　　由此，吾人彷彿看見了力闢楊墨以彰顯孔子道統的孟子，再生於南宋。其生平著作，文一百卷、生徒問答凡八十卷、別錄十卷，均爲鞭闢外道同時樹立儒家綱常而發爲文章語言者。朱子之努力，功不唐捐，理宗於淳祐元年正月，手詔以張周二程及朱子從祀孔廟；此舉可視爲儒家道統延續光大而使致國家重視之事實，此亦即朱子之功也。黃百家說朱子爲學，主敬以立其本，窮理以致其知，反躬以踐其實；並且博極群書，自經史著述而外，凡夫諸子佛老天

---

❸　同註❷，頁 282-283。
❸　〔明〕黃宗羲、全祖望：〈晦翁學案〉，《宋元學案》，同註❸，卷 48。

文地理之學，無不涉獵而講究。因此，黃氏認為朱子實乃一代鉅儒❸。彼是從朱子博覽群籍、學貫天人這樣的角度論斷朱子之為一代鉅儒。但孔子曾對弟子說他不在於所學甚多，而特別點明自己之道乃「一貫之道」；朱子之所以為朱子，實亦不在於其「博學」也，而應該是其高弟黃榦所言❹：

> 道之正統待人而後傳，自周以來，任傳道之責者不過數人，而能使斯道章章較著者，一二人而止耳。由孔子而後，曾子、子思繼其微，至孟子而始著。由孟子而後，周、程、張子繼其絕，至熹而始著。

黃榦此論斷，完全從孔孟道統的興繼來定朱子在中國文化主體脈絡中的重要地位，此遠比黃百家僅從博學論朱子要深刻逼真多矣。

二、朱子高弟黃榦的特殊性

黃榦字直卿，福州閩縣人，其父瑀，在高宗時為監察御史，以篤行直道著聞，瑀歿，榦往拜朱子為師，時大雪，既至，朱子適出門他遊，榦因留客邸，臥起一榻，不解衣者兩月，朱子乃回，榦自見朱子後，夜不設榻，不解帶，少倦則微坐，一椅或至達曙。朱子

---

❸　同前註，見：「黃百家案語」。

❹　〔元〕脫脫：《宋史》卷 429，〈列傳第 188·道學 3〉（臺北：鼎文書局，1994 年）。

甚重榦，嘗對人言：「直卿志堅思苦，與之處甚有益」。廣漢張栻
亡，朱子與榦書曰：「吾道益孤矣，所望於賢者不輕。」後來，黃
榦成爲朱子的女婿，也成爲朱子臨終時託以道統相承續發揚之重責
巨任的入室高徒❸。史籍言其歷官令臨川、新淦，知漢陽軍、安慶
府，皆有善政。安慶人至以「黃父」稱之。吳獵帥胡北，李鈺制置
兩淮，黃榦均嘗與論兵事，甚切時宜❸。黃榦在吏治生涯中，最重
視庠序之教和養民保民之務，其守安慶時，金兵逼近，榦「治府
事，理民訟，接賓客，閱士卒，會僚佐講究邊防利病，次則巡城視
役，晚入書院講論經史」，金人破黃州、沙窩諸關，淮東、西皆
震，獨安慶安穩無危，繼而霖潦餘月，巨洪暴至，安慶城完堵無
損，當地軍民德之，皆相謂曰：「不殘于寇，不滔于水，生汝者黃
父也！」其在漢陽軍時，即郡治後鳳棲山造屋舍，館四方來歸學
子，並特別建立周、程、游、朱四先生祠，道統相傳觀念十分強
烈❸。

　　依史所述，黃榦實乃典型儒者也，治世與講學均同時兼重，也
是坐能論道起而實踐的能手，嘗講乾坤二卦於白鹿書院，山南山北
之士皆來集；後在朝爲嫉者所排擠，榦遂歸閩，弟子日盛，遠從巴
蜀、江、湖之士皆來從學，編禮著書，日不暇給，夜與之講論經

---

❸　〔元〕脫脫：《宋史》卷 430，〈列傳第 189·道學 4〉（臺北：鼎文書
　　局，1994 年）。

❸　〔明〕黃仲昭：《八閩通志》（下）（福州：福建人民出版社，1991 年），
　　頁 456。

❸　同註❸。

理，亹亹不倦，借鄰寺以處之，朝夕往來，質疑請益就如朱子時❸。

　　黃榦在儒家的形上存有論的路數上，謹守著朱子之師道而不失；而在日常生活以及儒教的傳播上，最忠實于朱子訓誨，簡直就是一個具體而微的朱熹。但在儒門道統學脈延續和發揚的思想史意義上而言，黃榦最主要的貢獻是在盡力論定了朱子的道統地位；黃榦認爲道出于天，表現爲天地萬物和人事的變化，聖人能傳天道，故有道統。他列出了道統的傳授次序：堯舜、禹、湯、文王、武王、周公、孔子、顏子、曾子、子思、孟子、周敦頤、張載、二程，最後則是朱子。他把「傳承道統」看成是朱子最大的成就，且以四句語偈以概括朱子學的精神，即：「居敬以立其本，窮理以致其知，克己以滅其私，存誠以致其實」。其實，這四句語偈正是朱子之後數百年來中國儒士尊德性、道問學的基本規範；也是一般庶民生活上的指南。所以，學者論及黃榦，均認爲他是朱子學最主要的傳播、推拓之功臣❸。黃百家在《雙峰學案》的「案語」中提到❹：

　　　黃勉齋榦，得朱子之正統。其門人一傳於金華何北山基，以
　　　遞傳於王魯齋柏、金仁山履祥、許白雲謙；又於江右傳饒雙
　　　峰魯，其後遂有吳草廬澄，上接朱子之經學，可謂盛矣。

---

❸　同前註。

❸　同註❷，頁 83-85；又見陳遵沂：〈考亭學派〉，《閩學源流》，同註
　　❶，頁 404-407。

❹　〔明〕黃宗羲、全祖望：〈雙峰學案〉，《宋元學案》，同註❸，卷 83。

朱子學其初從閩地往外傳播，主要乃黃榦之門的功勞；榦嘗知浙江杭州，金華人何基（北山）追隨向學，而王柏（魯齋）和金履祥（仁山）均出於何基之門；而許謙（白雲）則是金履祥弟子。此四儒世稱「金華四君子」，實源出黃榦，故屬朱子學入元之後在浙東之血脈。黃榦任職江西新淦知縣時期，江西人饒魯（雙峰）入其學門；雙峰再傳吳澄（草廬），朱子學於是大盛于元之後的江右。總之，在黃榦及其弟子的努力之下，南方已普及朱子學，朱子學已從閩學的區域性擴大而具有全國學術道統的地位。且學者有云，元兵南下，朱子學家趙復被俘北行燕地，於大都太極書院講朱子經論，朱子著作亦開始在華北刊印發行，程朱理學遂傳北地。又有河南沁陽儒者許衡，盡抄程朱傳注北歸，在華北大傳程朱之道，於是朱子學遂在北方盛行而成獨尊之勢❹。

肆、清代朱子學的發展

一、清廷以朱子儒學為國家意志

清儒張伯行論贊黃榦，曰❷：

觀其所以自勵與教人者，確乎其至實，懍乎其至嚴，見道明

---

❹　同註❷，頁 85-86。

❷　〔清〕張伯行：〈黃勉齋先生文集序〉，《正誼堂文集》，卷 7，轉引自高令印、陳其芳：《福建朱子學》，同註❷，頁 85。

而守道篤。如此真可謂不負師傳者。文公嘗謂，南軒云亡，
吾道益孤，所望于直卿者不輕。及作竹林精舍成，貽先生
書，有他時便可請直卿代即講席之語。較程子于龜山、和靖
等，其倚賴有倍重者也。……推衍文公之道，以傳諸奕世，
其功不亦大乎！……先生義理精深，未易窺測。文章亦宏
達，與文公氣象不異。學者讀其書，亦可知所師承矣。

　　張伯行爲清朝康熙時代出名程朱儒者，與閩省淵源甚深，由上
引一段文字，顯見朱子儒學所建立的道統傳承一脈，已由黃榦振興
發展之下，不但普敷於全中國，亦在後世的中國形成了難以撼動的
根基；清人雖以異族入主中原，但其國家立國之道以及清世的文化
主體，乃以朱子學的儒家常道慧命爲其中軸。

　　自元朝以朱子學爲科擧命題答題標準之後，天下學子均紛紛以
朱子傳注的儒學爲其向學和考試的典範。清初康熙雍正父子宏圖遠
略，明了朱子儒學在中國人心靈人格中的重要性。清初統治者尊崇
朱子始於康熙，其於康熙五十一年（1712）二月初四日命大學士蕭
永藻祭祀至聖先師于山東曲阜；且將朱子從祀孔廟的地位從東廡先
賢之列轉升于大成殿十哲之次。而且詔示大學士：「朕自沖齡，篤
好讀書，諸書無不覽誦。每見歷代文士著述，即一句一字，于理義
稍有未安者，輒爲後人指謫。惟宋儒朱子，注釋群經，闡發道理，
凡所著作及編纂之書，皆明白精確，歸于大中至正，經今五百餘
年，學者無敢疵議。朕以爲孔孟之後，有裨斯文者，朱子之功，最

爲弘巨。❹」同時又讚美朱子的文章「全是天地之正氣，宇宙之大
道。朕讀其書，察其理，非此不能知天人相與之奧，非此不能治萬
邦于衽席，非此不能仁心仁政施于天下，非此不能外內爲一家。❹」
康熙自述幼齡既已深信朱子學；此也就是自幼深信程朱理學；亦即
自幼深信孔孟儒學，可見清室雖爲愛新覺羅氏女眞族，入主中原
後，卻分明已經充分漢化；康熙所言固然欲藉朱子之道術籠絡天下
士子及教化民心，以方便於清廷推展其統治，但不容諱言，康熙是
眞正地在學習朱子學，確實也重用了當時的魏裔介、熊賜履、李光
地、陸隴其、張履祥等理學家和理學名臣❹·❹。基本上，清代遂
以朱子學爲其國家意識以及文化主體。

二、朱子儒學的書院傳統

　　若撇開政權的學術假借而不論，只就文化和社會層面切入，朱

---

❹　《清聖祖實錄》，卷 249，康熙五十一年二月丁巳條，錄自趙雲田：《中
　　國社會通史·清前期卷》（太原：山西教育出版社，1998 年），頁 476。
❹　《御纂朱子全書·序言》，錄自趙雲田，同前註。
❹　同註❹，頁 477。
❹　清帝統治中國，實雜以王霸，儒法並用。史家所謂清朝盛世之康雍乾三
　　帝，一方面極推崇程朱儒學，亦嘗重用理學名臣，但一方面卻又厲行法家
　　專制治術，興文字獄，迫害天下儒士，且極端抬高皇權，成爲中國歷來最
　　專制封建的王朝。在其專制的政教術中，處心積慮地將臣子非理性服從君
　　王的法家思想摻雜程朱儒道，通過科舉，無形之中，奴化了傳統中國時代
　　的科舉士子。一般人未能分辨黑白，以爲乃程朱之罪，此種罪責實欠分
　　明，程朱子和孔孟儒者何罪之有！清帝的帝王術，見劉澤華：《中國政治
　　思想史·隋唐元明清卷》（杭州：浙江人民出版社，1996 年），頁 674-
　　708。

子儒學者一般而言，十分關懷儒家常道慧命應該怎樣透過教化工作而有效地普敷延續。依朱子，儒者不應陷溺在科舉的膠漆盆中，而應該是堂堂正正地作爲一位窮理盡性的君子。所以，朱子一生最重書院講學。書院，乃成爲傳統時代中國社會文化主體的核心性景觀，就臺灣而言，自明鄭陳永華立聖廟建太學始，開始進入儒教的文化體系，清康熙領有臺灣，書院隨之興起，亦即象徵了中國人傳統文化主體在臺灣的落實和延續。

㈠白鹿洞書院典範

南宋淳熙六年（1179 年）三月，朱子知南康軍州事，即全力尋訪並恢復白鹿洞書院；雖擬定了周詳的計劃書上奏朝廷，卻得到「朝野喧傳以爲怪事」的譏笑和反對。不得已，朱子遂以己力加以修復。淳熙七年（1180 年）春天，白鹿洞書院修峻落成，朱子率軍縣官吏、書院師生，祭祀先聖先賢，舉行莊嚴的開學典禮，於是開啓了往後數百年的儒門書院教化，通過書院教化，在中國大地上建立了文化主體。

朱子於書院主講了《中庸首章》、《大學或問》以及《四子書》、《論孟精義》等講義，這些講義就是後來的《四書集注》的濫觴。同時，朱子更爲書院頒定了教規、學規，此即是日後中國書院「校訓」之基本典範，影響深遠❹；其名稱《白鹿洞書院揭示》，其文如下❹：

---

❹　李國鈞等：《中國書院史》（長沙：湖南教育出版社，1994 年），頁 183-186。

❹　〔宋〕朱熹：〈白鹿洞書院揭示〉，收於陳谷嘉、鄧洪波：《中國書院史資料》（上冊）（杭州：浙江教育出版社，1998 年），頁 199。

父子有親，君臣有義，夫婦有別，長幼有序，朋友有信。

右五教之目。堯舜使契爲司徒，敬敷五教，即此是也。學者學此而已。而其所以學之之序，亦有五焉，其列如左：

博學之、審問之、謹思之、明辨之、篤行之。

右爲學之序。學、問、思、辨四者，所以窮理也。若夫篤行之事，則自修身以至于處事接物，亦各有要，其列如左：

言忠信、行篤敬，懲忿窒欲、遷善改過。

右修身之要。

正其義不謀其利，明其道不計其功。

右處事之要。

己所不欲，勿施于人。行有不得，反求諸己。

右接物之要。

熹竊觀古昔聖賢所以教人爲學之義，莫非使之講明義理以修其身，然後推以及人。非徒欲其務記覽爲詞章，以釣聲名、取利祿而已也。今人之爲學者，則既反是矣。然聖人所以教人之法具存于經，有志之士，固當熟讀深思而問辨之，苟知其理之當然，而責其身以必然，則夫規矩禁防之具，豈待他人設之而後有所持循哉？……今……特取凡聖賢所以教人爲學之大端，條列如右，而揭之楣間。諸君其相與講明遵守而責之于身焉。……

觀諸朱子《白鹿洞書院揭示》，明白曉暢，完全是從孔孟之道貫達而流衍出來的學規教規，屬於淺顯直接的儒門道德主體之建樹和要求，此中並無艱深的形上存有論的哲理，也就是根本不必去區

分「性即理」或「心即理」究竟有何差別；道德在日常生活上的實踐，如人之渴而喝水、饑而食物，並不必先行對水或食物進行一番抽象說理，渴飲饑食就是具體而自然的生活，道德在生活上的實踐亦然。淳熙八年（1181 年）陸象山亦在白鹿洞書院接受朱子之邀請而開講了《論語》的「君子喻于義，小人喻于利」一章⑭：

> 子曰：「君子喻于義，小人喻于利」。此章以義利判君子、小人，辭旨曉白，然讀之者苟不切己觀省，亦恐未能有益也。某平日讀此，不無所感，竊謂學者于此，當辨其志。人之所喻由其所習，所習由其所志。志乎義，則所習者必在于義，所習在義，斯喻于義矣；志乎利，則所習者必在于利，所習在利，斯喻于利矣。故學者之志不可不辨也。……誠能深思是身，不可使之爲小人之歸，其于利欲之習，怛焉爲之痛心疾首，專志乎義而日勉焉。博學、審問、慎思、明辨而篤行之。由是而進于場屋，其文必皆道其平日之學、胸中之蘊，而不詭于聖人。由是而仕，必皆共其職，勤其事，心乎國，心乎民，而不爲身計。其得不謂之君子乎！

陸象山嚴分君子、小人，論義利差別扼要清明，而此基本義理亦來自孔子，只要立志有所學、有所覺而實踐之，則道德主體，原本就是生命和生活中自然活潑之事，其中實無哲學家們抽象高遠的

---

⑭　〔宋〕陸九淵：〈白鹿書堂講義〉，收於陳谷嘉、鄧洪波，同前註，頁213-214。

理論建構；在新儒家形上存有論方面，陸象山、朱子的鵝湖論辯十分著名，各有堅持、互不相契，程朱陸王的儒學差異，在後世成爲所謂心學、理學的冰碳水火，然而，就白鹿洞書院開課講經的朱陸以觀，均是孔孟千載下的儒家傑出門生，其道德主體教化的進路，實無不同。以白鹿書院教育宗旨和精神而言，乃即是孔孟的五倫道德之尊德性、道問學之常道慧命的學習和踐履，它培養儒家士君子，而非爲形上存有論辯論而設置的哲學學院。這樣的根本性質，即是往後數百載中國儒家書院的設立原則。中國亦由於天下士子之經由書院教育，乃能爲百姓之表率以及地方上文教的中心，由之而樹造了中國傳統的文化主體。朱子學的源地福建以及其精神是與中國各地一致的；與閩一水之隔的臺灣，以其移民多來自閩南粵東，屬於閩學教化範圍，當然其所建構的傳統文化主體也與閩地、中國無有差別。

㈡閩學重鎮鰲峰書院

　　清代福建的儒學，根本上就是朱子建立而由代代朱子學弟子們傳承下來的儒學，其文教工作也多由大小書院推展；其基本精神茲以鰲峰書院明之。

　　鰲峰書院位於閩縣鰲峰坊九仙山腳下，康熙四十七年，清初名儒張伯行任福建巡撫時建立，祀周、程、張、朱五夫子，亦陪祀有宋明閩中先儒，其初招延儒士，日給廩餼，以講明正學爲務。康熙五十五年，著名儒臣陳璸時任福建巡撫，始集郡邑生徒肄業其中，聘耆儒主講㊿。此書院即清代閩地最重要的書院。張伯行有《鰲峰

㊿　陳谷嘉、鄧洪波：《中國書院史資料》（中冊），同註㊽，頁888。

書院記》，其文曰⑤：

> 閩中素號海濱鄒魯，蓋自龜山載道而南，三傳至考亭，而濂
> 洛之學大著，其淵源上接洙泗，由宋迄今，閩士蔚然與中州
> 埒。……
>
> 不佞欲與士之賢而秀者，講明濂洛關閩之學，以羽翼經傳，
> 既表章其餘書，使行于世，乃捐俸購屋于九仙之麓，葺而新
> 之，爲鰲峰書院。……
>
> 夫有志聖賢之學者，必身體而力行之，非以爲口耳誦説之資
> 而已。周、程、張、朱五子之書，四子之階梯；四子之書，
> 六經之階梯。君相之所以爲治，師儒之所以爲學，率是道
> 也。誠使平心遜志，以究其義理，會其旨歸，實驗之，日用
> 行習之，閒而舉而措之，家國天下之大則，顏曾思孟之心
> 傳，與皋夔稷契之事業，皆吾學分內事也。如其不然，雖日
> 取五夫子之緒言，誦之習之論之辨之，猶爲無與于己而與道
> 聽塗説等。又況溺於靡麗之辭，逐乎紛華之羽，視其書爲迂
> 闊支離，而并誦習論辨之未嘗從事者乎！蹈此弊者，幸無入
> 吾堂，而入吾堂者，尚其猛省自強，以求吾夫子之教，而爲
> 聖世有體有用之眞儒，是不佞所以建書院以爲多士相勗之意
> 也。

---

⑤ 〔清〕張伯行：〈鰲峰書院記〉，收於陳谷嘉、鄧洪波，同前註，頁
　　889-890。

張伯行此記可以說是諄諄善誘以朱子儒學之道矣，深入而言，他所秉持的實亦即孔孟相傳的儒士的培育訓練之道而已，程朱學或孔孟儒學的眞儒者，依張伯行，並不在於詞章之誦習論辯，而應該是在眞能實踐義理，並能治國安邦，傳聖賢之道術，也就是內聖、外王的儒門眞正事業也。若以今日概念而言，鰲峰書院的宗旨，並不在養成哲學論辯的專業人士，而是在乎於養成踐履儒家常道慧命的眞儒；此種儒士在朝可爲卿相，擔負國政大業；在野則爲士君子，可以領導地方社會以成就社會的敦厚教養。傳統中國的儒士，也確是這樣地充分實踐自己的道德生活。

三、清代儒吏、儒士在臺灣的文教

福建鰲峰書院是清代臺灣儒吏和儒生推展文教的楷模。楊二酉《海東書院碑記》提到「諸生一仰止鰲峰，且不免望洋而嘆！⓾」可見當時臺灣士子一心欽慕福建有鰲峰書院，另一方面也反映出臺灣士子苦於缺乏書院可以進學，同時也證明閩學實臺灣儒士的典範。當海東書院完竣，楊氏更期待書院能「與鰲峰並峙」，事實上，清代在臺設置書院以教臺灣儒士者，均以閩學爲楷模也，不惟「海東」與「鰲峰」隔海對峙；臺灣所有書院在精神、原則以及作

⓾ 清乾隆五年（己未），楊二酉任巡臺御史來臺，在臺郡建海東書院，其碑記曰：「臺陽海嶠，隸閩之東南郡；相去榕城，約千餘里。諸生一仰止鰲峰，且不免望洋而嘆也！……意選內郡通經宿儒充教授爲良師，允堪作育多士，與鰲峰並峙。」見〔清〕楊二酉：〈海東書院記〉，收於〔清〕范咸：《重修臺灣府志》（臺灣文獻史料叢刊，臺北：大通書局，未刊年份）。

風上,均是閩地朱子學的傳播和延續。換言之,臺灣傳統儒士基本上都是朱子儒學門生,與閩地乃至於中國各地的儒士,在道與學上,均無不同,而從這樣的核心質素投射出去,則臺灣傳統文化主體屬於朱子儒學的常道慧命,也與閩地和中國各地,沒有差別。

㈠漳浦儒生陳夢林與蔡世遠

鰲峰就是閩學的象徵,其重要人物與臺灣書院文教關係亦深遠。譬如漳浦儒生陳夢林,嘗從張伯行在鰲峰書院纂修先儒諸書,且預修漳州、漳浦郡縣兩志;由於嘗遊黔中,與諸羅縣令周鍾瑄的姪子漁璜為筆墨交,因此知悉陳夢林德學,周氏遂延請陳夢林來臺主修《諸羅縣志》❺❸,該志問世後,有臺灣最佳志書的美譽❺❹。而陳夢林之友蔡世遠,出身漳浦朱子學世家,其父蔡璧學宗朱子,曾任福建羅源縣教諭,後主講于鰲峰,世遠少承家風,熟習朱子儒學,稍長更拜于張伯行門下,在陳璸任閩省巡撫時,應陳之邀而出長鰲峰❺❺。蔡氏就是在主持鰲峰書院時,應陳夢林的懇請而為當時的臺灣諸羅縣學寫了一篇文章:〈諸羅縣學記〉,用以鼓舞縣內學子,其文中有曰❺❻:

---

❺❸ 〔清〕周鍾瑄:《諸羅縣志·自序》(臺灣文獻史料叢刊,臺北:大通書局,未刊年份)。

❺❹ 陳捷先:〈臺灣古方志的拓荒者〉,《清代臺灣方志研究》(臺北:臺灣學生書局,1996年),頁15-94。

❺❺ 同註❷,頁393-402。

❺❻ 〔清〕蔡世遠:〈諸羅縣學記〉,收於劉良璧:《重修福建臺灣府志》(臺灣文獻史料叢刊,臺北:大通書局,未刊年份),頁553-555。

世遠時應中丞雷陽陳公之招，主鰲峰書院。吾友陳君夢林遊
於臺，周侯介陳君以書來求記，且曰：「諸羅僻居海外，諸
生觀化聿新，願有以教之也。」世遠賽陋何知，爰即鰲峰諸
交相與砥礪者而告之曰：君子之學，主於誠而已矣。誠者，
五常之本，百行之原也，純粹至善者也，天之所以與我者
也。人之不誠者，無志者也。人之無志者，由不能盡其誠者
也。誠以立其志，則舜可法而文王可師也。其原必自「不
欺」始。程子曰：「無妄之謂誠，不欺其次也。其功由主敬
以馴致之。」……

　　蔡世遠引程伊川和朱夫子的話語強調儒者居心行事須先立誠
道，行無妄與不欺的生活，而「求誠之方，惟讀書為最要」，但是
讀書乃所以「體驗乎操存踐履之實」；換言之，讀書，乃「盡倫」
而已。而讀書盡倫即所以「返本思終」；蔡氏論及：「夫此身，父
母之身也、天地之身也、民物所胞與之身也；……顧可不返其本、
思其終，以貽父母羞、以自外於天地，以為民物所詬病哉？❺❼」顯
然，蔡氏點明了道問學之目的乃在於尊德性也，儒士以道德實踐為
其生命本質及生活主軸，此點乃是朱子以至孔孟儒門學者的共同標
的，蔡世遠清晰地為臺灣諸羅縣的儒子們說明白矣。學者也特別指
出蔡世遠雖然沒有來過臺灣，但其文、其神即代表了朱子學已從福

---

❺❼　同前註。

建渡海而播植於臺灣❸，「誠以立其志」的儒門常道慧命亦即逐漸成為臺灣文化主體之傳統。

㈡平臺儒者藍鼎元

漳浦儒生藍鼎元在臺灣文化主體發展史上，亦深具實際和象徵性的地位。藍鼎元，字玉霖，別字任庵，號鹿洲。其父藍斌、祖父藍繼善，均是名望當地的儒士，其母許氏賢慧且知書達禮。藍鼎元自幼承受家教，熟悉四書五經。十歲，其父死，許氏負起教養藍鼎元之責，日夕「講授詩書，反覆開導」，因而養成藍鼎元「深沈不露」的內向穩重的性格，「寧可清饑，不可濁飽」的清操明志亦已在其心中種下了根苗。十一歲始入當地學堂，刻苦自勵勤於讀書，於諸子百家、禮樂名物、韜略行陣，無不究心參究。十七歲時，從廈門泛舟出海，溯全閩島嶼，歷浙洋舟山，乘風而南，沿南澳海門以歸；詳細考察了閩、浙沿岸的島嶼灣澳之形勢，加強了鼎元不愛空談而注重經世濟民文章的學問傾向。康熙四十三年（1704年），藍氏廿四歲，翰林陳汝咸出知漳浦，收鼎元於門下，拔童子試第一；是年冬，進士沈涵督學福州，鼎元與好友蔡世遠俱拜沈涵為師，三年從游，情同父子，沈督學曾讚譽藍氏「國士無雙、人倫冰鑒」。康熙四十六年（1707 年），張伯行建鰲峰書院，年方廿七歲的鼎元以學行兼優受聘鰲峰，參與纂訂前儒書籍的編輯工作，且在院中讀盡了周、程、張、朱以及其他重要儒家人物的著作，實得濂洛紫陽的真傳。張伯行非常器重鼎元，認為他「確然有守，毅

---

❸ 陳昭瑛：〈儒學在臺灣的移植與發展：從明鄭至日據時代〉，《臺灣儒學——起源、發展與轉化》（臺北：正中書局，2000 年），頁 1-48。

然有爲，經世之良才，吾道之羽翼也。」⑲

　　康熙六十年，臺灣朱一貴變亂，經過閩學琢礪涵養而成的儒士藍鼎元，隨其族兄南澳總兵官藍廷珍渡海平亂，後來寫下了與臺灣關係深刻的《平臺紀略》和《東征集》。藍氏走遍當時的臺灣西部，對於臺灣社會、政經以及文教狀態有深入的觀察。其時臺灣屬於漢人初墾社會，社會文化呈現囂亂兇悍、好爲傾側的氣氛；藍氏提及臺民喜犯法、健訟、好鬥、多盜竊、聚賭成性、閩粵分類、漢番鬥爭以及貪官污吏充斥等等⑳，而更令藍氏擔憂的現象則是「臺人未知問學，應試多內地生童，然文藝亦鮮佳者」、「臺民未知教化，口不道忠信之事，耳不聞孝弟之行」㉑，此種文教衰敗現象，看在出身鰲峰書院的儒士藍鼎元眼中，是十分令他吃驚之事，而此亦顯示了清廷官辦教育在臺灣虛應故事之一斑㉒。於是藍鼎元針對文教窳敗現象而提出其見解，他認爲：「臺灣之患，不在富而在教。興學校，重師儒，自郡邑以至鄉村，多設義學，延有品行者爲

---

⑲　以上所述參見蔣炳釗：《鹿洲全集・前言》（廈門：廈門大學出版社，1995年）。

⑳　〔清〕藍鼎元：〈與吳觀察論治臺灣事宜書〉，《平臺紀略》（臺灣文獻史料叢刊，臺北：大通書局，未刊年份），頁 49-56。關於清初臺灣社會文化狀態，可見潘朝陽、池永歆：〈康熙時期臺灣社會文化空間：朱一貴事變爲軸的詮釋〉，《臺灣師大地理研究報告》，第 27 期，1997 年 11 月，頁 11-44。

㉑　〔清〕藍鼎元，同前註。

㉒　關於清朝在臺灣辦理的官方或國家的教育機構（「儒學」）十分窳敗不振之事，見潘朝陽：〈康熙時代臺灣社會區域與儒家理想之實踐〉，《第二屆臺灣儒學國際學術研討會論文集》（臺南：國立成功大學中文系，1999年），頁 213-260。

師，朔望宣講《聖諭十六條》，多方開導，家喻戶曉，以『孝弟忠
信禮義廉恥』八字轉移士習民風，斯又今日之急務也❻」，此為其
文教建設的大綱，而其細目如下❻：

> 宜廣設義學，振興文教。於府城設書院一所，選取品格端
> 正、文理優通、有志向上者為上舍生徒。延內地名宿文行素
> 著者為之師，講明父子君臣長幼之道、身心性命之理，使知
> 孝弟忠信，即可以造於聖賢。為文章必本經史古文先輩大
> 家，無取平庸軟靡之習。……臺邑、鳳山、諸羅、彰化、淡
> 水各設義學，凡有志讀書者皆入焉。學行進益者，升之書院
> 為上舍生。則觀感奮興，人文自必日盛。
> 宜設立講約，朔望集紳衿者庶於公所，宣講《聖諭廣訓》、
> 《萬言書》及《古今善惡故事》，以警動顓蒙之知覺。臺屬
> 四縣及淡水等市鎮村莊多人之處，多設講約，著實開導，無
> 徒視為具文。使愚夫愚婦，皆知為善之樂，則風俗自化矣。
> 講生就本地選取貢監生員。或村莊無有，則就其鄉之秀者，
> 聲音洪亮，善能講說，便使為之。官待以優禮，察其勤惰，
> 分別獎勵。

藍氏顯然將文教設施區分成兩層，上層屬於義學或書院的儒生

---

❻　〔清〕藍鼎元：《東征集》（臺灣文獻史料叢刊，臺北：大通書局，未刊
　　年份），頁39。

❻　〔清〕藍鼎元，同註❻。

之教化,下層屬於城鎮村莊中公所的講約活動。無論何者,均以講明五倫道德爲主,通過教化使四民皆知爲善之樂,然後風俗化於醇美。或有評曰據康熙雍正父子所頒的《聖諭廣訓》作爲教材,實有政權愚民之作用。當然,自明太祖以降,專制帝國的雜儒法王霸以行其國家極權機械的運轉,乃是一種無可奈何的事實,藍鼎元生當清朝極盛的康熙雍正時代,其君父思想十分難免,但若說此乃程朱儒學所有,實應深入指出此乃從申韓法家演生而來的帝王術之毒害,明清儒者很少沒有受此毒素侵害者,或許浙東儒學尚存些許清明原儒理性得以批判帝制毒害,如黃宗羲的《明夷待訪錄》。吾人如果撇開此層不論,則藍鼎元提示出傳統臺灣的儒教,事實上是要求從府城一級中地逐次普及到最小單位中地之村社的,在每一聚落階層中,均有師儒秀才擔負教育庶民以朱子儒學的責任。而確實在清代臺灣,儒家教化乃是通過各級書院、村塾、家學等方式,而將孔孟常道慧命播種茁壯於臺灣鄉土之中㊺。

(三)臺灣朱文公祠的建造者陳璸

在藍鼎元提出如何在臺灣推展文教的同一個時代,曾任福建巡撫且與鰲峰書院關係甚深的陳璸,亦早於康熙四十一年(1702年)來臺任臺灣知縣,後離臺他任,於康熙四十九年(1710年)再任臺廈道而抵臺。陳璸是清初最徹底實踐朱子儒學道德規範之儒者典型,他不在形上存有論的思維上顯精采,而是在爲儒士以及爲

㊺　關於清代臺灣地方性文教的内涵,可參考潘朝陽:〈書院:儒教在地方的傳播形式〉,《鵝湖月刊》,第 21 卷第 5 期,總號 245(臺北),1995年 11 月,頁 27-38。

儒吏的生涯上，澈上澈下地呈現出一個道德生活的儒家⑥。陳氏在臺，非常注重推展文教之事宜，康熙五十一年（1712 年）陳璸撰寫了《新建朱文公祠記》，這是一篇正式宣說朱子儒學從閩地渡海而始播於臺灣的重要文獻，換言之，自康熙時期閩學或朱子儒學的儒生、儒吏之來臺始播及敷演儒學儒教之後，臺灣即開始漸以孔孟常道慧命爲其文化主體⑥。其文曰⑥：

> 癸巳，予建朱文公祠既成，或問曰：「海外祀文公有說乎？」曰：「有」。昔昌黎守潮，未期月而去，潮人立以廟祀。東坡先生爲之記曰：「公之神在天下，如水之在地中，無所往而不在。而潮人獨信之深，思之至，焄蒿悽愴若或見之。譬如鑿井得泉，而曰水專在是，豈理也哉？若文公之神，周流海外，亦何莫不然？」按文公宦轍，嘗主泉之同安簿，亦嘗爲漳州守。臺去漳、泉，一水之隔耳，非遊歷之區，遂謂其神不至，何惛也！自孔孟而後，正學失傳，斯道

---

⑥ 關於陳璸在臺的儒吏治道，可閱讀陳昭瑛，同註⑧，以及〈清代臺灣教育碑文中的朱子學〉，《臺灣儒學──起源、發展與轉化》，同註⑧，頁49-80。

⑥ 眞正論之，臺灣的儒家常道慧命，應該是明鄭陳永華立聖廟、建太學而傳播敷演明鄭的浙東儒學既已展開。惜明鄭之祚甚促，在臺灣的浙東儒學不世而斬。不得已，或潛藏於草野民間，形成臺民的抗拒意識，於乙未割臺時湧噴而發爲抗日的鬥爭。請參閱潘朝陽：〈抗拒與復振的臺灣儒學傳統〉，本文發表於「儒家思想在現代東亞」國際學術研討會，中研院中國文哲所主辦，1999 年。

⑥ 〔清〕陳璸：〈新建朱文公祠記〉，收於《臺灣南部碑文集成》（臺灣文獻史料叢刊，臺北：大通書局，未刊年份），頁 7-9。

不絕如線，得文公剖晰發明於經、史及百氏之書，始曠然如
日中天。

　　陳璸指出閩省與臺灣僅僅一水之隔，隨儒家君子之來臺，特別
是漳、泉兩地移民多有來臺者，其中的士子帶來臺灣的文化意識當
然屬於朱文公的儒道而無疑。然則，臺灣的文化意識之主體非孔孟
之常道慧命為何？

　　朱子儒學的根本精神是什麼？陳璸說❻：

　　公之言曰：「大抵吾輩於『貨色』兩關打不透，更無話可說
　　也。」又曰：「分別『利義』二字，仍儒者第一義。」又
　　曰：「『敬以直內，義以方外』八個字，假一生用之不
　　窮。」蓋嘗妄以己意繹之；惟不好貨，斯可立品；惟不好
　　色，斯可立命。義、利分際甚微；凡無所為而為者，皆義
　　也；凡有所為而為者，皆利也。義，固未嘗不利；利，正不
　　容義。敬在心，主一無適則內直；義在事，因時制宜則外
　　方。無纖毫容邪曲之謂直，無彼此可遷就之謂方。人生德
　　業，即此數言，略包括無遺矣。……惟是信之深，思之至，
　　切己精察，實力躬行，勿稍游移墮落俗邊去，自能希賢、希
　　聖，與公有神明之契矣。

　　觀陳璸此文，似乎看到了朱子所撰的《白鹿書院揭示》，也彷

---

❻　同前註。

佛看到了陸象山所親講的《白鹿書堂講義》，如果再將張伯行的
《鰲峰書院記》加以觀覽，吾人將可發現主敬閑邪、存天理去人欲
的道德理想主義，一直都是閩學或朱子儒學的最基本精神，陳璸在
臺灣府城以臺灣最高教育首長的身份，同時也是以朱子儒學踐行者
的身份，興建了臺灣首座朱文公祠，也撰寫了第一篇關於朱子儒學
基本精神的文告，此乃即是清代朱子學從福建始播於臺灣，也就是
孔孟儒學之敬德教化開展於臺灣的最主要象徵。

㈣整合朱子儒學和浙東儒學的鄧傳安

　　陳璸的朱子儒學的實踐精神，在臺灣有所傳承，且亦能從純粹
的朱子學傳統而結合以明鄭時代的浙東儒學傳統。道光初年來臺任
鹿港理番同知的鄧傳安極力促成鹿港文開書院的建立；在題爲《勸
建鹿仔港文開書院疏引》一文中，鄧氏說：「府城既並建海東、崇
文兩書院，則廳縣之各建書院，宜也。……今學校既有專官，又增
書院以補不逮，轉益多師；書院日增，則人文日盛。觀內地可知海
外。❼」鄧氏之意認爲書院可補官學之不足，若多辦書院，必能多
益教化的推行，而必人文日盛。言下之意，清廷官辦教育機構實太
不理想，有心儒吏均居心動念建書院以眞正進行儒教，鄧氏也特別
指出內地與臺灣均有相同情形。道光四年（1824 年），動工始建
書院，道光八年（1828 年），書院成，鄧傳安撰《新建鹿港文開
書院記》以記其盛，在其文中提到由於「海外文教，肇自寓賢鄞縣

---

❼　〔清〕鄧傳安：〈勸建鹿仔港文開書院疏引〉，收於〔清〕周璽：《彰化
　　縣志》（臺灣文獻史料叢刊，臺北：大通書局，未刊年份），頁 432-
　　433。

沈斯菴太僕光文字文開者❼」，因而借重其字來定書院之名，以示
對於始開文教風氣之先賢的尊崇。鄧氏畢竟深習於朱子儒學傳統
中，但卻又能跳脫心學理學相對立的樊籬拘絆而能以敬心致其虔敬
於明鄭在臺之諸儒者，所以他說❼：

> 今學宮奉孔子爲先聖，從祀者皆先師；書院多祀先師，而不敢
> 祀先聖。閩中大儒以朱子爲最，故書院無不崇奉，海外亦然。
> 臺灣至本朝康熙二十二年始入版圖，前此猶是荒服，豈有國
> 故，不得不仰重於寓賢。傳安前以沈太僕表德，名書院，已
> 爲從祀朱子權輿；況太僕卒、葬俱在臺，子孫又家於臺，今
> 雖未見斯菴詩集，而讀府志所載諸詩文，慨然慕焉；固國故
> 之彰彰者也。
> 其先太僕而依鄭氏，後太僕而東渡亦設教於臺者，爲華亭徐
> 都御史孚遠。成功嘗從徐公受學，渡臺後優禮過於太
> 僕。……今祀太僕，未可不祀徐都御史矣。……如二公者，
> 惟同安盧尚書若騰、惠安王侍郎忠孝、南安沈都御史佺期、
> 揭陽辜都御史朝薦；並亟稱於《鮚埼亭集》。其郭都御史貞
> 一，《府志》雖闕，可考《鮚埼亭集》及《海濱紀略》，以
> 知其忠；當連類而祀之。至漳浦藍鹿洲鼎元，曾贊族兄元戎
> 廷珍，平朱一貴之亂，所著《平臺紀略》及《東征集》，仁

---

❼　〔清〕鄧傳安：〈新建鹿港文開書院記〉，收於〔清〕周璽，同前註，頁
　　459-460。
❼　同前註。

　　義之言藹如，不但堪備拿故，以勞定國，祀典宜然。昔朱子
　　諄諄以行仁義存忠孝勉人，茲奉諸公栗主之配享，諒亦神明
　　所深許也。諸公皆人師，非經師，遜業諸生，仰止前哲，更
　　思立乎其大，不僅以科名重人。……

　　鄧氏作此文時已至十九世紀上葉，距康熙下半葉的十八世紀初
期，已有一個世紀之久，此時臺灣儒家崇祀已顯著含容明鄭遺民所
信奉的浙東儒學以及閩中朱子儒學爲一體，故文開書院固然主祀朱
夫子，但也同祀明鄭時代抗清來臺的明之忠臣烈裔；傳安之祀明鄭
遺老耆儒，即所以祀延平王鄭成功也，而又同時祀平朱一貴之變的
閩儒藍鼎元，此顯示，無論鄭成功或藍鼎元，均爲臺灣而建樹巨大
的功德，一爲泉州儒士，另一爲漳州儒士，均屬閩人，前者屬浙東
儒學，後者屬閩學，雖然，於孔孟之仁道，則一也。

　　鄧傳安在文開書院釋奠典禮上，供有祭先賢文，此祭文開頭如
是曰：「維道光八年，歲次戊子，仲春月辛未朔，越二十有七日丁
酉，主祭官福建臺灣府知府鄧傳安，陪祭官彰化縣知縣李廷璧、鹿
港營遊擊溫兆鳳等，謹以剛鬣柔毛清酌庶羞之奠，敬祭於宋徽國文
公朱子暨明左僉都御史華亭徐公、明太僕寺卿鄞沈公、明兵部尙書
督師同安盧公、明兵部侍郎惠安王公、明右副都御史同安郭公、明
右副都御史南安沈公、明都御史揭陽辜公、國朝廣東廣州府知府漳
浦藍公之神。❼❸」祭文中，鄧傳安說「仰惟徽國，過化漳、泉」，

先點出閩臺的教化，實由朱子開啓其端於閩南，接著鄧氏便提及
「鄭氏東渡，齊士從田」，其意乃指臺灣在明末成爲鄭成功的田橫
義士之島，而隨明鄭抗清而來臺的「幾社名宿」促進了臺灣文風儒
教的事業之初啓；其忠孝節操，是乃鄧氏在祭文中最爲強調的明鄭
在臺賢儒的人格精神，而因此對於這些浙東學派的明儒者，懷抱尊
崇的敬意。雖然這些在臺明儒淵源於東林、復社、幾社，而與閩學
無直接關係，可是鄧氏卻強調彼等與教化漳泉的朱子，實具有一脈
相承的延續意義，這其實也就是必須在孔孟源頭的原始儒家的常道
慧命上，才能將沈光文等遺賢與閩學的紫陽夫子整合爲一，在這樣
的整合中，鄧氏對盛清時期的閩南朱子學之儒者藍鼎元也致其虔敬
之思，而在鄧氏的祭祀之意義上，藍鼎元在臺灣的功德，不僅僅是
閩中朱子學者的行事而已，而是已然上接到孔孟儒家的最初始源
頭。鄧傳安即是藉文開書院之祭典和祭文而將宋明清三朝連貫爲一
體，從南宋的朱子經過南明的賢儒而接上盛清的藍鼎元；無論是在
福建或在臺灣，也無論是朱子學或浙東學的淵源；鄧氏一方面肯定
了孔孟儒道的一貫性，一方面也凸顯了臺灣文化主體的連續性。這
樣的文化意識之宣示，乃是臺灣傳統儒吏、儒士乃至一般庶民所共
同相承而無疑的文化主體❷。

伍、結論

　　當代大儒牟宗三先生一生十分強調：「文化方向」的建立，攸

---

❷　同前註。

關國家社會的剛健發展。朱子儒學就是歷宋元明清數百年中國人的
文化方向，以臺灣而言，也就是清朝兩百多年統治時期的文化方
向，甚至在異族日本殖民統治的五十一年間，臺灣人在生活中仍舊
不改其志以朱子儒學的常道慧命為其安身立命之方。朱子儒學的文
化方向為何？牟先生說：「此只是體經用經，立人道之常，立人道
之極，責任就是如此。❼」

此所謂「經」，就是恆常的文化方向。

文化方向若不經心，是極易失落的，牟先生說：「若一民族仍
然存在，但它的文化卻不能盡其作為原則並自己決定方向的責任，
則此民族的文化就不能算延續下去。不能夠作為原則，不能夠自定
方向，則這文化就只是個材料，而不是形式。……文化若要延續下
去，這文化必須能決定自己的原則和方向，原則、方向即代表一個
文化作為形式的身份。❼」

南宋雖然偏安，卻由於從二程、龜山、豫章、延平以至朱子代
代相傳相續的孔孟儒家常道而具有一個明確的文化原則和方向，終
究能延展民族的慧命而不墜。清朝固然是滿州女真異族入主中原建
立的政權，但卻因為朱子儒學之故，乃有屬於中國人所具有的悠久
不替的文化主體，作為國家的文化原則和方向，且德化彰彰地作用
了兩百多年之久。

這個文化原則和方向，就是一個國家、社會、民族的常數。牟

---

❼ 牟宗三：〈漢宋知識分子之規格與現時代知識分子立身處世之道〉，《時代與感受》（臺北：鵝湖出版社，1986 年），頁 236-338。

❼ 牟宗三：〈中國文化的斷續問題〉，同前註，頁 81。

先生指責從民國以來，許多人千方百計要將中國人的常數拉掉。他說：「宋儒的學問，純粹是精神教化的文化運動，他們不只是對著宋朝的政治和立國而言，而是對整個中華民族的文化的發展而言。所以他們強調作為國家民族常數的道統。……現在有許多人，假藉一些莫名其妙、分際不對、根本不相應的辭語，如妨害自由之類的辭語，泛濫地使用之以拉掉這個常數。⑦」牟先生此處所論當然是針對海峽兩岸整個中國人的社會而言；這些年來的臺灣，不就是拼命要將原有的臺灣文化的「常數」胡亂浮淺地拉掉嗎？臺灣既已喪失了一個國家、民族、社會的道德理想主義之文化主體性的方向、原則，如此，她向有什麼價值核心可作為臺灣的常數？傳統時代的臺灣是依朱子儒學甚至於浙東儒學作為文化常數的，當前的臺灣，一旦假借現代化以及去中國化的理由，而將傳統以孔孟儒道為文化原則和方向的常數拉掉之後，究竟可以拿那一樣的文化原則和方向為其常數？

有人或以為政治上的民主以及知識上的科技，此兩者可為臺灣社會的常數；彼殊不知民主與科技只是材料原則而已，而無法挺立人格而成為形式原則。傳統臺灣的朱子儒學只是要求臺民基本上盡五倫的人之本份而已。當前臺灣無論民主或科技如何進步發達，臺灣人還是必須建中立極以安身立命地作為一個應該具有人之本份之人，換言之，臺灣人無論如何，還是必須基本做人的，捨傳承數百載的孔孟常道慧命之外，還有何種典範足以建中立極安身立命呢？

觀諸傳統文化道統之所以能夠發揚延續，絕對與當時讀書人的

---

⑦　牟宗三：〈文化建設的道路——歷史的回顧〉，同前註，頁345。

品格、風骨、見識、涵養在在有關；換言之，有格調的讀書人即是任何一個時代得以建立其明確寬莊的文化方向之核心動力。吾人讀先聖先賢書，乃可知其等之有擔當有智德，因此可開百年、千年的文運；反觀當前臺灣，不是充斥了許多曲學阿世去侍奉王公大人的幫閒清客型的現代讀書人⓭？我們這塊土地上已經充斥太多指鹿為馬的妖妄之言了；必待如孟子所說的詖辭、淫辭、邪辭和遁辭均一掃而光之後，才是臺灣重新建樹文化大原則、大方向而有常數歸依的時候。

　　※本文發表於《臺灣儒學與現代生活國際學術研討會論文集》，臺灣學生書局，2000 年。

⓭　牟宗三先生深痛民國以來中國讀書人之多淪為幫閒清客，彼等出賣自己所學學術的清明理性而為了權貴去阿附王公大人，因此社會少了真正的文化核心砥柱，所以時代浩劫洪湧席捲，天下乃無孑餘也。參考牟宗三：〈中國知識分子的命運〉，同前註，頁 211-222。牟先生指責對象固然是全中國的知識分子，但是觀諸當前臺灣的知識分子的模樣，豈不於今為烈！

抗拒與復振的臺灣儒學傳統
—明鄭至乙未—

一、前言

  臺灣四百年來，有兩個儒學和儒教傳統，其最早且最重要者乃是明鄭延平郡王帶來臺灣的東林、浙東儒學，彼特富抗拒夷狄之精神，並恆能在否極的時代，以轟烈或淵默的方式將儒家常道慧命加以復振。臺灣精神就是在這種抗拒和復振型儒家學教之護育下，長期潛培而發展出來，清代臺灣的民變多少仍潛存著如是的因子，直至乙未割臺時終於全盤噴湧而出，表現出臺灣人民抗拒日夷強權的無比勇氣。另一個儒學儒教傳統則是清治之後，從福建渡海東傳的朱子學；其多透過治臺賢吏的政教而傳播，陳清端公即是一位典型楷模，而在臺文人秀士的言行亦率多遵循朱子學，乃至傳統臺灣的社會文化以及一般人民生活的標準，基本上實乃儒家紫陽夫子之規範。只要在臺灣傳統的政治、教育及文化之相關文獻資料中加以蒐尋、詮釋，即不難發現四百年來的漢人臺灣，其實即是儒學儒教的臺灣。要攝握臺灣文化的主軸，須對臺灣儒學加以廓清詮釋，並予以積極的呈顯。然則詮釋臺灣的明鄭型儒學、朱子學型儒學以及兩者互涵互攝的儒學之實踐，乃是治臺灣儒學儒教的必要性工作。本

文詮釋由明鄭延平郡王帶來臺灣而在臺灣發展的抗拒和復振型儒學，文章首先彰明明季浙閩一帶儒學的抗拒和復振精神；次章進一步申論明鄭在臺灣播植的儒學，特富抗拒和復振的精神；後一章則詳述此種抗拒、復振型儒學歷經兩百年的潛德而在乙未割臺慘變局面下的乘勢踐形，見證彰著了臺灣儒學的真性情。

二、儒學的抗拒與復振精神

明中葉，國家政治日壞，官吏腐敗，社會經濟的衝突加劇，土地兼併激烈，於是民不聊生，變亂四起。當時儒者多有深思如何挽世道、救生民者，黨社因而產生，東林黨即其之最，始發於顧憲成、高攀龍等人創立的東林大會。

神宗萬曆二十二年（1594），顧憲成因政爭丟官返回故里無錫，遂在鄉里聚眾講求儒學，聲名甚高。萬曆三十二年（1604），憲成偕其弟允成共同倡議，修復無錫城外宋時楊龜山講學的東林書院，乃與高攀龍、錢一本、薛敷教、史孟麟、于孔兼等儒士講學其中，並發起東林大會，制定《東林會約》，廣邀同樣關心世道和政局的士大夫前來參與。結果「士大夫抱道忤時者，率退處林野，聞風響應，學舍至不能容」。與會君子學術相通、旨趣相同，除講論經史外，更大肆批評朝政、臧否人物，因而儼然成為一個兼具學術、政治性質的儒士學政團體，形成了明末社會政治輿論中心。❶

---

❶ 劉澤華：《中國政治思想史·隋唐宋元明清卷》（杭州：浙江人民出版社，1996年），頁 567-568。

　　東林黨人在政治上，要求君聖相賢，嫉惡由宦官和群小勾結的閹黨；在個人方面，則特重氣節，嚴分君子小人。天啓時代，奸閹魏忠賢攬政，閹黨大熾，全國遍植黨羽，惡勢力遍佈天下，生民為之魚爛。既重聖君賢相且重君子氣節的東林會友遂與之產生殊死鬥爭。天啓五年（1625）三月，魏閹逮捕朝臣楊漣、左光斗、魏大中、袁化中、周朝瑞等東林黨人，同年羅列東林黨人名冊，示為罪狀，下令禁毀全國書院。明年（1626）初，緹騎逮東林君子周昭昌、周起元、繆昌期、李應升、黃尊素，與繫獄的楊漣等人，同遭殺害。東林領袖高攀龍以大臣應具尊嚴，不受逆豎侮辱，遂上疏云：「臣雖削奪，舊係大臣，大臣受辱，則辱國。故北向叩頭，從屈平之遺則。君恩未報，結願來生。」於是自沈於止水殉節❷。東林學派橫遭禁錮迫害。❸

　　東林君子講求清議、特重氣節，對家國、天地、師友、人民講求忠信，為護道而生死以之，因此十分重視「重於泰山之死節」，在衛道一事上，勇於以生命抗拒，抗拒有積極的一面，即出擊奸佞和夷狄，肝腦塗地而無悔；消極的一面則以身殉道，或沈於水、或絕食而終、或飄泊邊陬海島以悲憤之情入一坯荒土。抗拒之外，則總是懷抱著天行至健、一陽復始的信念，思復振儒家貞常之道。

　　「東林」遂成為明季敢於抗拒以及有心復振儒學於亂世之儒士

---

❷　〔明〕黃宗羲：〈東林學案 1·忠憲高景逸先生攀龍〉，《明儒學案》（臺北：里仁書局，1987 年），頁 1398-1434。

❸　陶清：《明遺民九大家哲學思想研究》（臺北：洪葉文化事業有限公司，1997 年），頁 77。

的象徵，黃宗羲論曰：❹

> 子言之，君子之道，辟則坊與，清議者天下之坊也。夫子議
> 臧氏之竊位，議季氏之旅泰山，獨非清議乎？清議熄而後有
> 美新之上言，媚奄之紅本，故小人之惡清議，猶黃河之砥砥
> 柱也。熹宗之時，龜鼎將移，其以血肉撐拒，沒虞淵而取墜
> 日者，東林也。毅宗之變，攀龍髯而蓐螻蟻者，屬之東林
> 乎？屬之攻東林者乎？數十年來，勇者燔妻子，弱者埋土
> 室，忠義之盛，度越前代，猶是東林之流風餘韻也。一堂師
> 友，冷風熱血，洗滌乾坤！

明季朝綱日壞之際，東林以清議清洗媚奄流毒，至明鼎既傾之時，
則以身軀性命撐持華夏江山，可謂沒虞淵取墜日之大無畏雄丈夫者
也。東林之後，許多學政型黨社紛紛成立，多效法東林諸儒氣節，
爲明季昏亂之世存留一點正氣。或講學論道，或批判朝政，或鬥爭
閹黨，或抗拒女眞，亦多能「一堂師友，冷風熱血，洗滌乾坤」，
均爲儒門豪傑之士。譬如復社即其中佼佼者，其爲江南許多士子學
社統合形成，宗旨在於復古學以通經致用，審進退以清潔操守，思
宗崇禎六年（1633），在蘇州虎丘舉行大會，宣布「復社」成立。
即延黃道周、劉宗周等東林君子加入，初始抗拒逆黨阮大鋮。不
久，清兵入關，明朝傾覆，東林或復社諸儒，或被殺戮，或歸隱林

---

❹　同註❷，〈東林學案１·序〉，《明儒學案》，頁 1375。

泉。❺但有更多仁人志士紛紛舉義一致抗拒女眞的入侵，而寫下了
日後南明浙閩一帶儒生抗清的血史。

　　黃宗羲《明儒學案》載高攀龍自述曰：❻

　　偶見明道先生曰：「百官萬務，兵革百萬之眾，飲水曲肱，
　　樂在其中。萬變俱在人，其實無一事。」猛省曰：「原來如
　　此，實無一事也。」一念纏綿，斬然遂絕，忽如百斤擔子，
　　頓爾落地。又如電光一閃，透體通明，遂與大化融合無際，
　　更無天人內外之隔。至此見六合皆心，腔子是其區宇，方寸
　　亦其本位，神而明之，總無方所可言也。……丙午，方實信
　　孟子「性善」之旨；此性無古無今，無聖無凡，天地人只是
　　一個。……辛亥方實信《大學》「知本」之旨。壬子，方實
　　信《中庸》之旨，……中者停停當當，庸者平平常常，有一
　　毫走作，便不停當，有一毫造作，便非平常，本體如是，工
　　夫如是，天地聖人不能究竟，況于吾人，豈有涯際？勤物敦
　　倫，謹言敏行，兢兢業業，斃而後已云爾。

梨洲認爲高攀龍之學，一本程朱，故以格物爲要。但若觀諸上言，
則說高攀龍學德修養源自孟子，並通貫《大學》、《中庸》，而於
明道先生處多得啓發，或更近於實情，故梨洲又謂：「程朱之格
物，以心主乎一身，理散在萬物，存心窮理，相須並進。先生謂

❺　同註❸，頁 78-79。
❻　同註❷，頁 1401-1402。

· 161 ·

『纔知反求諸身,是眞能格物者也』,頗與楊中立所說『反身而誠,則天下之物無不在我』爲相近,是與程、朱之旨異矣。先生又曰:『人心明,即是天理。窮至無妄處,方是理。』深有助乎陽明『致良知』之說。……」❼其實黃宗羲套於分別程朱陸王的意識,故有此種區分,若以今日的觀照界面觀之,高攀龍實則「孟子學」的信仰實踐者也。因此,高攀龍乃能以從容如無一事的方式自沈而殉節。楊儒賓指出高攀龍深契於《易傳》,通過《易傳》「死生之道猶晝夜之道」、「精氣爲物,游魂爲變」的命題之詮釋和瞭解,使高攀龍了悟了生死一如的動態生死之道,楊儒賓認爲學者惟有證悟大易的變化原理,才能同時盡生死之道,高攀龍生死觀的眞正結穴應該在此。❽就儒者而言,生命價值的挺立和實踐,必然雙修《論・孟》和《中庸・易傳》兩種路線;前者由內在主體上通於天道,後者則由超越的天道下貫於人之內在,兩者成爲一個上下迴向的工夫,最後合爲圓融的存有性踐成,但無論如何,孔孟相傳的道德主體的自身挺立和實踐,應該才是儒者充份踐履常道慧命的眞源,❾《易傳》的認知和了悟,乃成其有力的助緣而已,宋明儒家

---

❼　同前註。

❽　楊儒賓:〈死生與義理——劉宗周與高攀龍的承諾〉,《劉蕺山學術思想論集》(鍾彩鈞主編,臺北:中央研究院・中國文哲研究所籌備處,1998年),頁 523-555。

❾　關於《論孟》和《易傳中庸》的爲道進路,牟宗三先生在《中國哲學的特質》一書中有深入精闢的詮釋,特別在〈第七講:主觀性原則與客觀性原則〉、〈第八講:對於「性」之規定㈠易傳、中庸一路〉及〈第九講:對於「性」之規定㈡孟子一路〉,見牟宗三:《中國哲學的特質》(臺北:臺灣學生書局,1963 年),頁 57-93。

以大勇力抗拒夷狄邪道，且以大仁心復振儒門綱常，非孟子學的忠
信門生，實無足擔此巨任也。然而，無論如何，高攀龍自沈殉節，
爲世界提示了一個「死」的正義，而此正義也就是儒家的抗拒精
神；因抗拒邪道而從容一死，且由於這樣的從容一死而復振了儒
學。往後的明季抗清的儒者莫不是以如此之剛健道德意志，以書生
隻手抗拒強清，斷首喪元，甘之如飴。

　　與高攀龍有死生與道義約定的是明末大儒劉宗周。❿清兵入
關，長驅直下，華北淪陷，福王即位南京，劉宗周任右都御史一
月，不容於南明小朝廷奸小逼迫，不安於朝，清兵破南京，福王死
難，後來南明國政愈加不堪聞問，浙閩土崩魚爛，浙省降，劉宗周
遂決心絕食殉國，黃宗羲記曰：⓫

　　　浙省降，先生痛哭曰：「此余正命之時也！」門人以文山、
　　　疊山、袁閬故事言，先生曰：「北都之變，可以死，可以無
　　　死，以身在削籍也。南都之變，主上自棄其社稷，僕在懸
　　　車，尚曰可以死，可以無死。今吾越又降，區區老臣，尚何
　　　之乎？若曰身不在位，不當與城爲存亡，獨不當與土爲存亡

---

❿　　楊儒賓詮釋了高攀龍和劉宗周的君子約定，前後相距二十年均以身相殉華
　　夏正道，其生命意義成乎超越終極之道的見證，呈現了儒門的宗教性莊
　　嚴，楊文通篇十分感人，可提撕當代扁平型，不知神聖爲何的世俗知識份
　　子的心志。見楊儒賓：〈死生與義理——劉宗周與高攀龍的承諾〉，同註
　　❽。

⓫　　〔明〕黃宗羲：〈蕺山學案·忠端劉念臺先生宗周〉，同註❷，頁 1508-
　　1512。

乎？故相江萬里所以死也。世無逃死之宰相，亦豈有逃死之
御史大夫乎？君臣之義，本以情決，舍情而言義，非義也。
父子之親，固不可解于心，君臣之義，亦不可解于心。今謂
可以不死而死，可以有待而死，死爲近名，則隨地出脫，終
成一貪生畏死之徒而已。」絕食二十日而卒，……年六十
八。

楊儒賓指出劉宗周絕食殉節，給自己的死亡賦上了「見證」的意
義：他絕食，不薙髮，全身而逝，爲的是孝道；他北首而臥，掛念
抗清中的魯王，這是忠道；他與學生金鉉、祝淵、吳麟徵、祈彪
佳、王毓蓍等人，先後獻上性命見證了道的尊嚴，這是師生情義。
他臨終特別強調儒者所以殉道，並非有所謂「心如太虛」，而乃是
「君親之念重耳」。⑫如此從容殉道而死，是爲了鄉園、人民，也
是爲了華夏道統的儒者型之殉節，以證道的死亡抗拒了女眞夷狄，
也同時復振了往後中國的眞儒家。黃宣民則指出劉宗周決心絕食殉
國時，其門人張履祥勸他講學，宗周回答曰：「今乾坤何等時，猶
堪我輩從容擁皋比而講道學乎？此所謂不識人間羞恥者也。僕是以
入山惟恐不深，求死惟恐不速也。」他終於絕食蹈仁，全其節義。
黃宣民說：「比起鹿善繼的英勇戰死，黃道周的慷慨就義，蕺山之
死則顯得慷慨且從容。蕺山《絕命辭》說：『留此旬日死，少存匡
濟意。決此一朝死，了我平生事。慷慨與從容，何難亦何易！』
鹿、黃、劉三人皆爲明末理學名家，愼獨君子，其學雖不一，其殉

---

⑫　同註⑩，頁33。

道則一也。」❸

　　晚明高、劉兩大儒的生命光輝，爲後來儒士照亮了成道的大路，而在抗拒女眞以及復振儒學的工作上，均獲得意義重大的成就。順治三年（1646），清兵進陷杭州。前此一年，南明唐王在閩西的汀州被俘，旋遇害；桂王（永曆）則在肇慶即位，而鄭成功於次年佔據了廈門、金門。此時，浙東紛起義師全力抗拒清軍，軍事一直由浙東延燒到閩南。順治十八年（1661，永曆 15 年）鄭延平來臺，而於康熙元年（1662）憂憤而死。康熙三年（1664），抗清名將張煌言被捕，殉難於杭州。基本上，長達 20 年的東南抗清義舉終於結束。抗拒滿清最激烈的地區則爲以寧波爲中心的浙東，清廷在寧波地區實行屠城、洗山、遷界、禁海以及留髮不留頭，留頭不留髮等殘酷的屠殺和鎮壓，以寧波爲中心的浙東抗清鬥爭是極其艱苦的，出現了許多可歌可泣、動人心魄的壯烈事跡，遺民們或爲記錄自己患難一生，抒發心中憤懣，總結明亡教訓，或爲發潛德之幽光，避免烈士姓名淪於狐貉之口，於是各以文或詩，訴之於筆，所以清初寧波地區的史學十分發達。❹

　　浙東的流血抗拒和著錄創作，即浙東儒者延續東林、復社一脈相傳的抗拒和復振的儒家精神，而加以發揚之。

　　劉蕺山高弟黃宗羲在清軍南侵，明社凌礫的順治年間，亦以青年之軀，「瀕於十死」地從事武裝抗清活動。然而局勢終究無可挽

---

❸　黃宣民：〈蕺山心學與晚明思潮〉，同註❽，頁 261。

❹　方祖猷：〈明清之際的經學思潮和史學思潮〉，《清初浙東學派論叢》（臺北：萬卷樓圖書有限公司，1996 年），頁 1-21。

回，他除了痛自沈思華夏淪亡之故而撰述了《明夷待訪錄》，以及為儒家道統立傳而撰述《明儒學案》，並為南明保存史實、史蹟而撰述《弘光實錄鈔》、《行朝錄》、《海外慟哭記》、《西臺慟哭記註》等立言之事之外，更進一步赴諸行動於康熙七年（1668）在寧波創立了「甬上證人書院」，開始培育國亡之後的儒家種子，這批儒家種子就成了浙東學派的中堅，對於儒學的復振，其功厥偉。黃宗羲創辦證人書院，痛思何以東林、復社在明季昏濁之世，激濁揚清、砥礪名節，卻依舊挽回不了明社傾覆的命運。清初，女真在華夏大地上多行屠戮，已至「天崩地解」之劫期，中國諸儒感到單純標榜風骨節操是不夠的，還必須對晚明儒者膚淺浮泛的學風作一徹底的改變，於是黃宗羲主張「學必原本於經術而後不為蹈虛，必證明於史籍而後足以應務」。因此其講學宗旨特別高標經史雙修雙彰的治學進路，在這樣的宗旨下，甬上證人書院開列的主要課程即是古典儒家的五經，以及文學、史學。甚至也包含了曆算之術及泰西之學。[15]換言之，黃宗羲擺脫了晚明僵化、形式化的末流儒學，而使儒學轉化帶進了某種程度的「現代性」。而在此種新的儒學復振中，由黃宗羲領導開創出來的浙東儒學，乃是具有「常經」性質而特以史學的批判表現為其特色；由於賦含常經常道，故其史學乃擁有透過道德主體批判詮釋人事的味道，在存有性上而言，其實是具有孔子修《春秋》的意含。林聰舜[16]提及全謝山曾批評梨洲不免

---

[15]　方祖猷：〈時代思潮和清初浙東學派的形成〉、〈黃宗羲開創浙東學派的基地〉，同前註，頁 23-36、65-86。

[16]　林聰舜：《明清之際儒家思想的變遷與發展》（臺北：臺灣學生書局，1990 年），頁 62。

餘議者有二點：一則黨人之習氣未盡，其二則文人之習氣未盡；並
視梨洲心性之學爲「枝葉」。全氏的批評顯然並不中肯，因爲梨洲
縱有全氏所謂的「黨人習氣」，也未必僅具負面意義，因爲此一
「習氣」正使梨洲得以承接東林的抗議精神與經世精神，激發他
「一堂師友，冷風熱血，洗滌乾坤」的豪情壯志與浩然氣節。而且
漠視或輕忽梨洲的心性之學，亦屬唐突，因爲梨洲的心性之學的最
大特色在於透過陽明、蕺山而能將主體性的心性與客觀性的歷史文
化、社會經濟結構加以橫攝而綜合之，因而復振了儒學，使其開出
一個新的內容與意義。

其實對於黃宗羲有所批評，且又特別表彰來臺遺老沈光文以及
徐孚遠、盧若騰等儒者風骨的全祖望(謝山)，其本人即是浙東儒學
及史學的典型，他續修《宋元學案》、撰述《鮚埼亭集》，爲儒家
和浙閩儒門節烈君子創述了傳記，給後世建樹了具有高操德行及經
世實學的範型。若無全謝山的全力表彰，浙閩來臺的儒門諸君子的
德學或將淹沒無聞，則源自於東林、浙東而遷播來臺灣的抗拒型儒
學，極可能無法有所開啓和復振且待後繼者的實踐，若是如此，則乙
未割臺時以及日據時代，勢將不會產生臺灣儒士的抗日鬥爭運動。

延平郡王、開臺聖王鄭成功原本一翩翩儒士，曾就學南京太
學，其時當亦交接江南、浙東眾多儒生，對於黨人之抗拒奸閹，亦
必清楚。若說鄭成功心屬儒門的東林，或亦不爲過也。鄭亦鄒《鄭
成功傳》❶提到鄭芝龍決意降清，成功苦諫不聽，且成功又慘遭母

---

❶ 〔清〕鄭亦鄒：《鄭成功傳》（臺灣文獻史料叢刊，臺北：大通書局，未
刊年份），頁13。

受辱而死之大恨，乃：

> 攜所著儒巾、藍衫，赴文廟哭焚之；四拜先師，仰天曰：
> 「昔爲儒子，今爲孤臣；向背去留，各有作用。謹謝儒服，
> 惟先師昭鑑之！」高揖而去，禡旗糾族，聲淚俱并。……收
> 兵南澳，得數千人，文稱「忠孝伯招討大將軍罪臣朱成
> 功」。

楊雲萍曾考證認爲鄭成功以二十三幼齡焚儒服一事太戲劇化，不可
信，西方漢學家司徒琳在其《南明史》中亦認爲成功焚儒服乃「齊
東野人之談」。但是陳昭瑛引陳國棟的研究和考證，認爲鄭成功焚
儒服是可信的史實，因爲在甲申國變之際，哭孔廟、焚儒服的現象
在江南一帶時有所聞，是當時流行於儒生的儀式性行爲。明亡，不
僅是亡明社，其實是亡華夏的天下，對於以治國平天下的儒生而
言，打擊特深沈、特巨重，尤其受東林君子感召影響的東南地區之
儒士，其痛楚應更無法承受，故以儀式性的「焚儒服」以示永不出
仕，一則以表決絕之心，一則以表抗拒之志。整個哭廟過程，應包
括伐鼓及朗讀「捲堂文」，「捲堂」也者，即全體休課，國將亡
矣，還有閒心讀書耶？當時，哭廟之後，有仍然無法超脫激情者，
更以自殺殉其士子節操。❸

懷抱東林的抗拒型儒家精神「哭文廟焚儒服」的鄭延平，帶著

---

❸　陳昭瑛：〈明鄭時期臺灣文學的民族性〉，《臺灣文學與本土化運動》
（臺北：正中書局，1998 年），頁 13-61。

儒家的抗拒精神來臺，在臺灣建立了嚴華夷之別的民族性政教以及
文學。陳昭瑛詮釋之而言[19]：

> 用「遺民」來界定明鄭政權及其文學的性質應該……恰當。
> 故遺民政府、遺民文學顧名思義，必是以民族性爲最大特
> 徵。永曆帝於 1653 年冊封鄭成功爲延平王的制書曾稱他：
> 「作砥柱於東南，繫遺民以弁冕」。鄭成功哭孔廟時說：
> 「昔爲儒子，今爲孤臣」。遺民、孤臣皆南明忠貞臣民自稱
> 之詞。明鄭的臺灣是南明的延續，南明的時代精神自然而然
> 地隨遺民政府、遺民文學而移植臺灣，成爲臺灣文化史上最
> 早階段的特徵。

陳昭瑛所說的「南明遺民性」，其實就是由東林、復社、浙東到鄭
延平一脈相傳的抗拒型之儒學性，這樣的儒學隨明鄭在臺的復振而
成爲臺灣最純正的儒學和儒教，因爲它最合於孔孟春秋教的精神。

雖然明鄭國祚不永，但抗拒夷狄的儒學義理和行事卻能在臺灣
危急之秋充分呈露。陳昭瑛說[20]：

> 從鄭成功驅逐荷蘭人，到鄭家軍打敗俄軍，姚瑩打敗英軍，
> 劉銘傳打敗法軍，臺灣軍隊在次殖民地時期的中國近代史
> 上，是惟一能夠抵抗西方殖民者的不敗隊伍。臺灣，既然是

---

[19] 同前註。

[20] 同前註。

民族抗爭之神鄭成功永鎮之土，那麼吸這泥土氣息長大的子
民就一身反骨，「三年一小反，五年一大反」也就不足為奇
了。因此，……日軍一登陸臺灣，就遭遇激烈無比的抵抗，
從北到南，多少秀才舉人帶領百姓抗日，一時之間臺灣彷彿
回到了南明。

陳昭瑛說得十分曉暢明白，其實臺灣從明鄭開臺始，一直就有南明
的東林、浙東儒家精神，往上則可追溯至孔孟真儒典型；儒門常道
慧命拜開臺聖王鄭成功之賜，臺灣的華夏主體性，如大江巨河，沛
然莫之能禦。

三、抗拒與復振精神的傳播
——明鄭臺灣儒學

明永曆十五年（1661），明延平王鄭成功率領抗清軍民從金廈
揚帆來臺，驅逐荷蘭，在臺灣延續明祚，於是「改建臺灣為安平
鎮，赤崁城為承天府，總名東都，設一府、二縣，府曰承天府，縣
曰天興、萬年。」㉑從此，中國人以國家形式正式在臺灣開展了中
國文教和生活方式，同時也給臺灣帶來具有抗拒精神的儒學，而在
原屬南島文明的臺灣復振了華夏文明；臺灣也者，乃成為華夏文明
圈中的臺灣，也成為抗拒和復振型儒家的臺灣。國人尊崇鄭成功為

㉑　〔清〕蔣毓英：《臺灣府志·沿革》（北京：中華書局，1985 年），頁
　　8。

「開臺聖王」，立祠廟春秋祭之，至今不替，其深義在此。

史載鄭成功入臺初始，即「立興法、辟刑獄、起學宮、計丁庸，養老幼、恤介特、險走集、物土方；臺灣之人，是以大集，鄭氏遂安。」❷孟子曰：❷

> 明君制民之產，必使仰足以事父母，俯足以畜妻子；樂歲終身飽，凶年免於死亡，然後驅而之善。……五畝之宅，樹之以桑，五十者可以衣帛矣；雞豚狗彘之畜，無失其時，七十者可以食肉矣；百畝之田，勿奪其時，八口之家，可以無飢矣；謹庠序之教，申之以孝悌之義，頒白者不負戴於道路矣；老者衣帛食肉，黎民不飢不寒，然而不王者，未之有也。

鄭成功來臺施政的「起學宮、養老幼」，實即孟子所說的仁政王道之始。然而「養老」之義，非僅止於「七十者可以食肉、頒白者不負戴於道路」的一般養民之義；對為政者而言，尊崇國中德學兼修的長老，乃樹立優良教化之首務，歷來賢君能臣均十分重視；孟子嘗高標此義，孟子曰：❷

> 伯夷辟紂，居北海之濱，聞文王作，興曰：「盍歸乎來！吾

---

❷　同註❷，頁30。

❷　《孟子‧梁惠王》（第六）。

❷　《孟子‧離婁》（第十三）。

聞西伯善養老者。」太公辟紂，居東海之濱，聞文王作，興
曰：「盍歸乎來！吾聞西伯善養老者。」二老者，天下之大
老也，而歸之，是天下之父歸之也；天下之父歸之，其子焉
往？

成功的「養老」，即孟子此處指出的西伯文王善養天下之父之義，
鄭亦鄒《鄭成功傳》㉕指出成功於廈門抗清時已有一番設施：

（成功）……奉監國魯王、盧溪王、寧靖王居金門；凡諸宗
室，悉厚瞻之。禮待避地遺臣王忠孝、盧若騰、沈佺期、辜
朝薦、徐孚遠、紀許國等。此數人，鄭之上客也，成功不敢
與講均禮軍國大事，悉以諮之。

鄭成功尊禮王忠孝等明朝遺臣，待之為上客，如孟子所謂「費惠公
曰：『吾於子思，則師之矣。吾於顏般，則友之矣，王順長息，則
事我者也。』」㉖因此無論「師之」或「友之」，成功善養遺老，
即孟子學的實踐。此正是孟子所云：㉗

天子不召師，而況諸侯乎？為其賢也，則吾未聞欲見賢而召
之也。繆公亟見於子思，曰：「古千乘之國以友士，何

㉕　同註⑰，頁20。
㉖　《孟子·萬章》（第十二）。
㉗　《孟子·萬章》（第十六）。

如?」子思不悅,曰:「古之人有言,曰事之云乎?豈曰友
之云乎?」子思之不悅也,豈不曰,「以位,則子君也,我
臣也;何敢與君友也?以德,則子事我者也;奚可與我
友?」千乘之君,求與之友而不可得也,而況可召與?

對於遺老們,鄭成功實多有以師禮事之,而非僅僅友之而已。在閩
抗清時,成功既已多加護持諸老;諸老隨延平來臺,並非有求於延
平,其等之與成功一起東渡,實乃抗爭和拒絕滿清夷狄的心志相
同,故一葉航海,絕棄故土遠遁臺灣,而思復振華夏道統於臺灣。
而鄭成功亦確能謹守儒家分際,敬護諸老,未嘗以臣下視之。作為
亂世中一介儒士,諸老亦以儒門常道謹守德操,延平王與抗清遺老
之間,確能雙彰了儒門志節的光輝,在那個亂七八糟的昏昧之世,
特顯人性的貞亮。

　　浙東學派巨儒全謝山為隨延平來臺的徐孚遠立傳,指出徐氏原
為松江重經濟之學的幾社健將,逢明季亂局,頗思一番作為。洎清
兵南下,馬士英、阮大鋮亂南明政局,尤惡幾社君子,徐孚遠遂杜
門不出。南明小朝廷奔亡浙閩之際,徐孚遠亦隨之栖遑風波於浙閩
海上。全謝山曰:❷

　　辛卯,從亡入閩。時島上諸軍盡隸延平,衣冠之避地者亦

---

❷　〔清〕全祖望:〈徐都御史傳〉,《鮚埼亭集‧外編,卷 12》,收於
〔清〕鄧傳安:《蠡測彙鈔》(臺灣文獻史料叢刊,臺北:大通書局,未
刊年份),頁 59-60。

多。延平之少也，以肄業入南監，嘗欲學詩於公。及聞公
至，親迎之。公以忠義爲鍼屬，延平聽之，娓娓竟夕。凡有
大事，諮而後行。戊戌，滇中遣漳平伯周金湯間行至海上，
晉封勳爵，遷左副都御史。是冬，隨金湯入覲，失道入安
南。安南國王要以臣禮。公大罵之；或曰且將以公爲相，公
愈罵。國王歎曰：「此忠臣也」！厚資遣之，卒以完節還。
公歸，有交行詩集。明年，延平入白下，不克，尋入臺灣。
延平尋卒。公無復望，飭巾待盡。未幾，卒於臺灣。

開國以來，臺灣不入版圖。及鄭氏啓疆，老成者德之士皆以
避地往歸之。而公以江左社盟祭酒爲之領袖，臺人爭從之
遊。公自歎曰：「司馬相如入夜郎教盛覽，此平世之事也，
而吾以亡國之大夫當之，傷何如矣」！至今臺人語及公，輒
加額曰：「偉人也」！

謝山此傳明白指出徐孚遠於江左早已是學社文教領袖，深學厚德，
望重士林，且是鄭延平的老師，深受南明敬重。惜乎國社既屋，一
介儒士無可隻力挽既倒狂瀾，致使長懷孤臣孽子之傷痛，半生飄零
海隅，寄食臺島，但絕不改其忠義，而以餘年推展臺灣教化，直至
一坏黃土終全其志節，雖然以亡明遺臣的傷切之懷還諸天壤，有無
可奈何的永恆之憂思，但臺人對徐氏卻衷心欽敬，「輒加額」頌曰
偉人。

　　浙東儒學的慧命常道以及其剛健無回的道德實踐，已隨延平、
徐孚遠東航過海而播種於臺灣，臺灣由此正式進入儒教的臺灣；由
於延平、孚遠等儒門君子抗拒夷狄猾夏的基本精神，因此遂使臺灣

接觸了華夏道統文教，故於明鄭始，即涵育了抗拒型態的儒學。

　　臺灣的儒學播種者，不止徐孚遠一人而已；盧若騰，閩省同安金門人，崇禎十二年（1639）進士。初觀政兵部，即冒萬死於殿前參劾悍將以及奸奄之罪，崇禎均能納之，但朝中有惡其太直者，被迫遷寧紹巡海道。至浙，潔己愛民，興利除弊，勢豪屏跡，莫敢逞，且蕩平劇寇胡乘龍等，閭里因而晏安。迨清兵入關南侵，天下蕩然，江山崩塌，若騰周旋用兵於閩浙地區，不但須以弱兵面對強勢女眞作生死戰，更須應付南明小朝廷內大批奸黨的迫害，可謂無日不奔亡蹈險，歷九死一生，但均百折不回，無改其志。桂王立肇慶，改元永曆，若騰上表賀，溫諭下答。方是時招討大將軍鄭成功開府思明，招徠遺老，若騰往之，延平禮爲上客，軍國大事，時相諮商。永曆十八年（1664），駕舟來臺，至澎湖疾作而不起，臨終命題其墓曰：「有明自許先生盧公之墓」。鄭經親自臨喪致悼，以禮卜葬於金門太武山南。㉙全謝山〈尙書前浙東兵道同安盧公祠堂碑文〉㉚致其尊崇而歎曰：

　　　公家閩中之同安，而二十年栖海上，邱園咫尺，掉頭不顧，
　　　深入東寧，幾如陳宜中之死暹羅、蔡子英之投漠北。故鄉墳
　　　墓且如此，況吾鄉特其幕府所在，能必其魂魄繫之也哉？雖
　　　然，忠義之神明，固如地中之水，無往不徹者也。……公駐

㉙　連橫：《臺灣通史·諸老列傳》（臺灣文獻史料叢刊，臺北：大通書局，未刊年份），頁750-751。

㉚　〔清〕全祖望：《鮚埼亭集·外編》，同註㉘。

　　寧時，以天下方亂，練兵無虛日。已而有雪竇山賊私署年
　　號，潛謀引東陽作亂之徒乘機竊發。公不大聲色，授方略於
　　陸太守自嶺而定之；故孽中塗炭而甬上晏然。其撫循疲民，
　　尤為篤摯。稍暇則與士子雅歌投壺，論文講業。迄今百年，
　　浙東人思之不能忘，而吾鄉尤甚。……

　　嗚呼！公膺六蠹之任，蓋在國事既去之後；雖丹心耿耿，九
　　死不移，更無可為。前此一試於吾鄉者，不足展其底蘊也，
　　而已垂百世之去思。故曰亡國之際，不可謂無人也！

謝山以浙東甬上人的立場感念若騰在當時當地的學德和功業之貢
獻，乃曰：「迄今百年，浙東人思之不能忘，而吾鄉尤甚」；若就
天下宇宙的立場而言，則謝山直指：「忠義之神明，固如地中之
水，無往不徹者也！」的確，盧若騰東航臺灣，因疾逝於澎湖，雖
未能親臨臺島，臺人誠引為憾事，但正如全謝山所言，若騰之忠義
神明，無往不徹，亦必由澎湖通透臺海而溥澤於臺灣。

　　盧若騰〈許而鑒詩序〉曰❸：

　　史載：田橫與其徒五百餘人入居海島中；義之也。今考《萊
　　州志》謂島在即墨縣西北，《登州志》謂島在郡城北，《淮
　　安志》謂島在海州；一島耳，而爭之者三，非爭島也，爭義
　　也。且橫所嘗踞者，齊耳；橫之客所知者，橫耳。又距今幾

---

❸　〔明〕盧若騰：《留菴文選》（臺灣文獻史料叢刊，臺北：大通書局，未
　　刊年份），頁 46-47。

二千年而人猶爭其故蹟，以爲地重；義之不泯於人心，蓋亦
可概見已。矧昭代德澤，率土繫思；眞人正位，義幟如林。
今之聚島中而磨厲以須者，行當再覩天日、重慶風雲，豈徒
與田氏區區一隅之島並光志乘已耶！

若騰抗拒強清，流離漂泊於海島，而以田橫五百志士相比況，指出
閩浙地區仁人志士爲了抗拒滿清夷狄猾亂中華而顛沛於島陬，所志
求者即「義」也；也就是孟子所強調的「仁義」之道。若騰之島指
的是其故土金門，但其精神卻是通透於當時的所有抗清志士和儒者
心中，且亦必然通透於臺海所有的「田橫之島」，在若騰心裏，這
些抗清之島，更有比田橫之島更重大意義和價值之期待者，是在於
仁人志士們的義師有賴於這些島生聚教訓而重光華夏，此種雄圖大
志，並非田橫及其徒之自經可以相比擬。

　　盧若騰雖然終究未能踏上臺灣土地，但其追尋志士義師之島的
德靈，卻隨著眾多抗拒滿清夷狄的華夏之民而來到臺灣。臺灣乃成
爲抗拒夷狄之道的浙東儒學最後的象徵，孔孟眞傳儒學亦得能在臺
灣獲得一縷血脈的延續和發展。

　　先於鄭延平、徐孚遠、盧若騰而來臺的拒清之浙東儒者爲鄞縣
人沈光文。光文字文開，另字斯菴，鄞縣人。明季浙閩亂局逐日漸
劇，沈光文參與南明吏事，亦被迫顛沛困頓於海上，甚至遷徙粵
東。辛卯，由潮陽航海至金門。閩督李率泰方招來故國遺臣，密遣
使以書幣招之，光文焚其書、返其幣，表現出儒家的風骨。本擬卜
居於泉州海口，挈家浮舟，過圍頭洋口，遇大颶風，舟船漂流至臺
灣。其時臺灣爲荷蘭所據，荷人安頓沈光文，遂受一廛而居於臺

灣。辛丑（1661），鄭成功驅荷克臺，知悉沈光文在臺，大喜，以
客禮見，當時甚多遺老隨成功來臺避清，也以得見沈光文爲喜。成
功乃尊養沈老，以田宅相贈。成功薨，鄭經嗣，頗改其父之政，且
未能尊重遺老，沈光文作賦諷諫，爲奸小所譖，幾遭不測，遂由臺
南府逃至邊鄙的羅漢門山以居，教授目加溜灣社的西拉雅族，並救
濟以醫術。清廷領臺後，沈光文仍留臺灣，與眾多來臺文士結社，
稱「福臺新詠」，尋卒於諸羅，安葬於善化。❷全謝山〈沈太僕
傳〉❸曰：

> 公居臺三十餘年，及見延平三世盛衰。....公得保天年于承平
> 之後，海東文獻，推爲初祖。……嗚呼！在公自以爲不幸，
> 不得早死，復見滄海之爲桑田；而予則以爲不幸中之有幸
> 者。咸淳人物，蓋天將留之以啓窮徼之文明，故爲強藩悍帥
> 所不能害；且使公如蔡子英之在漠北，終依依故國，其死良
> 足瞑目。然以子英之才，豈無述作委棄於甎甓，亦未嘗不深
> 後人之痛惜。公之歸然不死，得以其集重見於世，爲臺人破
> 荒，其足稍慰虞淵之恨矣。

　　全祖望推崇沈光文爲臺灣文獻的初祖，認爲沈光文的漂泊來
臺，實爲老天賜給臺灣「以啓窮徼之文明」的厚禮。沈光文實當之
無愧也，臺民應以沈光文之居留並安息於臺灣，爲臺灣文明大啓的

---

❷　同註❸。
❸　同前註。

一大象徵。道光治臺賢吏鄧傳安任北路理番同知時，於鹿港修建書院以教地方士子，特別以沈光文的字署爲「文開書院」，其理由爲：「太僕生平，根柢於忠孝，而發奮乎文章」❸，且「以海外文教肇自寓賢鄞縣沈斯菴太僕光文字文開者，爰借其字定書院名，以志有開必先焉」❸，今文開書院尚存在於彰化鹿港，已列入重要文化古蹟而加以保護，其存在於清時，是臺灣中部士子進德修業之所，是清代臺灣文教的重要景觀；其存在於臺灣史中，則是臺灣華夏文化落實具現的崇高標誌；通過文開書院，乃呈現出全謝山所推尊的「海東初祖沈光文」的深刻文化意義。

明季來臺灣與延平共同拒清的儒士，或不在少數，沈、徐、盧等儒門君子，僅僅是其中的代表或象徵，其等共同精神是抗拒滿清夷狄的孔孟儒家春秋大節。連雅堂曰：❸

> 正氣之存天壤也大矣。……明亡之季，大盜竊國，客帝移權，縉紳稽顙，若崩厥角，民彝蕩盡，恬不知恥。而我延平郡王獨伸大義於天下，開府思明，經略閩粵。一時熊羆之士、不二心之臣，奔走疏附，爭趨國難。雖北伐無績，師沮金陵，而闢地東都，以綿明朔，謂非正氣之存乎？吾聞延平入臺後，士大夫之東渡者蓋八百餘人，而姓氏遺落，碩德無聞；此則史氏之罪也。承天之郊，有閒散石虎之墓者，不知

---

❸　〔清〕鄧傳安：〈文開書院從祀議示鹿仔港紳士〉，《蠡測彙鈔》，同註❷，頁 19。

❸　〔清〕鄧傳安：〈新建鹿仔港文開書院記〉，同前註，頁 41。

❸　連橫，同註❷，頁 745。

何時人，亦不詳其邑里。余以爲明之遺民也。墓在法華寺
畔，石碣尚存，而舊誌不載。巖穴之士趨舍有時，若此類湮
沒而不彰者，悲乎！……余感沈、盧諸賢之不泯，而臺灣之
多隱君子也，……詩曰：「雖無老成人，尚有典型」；有以
哉！

連雅堂於此指出沈、盧等「八百餘」隨延平東渡臺海之「隱君
子」，雖舊誌不載，名多淹沒，而碩德無聞，但是他們均是存延天
地正氣的熊羆勇士、巖穴高儒，不二心忠臣烈士也。連雅堂點示了
明季拒清而將「正氣」播敷復振於臺灣，開啓臺灣華夏文化血脈的
儒門君子，實不在稀少。然而，其等雖然眾多，卻均同具一個共通
之源流，此即當時活躍於浙閩一帶賣血抗清的浙東儒學。沈光文具
有典型的代表性。按沈光文爲陸象山高弟沈煥的後裔，沈煥是重視
實學而躬體力行的儒者，此種學德之風範，遂成爲沈光文世代相傳
的家風，以敬愼誠意爲主。大體而言，沈家學脈有二：心性之學傳
自象山，而史學則傳自呂東萊，心史兩學雙彰，體用兼備。沈光文
本人的師承，則師事張廷賓、淵源自倪元璐、劉宗周，且得識黃道
周諸儒家君子。倪元璐於甲申殉國，其精於易學，爲人志氣交發，
文明日見，特重力行。蕺山之學建立在愼獨工夫，正己克己，先操
守而後人望，戒門人勿棄君臣父子朋友之大義，弟子多苦行高節、
致命國事而無怨悔。道周深精於易，首重開務成物實學，奉唐王入
閩，集義兵抗拒女眞，被執不屈而殉國。沈光文由張廷賓之門，得

傳姚江之學；由劉宗周之門，得傳蕺山之道。㉗如此家學與師承的沈光文正屬浙東特有的抗拒的儒家傳統，這樣的傳統隨沈氏之來臺定居而復振於臺灣，在臺灣播種、生根、發芽。

在如上所述的文化意識背景下，陳永華立聖廟、設學堂的意義方能眞確明白。陳永華，泉州同安人，其父陳鼎，某科孝廉，以廣文殉國難；時，永華年舞象，試冠軍，已補龍溪博士弟子員，嘗與兵部侍郎王忠孝談論時勢，大有經世濟民之胸懷，忠孝奇之，遂薦於延平。永華淵沖靜穆、果決勇斷，起居淡泊勤儉，與人交則盡其忠款，延平萬分倚重，嘗語世子經指永華曰：「吾遺以佐汝，汝其師事之」。成功既沒，鄭經繼襲，乃以陳永華爲參軍，職兼將相，於是永華慨然身任明鄭大事，法治民生均多有籌畫，鄭經依賴之而無需煩憂。㉘

在受鄭成功、鄭經父子高度信任之下，而以穩定的法治和民生爲基礎，陳永華遂得以國家形式而爲臺灣建樹了儒學教化的弘規；這個在臺灣首立的儒學教化，因明鄭政權、來臺諸賢以及陳永華的浙東儒學的文化意識，因而確立了它的抗拒型態的儒教本質。永華曰：㉙

㉗ 龔顯宗：〈臺灣文化的播種者沈光文〉，《第一屆臺灣儒學研究國際學術研討會論文集》（臺南：國立成功大學中國文學系，1997 年），頁 69-82。

㉘ 關於陳永華的行政實務，見〔清〕郁永河：〈陳參軍傳〉，《裨海紀遊》（臺灣文獻史料叢刊，臺北：大通書局，未刊年份），頁 51-52。又見〔清〕江日昇：《臺灣外記》（臺灣文獻史料叢刊，臺北：大通書局，未刊年份），頁 235。

㉙ 〔清〕江日昇，同前註，頁 236。

> 昔成湯以百里而王、文王以七十里而興,豈關地方廣闊?實
> 在國君好賢,能求人才以相佐理耳。今臺灣沃野數千里,遠
> 濱海外,且其俗醇;使國君能舉賢以助理,則十年生長、十
> 年教養、十年成聚,三十年眞可與中原相甲乙。何愁侷促稀
> 少哉?今既足食,則當教之。使逸居無教,何異禽獸?須擇
> 地建立聖廟、設學校,以收人才。庶國有賢士,邦本自固;
> 而世運日昌矣!

於是,臺灣於明永曆廿年(1666)正月,在承天府(今臺南市)首
建先師聖廟,旁置明倫堂。且在各社令設學校,延師授徒,子弟均
使讀書。❹自此,臺民正式進入國家建構的文教體制,臺灣才算眞
正開展華夏文化。

　　陳永華提及古聖王成湯、文王典故,出自孟子仁義而王之義,
以此揭舉明鄭在臺的歷史文化之嚴肅使命,乃在於抗拒夷狄之猾亂
中華,並期能如成湯百里文王七十里之推展仁政王道而重新一統天
下。基於如此的抗拒與復振之道的儒家精神,所以永華遂有三十年
一統中原的信心,而這也即是他建議鄭經在臺灣立聖廟、設學校的
深意所在。這樣的立聖廟和設學校當然與康熙廿二年(1683)以後
臺灣的立文廟及設「儒學」、書院的意義在本質上有極大的差異,
但與日據時代臺民於民間運用各種形式推展延續漢學,用以對抗、
拒絕日本夷狄之道的侵凌,具有相同的本質。

---

❹　同前註。

四、抗拒與復振之儒學在臺灣的延續與發揚

連雅堂《臺灣通史》論臺灣藝文曰❹：

> 鄭氏之時，太僕寺卿沈光文始以詩鳴。一時避亂之士，眷懷
> 故國，憑弔河山，抒寫唱酬，語多激楚，君子傷焉。吾聞延
> 平郡王入臺之後，頗事吟詠。中遭兵燹，稿失不傳。其傳者
> 北征之檄，報父之書，激昂悲壯，熱血滿腔，讀之猶爲起
> 舞，此則宇宙之文也。經立，清人來講，書移往來，曲稱其
> 體；信乎幕府之多士也。在昔春秋之際，鄭爲小國，聘問贈
> 答，不失乎禮，齊、楚、秦、晉莫敢侵凌。

連橫論衡明鄭文章爲「宇宙之文」，當以延平及來臺遺老們的孤臣
孽子之忠心屬節爲衡量標竿，臨夷狄之蹂躪而振奮以興亡繼絕之志
氣，雖說傷切明朝的覆亡，而期待存留其一絲命脈於臺島，但更深
一層的意義卻是面對華夏文化生命體的危如懸卵，期能寄以蓬萊，
存育其血胤，且有待於五百年聖賢者出。於此，明鄭文章遂蘊發了
抗拒與決絕的一股悲憤和傷懷。陳昭瑛認爲明鄭文學除了充滿悲憤
抗爭的意識外，亦寓有「不歸之思」以及「發現臺灣的熱忱」。❷
然而悲憤傷懷的「抗拒」和「不歸」，卻是相輔而生的文化意識傳

---

❹　連橫：《臺灣通史·藝文志》，同註㉙，頁 615。
❷　陳昭瑛：《臺灣詩選註·導論》（臺北：正中書局，1996 年）。

統，陳昭瑛說[43]：

> 相較於淪落滿清統治的內地，臺灣成了更具有中國性的地
> 方，這在鄭經的「王氣中原盡，衣冠海外留」詩句中可以得
> 到證明。徐宗懋在《臺灣人論》中也有類似的觀察：「臺人
> 抗爭的精神內涵是反對原有秩序受到侵犯，這是一項根深柢
> 固的傳統。從鄭成功踏上臺灣土地的第一天就已開啓的傳
> 統。」明鄭降清時自縊的寧靖王的《絕命詩》：「艱辛避海
> 外，祗爲數莖髮。」表現了這個傳統，其它隨鄭成功來臺的
> 人也都是爲了「完髮以終」，「反對原有的秩序受到侵
> 犯」。
>
> 這種爲了維持中國人認同，而不得不離開中國的悲劇性衝
> 突，正好反映在鄭成功的雙重歷史定位，作爲「延平郡王」
> 的鄭成功所代表的是反抗異族、堅持漢族認同的「遺民」精
> 神，這與明鄭文學中眷懷故國的傳統相互呼應；而作爲「開
> 山聖王」的鄭成功則代表當時漢人開拓新天地的勇氣與決
> 心，這是一種冒險犯難的「移民精神」，與明鄭文學中充滿
> 不歸之思的作品也可以互相印證。然而「不歸」的前提是塑
> 造臺灣這塊土地的中國性格，……把中國文化本土化，使落
> 地生根、開花結果，是漢移民能夠在臺灣安居不歸的條件。

明鄭的抗爭，是反抗滿清異族的以夷狄之道入主中國，所以，抗爭

---

[43]　同前註。

的象徵即「延平郡王」；明鄭的不歸，實即拒絕依女眞夷狄的生活
方式，因而以「明」的禮制復振華夏傳統於臺灣，這樣的「復振」
的象徵即「開山聖王」。無論「抗拒」或「復振」，均依華夏儒門
的慧命常道以抗拒夷狄並復振此慧命常道，這條血脈灼然的然源發
於東林、浙東所代表的儒學精神，在大陸東南血戰強清時，是以此
血脈而獨撐既傾的半壁江山，來臺灣規劃建設時，亦是依據同一血
脈而使臺島匯融入華夏的文化巨海。

　　連雅堂對於延平郡王、開山聖王鄭成功的史家之了解，可謂深
切著明；雅堂曰❹：

> 開山王廟所祀之神，爲明招討大將軍延平郡王，即我開臺之
> 烈祖也。……何得當此開山之號？固知所祀之神，必有大勳
> 勞於臺灣也。唯臺灣所祀之王爺，自都邑以至郊鄙，山陬海
> 澨，廟宇巍峨，水旱必告，歲時必禱，尊爲一方之神。田夫
> 牧豎，靡敢瀆謾。而其廟或曰「王公」、或曰「大人」，或
> 曰「千歲」，神像俱雄而毅。其出遊也，則曰「代天巡
> 狩」。而詰其姓名，莫有知者。烏乎！是果何神，而令臺人
> 之崇祀至於此極耶？顧吾聞之故老，延平郡王入臺後，闢土
> 田、興教養、存明朔、抗滿人，精忠大義，震曜古今。及
> 亡，民間建廟以祀，而時已歸清，語多避忌，故閃爍其辭，
> 而以「王爺」稱。……亡國之痛，可以見矣！其言代天巡狩
> 者，以明室既滅，而王開府東都，禮樂征伐，代行天子之

---

❹　連橫：《臺灣通史·宗教志》，同註❷，頁572-573。

事。……臺人之祀延平，固爲崇德報功之舉。

按臺灣的王爺信仰，一般均認爲屬於瘟神崇拜⑮，連雅堂認爲王爺崇祀爲清代臺人對成功的懷思，此或爲連氏治史的別有懷抱，或也是連氏通透史跡而建立的眞知灼見，也或許瘟神和鄭成功的兩種崇祀最終相混雜在一起而無法分辨。但不論如何，臺人雖歷經清治的兩百年，對於明延平郡王、開臺聖王的懷思，卻歷久不衰，故其成爲神聖，百代馨香，在臺灣早屬一個重要的宗教崇拜的傳統，同治十三年（1874），福州船政大臣沈葆楨爲日寇侵臺而發生的牡丹社事件來臺處理，遂發延平在臺數百年的儒家精神，沈氏《請建明延平王祠摺》（同治十三年十二月初五日）曰⑯：

> 本年十一月二十五日，據臺灣府進士楊士芳等稟稱：……明
> 末延平郡王賜姓鄭成功者，福建泉州府南安縣人；少服儒

---

⑮ 以臺灣王爺崇拜屬於瘟神信仰的觀點，國內最早發之於劉枝萬，見氏著：〈臺灣之瘟神信仰〉、〈臺灣之瘟神廟〉，收於《臺灣民間信仰論集》（臺北：聯經出版事業公司，1983 年），頁 225-284。大體上，學者均支持劉說，惟蔡相煇卻主張王爺崇拜實隱藏了臺人對成功父子的追思與尊崇。見蔡氏：《臺灣的祠祀與宗教》（臺北：臺原出版社，1989 年），頁 62-92。蔡氏費甚大精力和篇幅以考證論成其說，惟不爲多數學者接受。但無論如何，王爺崇祀其實質成份或相當繁複，恐怕不止瘟神系統而已，經過數百年的歷史辯證發展，或亦含容了臺人對鄭成功父子的懷思，否則連橫必不至於大筆特書其所見的王爺崇拜，惟由於年深日遠，此項隱藏的內涵已被遺忘，關於這樣的問題，深値進一步加以探索。

⑯ 〔清〕沈葆楨：《福建臺灣奏摺》（臺灣文獻史料叢刊，臺北：大通書局，未刊年份），頁 17-18。

冠，長遭國恤，感時仗節，移孝作忠。顧寰宇難容洛邑之頑
民，向滄溟獨闢田橫之別島；奉故主正朔，墾荒裔山
川。……厥後陰陽水旱之沴，時聞吁嗟祈禱之聲，肸蠁所
通，神應如答，而民間私祭僅附叢祠，身後易名未邀盛典，
望古遙集，眾心缺然。可否……將明故藩鄭成功准予追謚、
建祠，列之祀典，……臣等伏思鄭成功丁無可如何之厄運，
抱得未曾有之孤忠，……足砭千秋之頑懦。……如瞿式耜、
張同敞等，俱以殉明捐軀謚之「忠宣」、「忠烈」。成功所
處，尤爲其難，較之瞿、張，奚啻伯仲。

沈葆楨此摺表達出，雖歷經清初至清季的兩百年漫長光陰，臺人不
忘延平王開臺的聖功，而一直尊奉之爲神，在民間馨香血食不絕；
另一更深層的意義，乃在於由末葉的清廷培育出來的臺灣府進士，
竟能提揭成功的生命價值在於「少服儒冠，長遭國恤，感時仗節，
移孝作忠」，並直指鄭延平的明鄭臺灣有如正義的田橫之島，此顯
示雖然歷經兩世紀滿清的統治，臺灣儒者依然鮮明其大節，能扣緊
開臺聖王在臺灣樹造的堅貞志氣。再者，沈文肅亦不愧其爲一介中
興儒臣的身份，直指鄭成功「抱得未曾有之孤忠，足砭千秋之頑
懦」而爲華夏道統盡忠守節的高潔貞亮，實遠遠超過「忠宣」、
「忠烈」之謚名。

　　其初，清人以所謂「僞逆」視成功，志書且多視延平爲海賊島
寇，康熙二十二年明鄭降，施琅欲發成功夫妻父子之靈柩，加以桎
梏，送至清廷太廟獻祭，康熙阻斥之，命歸葬泉州南安，且詔示
說鄭成功乃「明室之遺臣，非朕之亂臣賊子」，特命就地建廟以

祀。❹終清一代，鄭成功自有其不可輕侮的歷史地位，雖然，亦由於其為抗清者最高標竿之故，卻也在臺灣、華夏大地上寂寞潛隱了兩百年，待沈葆楨出，而清廷終為明延平郡王、開臺聖王鄭成功立專祠，入國家祀典，這樣的作為具有乾坤建置的深刻意義；此即顯示了在表層的歷史現象上，於現實之勢，滿清雖然降伏了明鄭、佔有了臺灣，但在深層的文化價值核心的結構上，卻是明延平郡王、開臺聖王鄭成功引領著具有抗拒和復振的儒家傳統之臺灣，反轉現實之勢，而在恆常之理中超剋了滿清的夷狄之道，而此也就是沈葆楨於光緒紀元為臺南府建延平郡王祠而撰聯的深義，其聯曰：❹

> 開萬古得未曾有之奇，洪荒留此山川，作遺民世界；
> 極一生無可如何之遇，缺憾還諸天地，是創格完人。

劉銘傳蒞臺推展臺灣現代化，前往臺南參拜鄭成功，亦有一聯，其聯曰：❹

> 賜國姓，家破人亡，永矢孤忠，創功業在山窮水盡；
> 寄父書，辭嚴義正，千秋大節，享俎豆於舜日堯天。

沈文肅與劉壯肅二公皆清季重要儒臣，他們以儒者的身份和素養，

---

❹　黃典權：《鄭成功史事研究》（臺北：臺灣商務印書館，1996年），頁4。
❹　引自楊雲萍：〈延平郡王祠的楹聯〉，《南明研究與臺灣文化》（臺北：臺灣風物雜誌社，1993年），頁425。
❹　同前註。

贊頌了儒者英雄人格的鄭延平，其聯之文與情，均深得儒家實義。
從開臺聖王鄭成功，直至治臺能臣沈葆楨、劉銘傳，此一線儒家血
脈不絕不斷而綿綿延續發展，於此顯著呈現了臺灣儒學堅定抗拒夷
狄並復振儒道於土地上的常在傳統；成功抗拒女真並復振儒家禮制
於兩世紀前，而沈、劉二公則抗拒日、法之外寇並以儒臣身份推展
臺灣現代建設於兩世紀後，其所抗拒的對象固有別，但抗拒夷狄則
無異，而且以儒家春秋常道抗拒古今夷狄則如一，且皆以儒家之道
於臺灣復振以華夏綱常。

　　牟宗三先生認為鄭成功開臺的實義在於當神州明夷之際，以正
義之師而傳播並延續儒家義理和禮制於臺灣，使臺灣成為華夏靈魂
的寄託，臺灣的文化歷史地位和價值，要從鄭延平開臺之意義加以
衡量，才顯發其主體性。牟先生宣言鄭成功的理想就是上接顧黃王
三大儒的文化常道，而這也即是臺灣的文化常道的理想。㊿成功自
幼好讀聖賢書，厭惡飣餖，唯求大義，深究《春秋》與《孫子》；
弱冠時，入南京太學，並拜大學者、大詩人的東林名儒錢謙益為
師，成功為一飽學詩書青年儒士，黃宗羲特贊之「丰采掩映、奕奕
耀人」。�51全謝山甚重氣節，在評論明末清初人物時，特別強調華
夷之辨，錢謙益在清軍入南京時變節降清，謝山怒斥為「晚節狉

㊿　牟宗三：〈陽明學學術討論會引言〉，《鵝湖月刊》，15 卷 3 期(171)，
　　1989 年 9 月，頁 2-6。
(51)　〔明〕黃宗羲：〈賜姓始末〉，《黃宗羲全集》（第二冊）（臺北：里仁
　　書局，1987 年），頁 194。

猖」，❷依此，似乎成功所拜非人，但是，謝山對錢氏的論斷或失
之過嚴，陳昭瑛指出錢謙益確實迎降清兵，清廷命其任禮部右侍郎
管秘書院事，充修明史副總裁，任職六月，告病還鄉，暗中從事抗
清，與弟子鄭成功、瞿式耜互通聲氣。錢氏晚年著《投筆集》，爲
大型七律組詩，寫作時間自 1659 年成功北伐至 1662 年桂王殉國，
內容歌詠鄭延平北伐及永曆政權相關史事。在成功北伐，破瓜州、
鎮江而預備攻打南京之時，錢氏十分感奮而作了兩詩以張之，其詩
曰：

> 龍虎新軍舊羽林，八公草木氣森森。
> 樓船蕩日三江湧，萬馬嘶風九域陰。
> 掃穴金陵還地肺，埋胡紫塞慰天心。
> 長干女唱平遼曲，萬戶秋聲息擣砧。
>
> 雜虜橫戈倒載斜，依然南斗是中華。
> 金銀舊識秦淮氣，雲漢新通博望槎。
> 黑水游魂啼草地，白水新鬼哭胡笳。
> 十年老眼重磨洗，坐看江豚蹴浪花。

錢謙益此兩詩，分明振奮於其高弟鄭成功與王師討伐清虜復興中華
的大舉，錢氏點醒成功的北征義舉，不僅僅在於復明，而是在於文
化的堅持，其精神主軸在於嚴華夷之辨。陳昭瑛引連雅堂在《臺灣

---

❷　方祖猷：〈全祖望的史學思想〉，《清初浙東學派論叢》，同註❶，頁
　　408。

詩乘》(53)的一段話：

> 延平出師北征，大江南北次第反正，軍聲大振。謙益聞報，和少陵秋興詩以張之；已而留都不下，鄭師敗績，復踵前韻以傷之。前後所作百數十首《投筆集》，吳中士大夫家多相傳寫。夫謙益以一代宗匠，身事兩朝，遭世訶責，然其眷懷故國、望斷中興，至發爲歌詩，以紓其憂憤忠懇之志，其名雖敗，其遇亦足悲矣。

連橫此處論斷可謂中允誠摯，亦確能貫串謙益成功師徒堅持與實踐儒者春秋華夷之大節高義的艱難和超凡，而在史筆論斷中給予了一個公評，豁顯了由東林至謙益成功師生意義以及以「田横別島」抗拒強清的儒家本質。而陳昭瑛更指出(54)：

> 錢氏……強烈的漢族認同是詩中一大主題，因此連横稱其「眷懷故國，望斷中興。」而連横將此一組詩錄於《臺灣詩乘》，是將錢詩與臺灣詩史聯繫起來的第一個學者，其中除表現連横以明鄭歷史爲臺灣歷史之開端的史識，也寄託連横在日據時代的民族情感，亦即以對鄭成功的反清復明的認同，來寄託個人反日的心意。

---

(53) 連橫：《臺灣詩乘》（臺灣文獻史料叢刊，臺北：大通書局，未刊年份），頁 14。

(54) 本文論錢謙益依據陳昭瑛：《臺灣詩選注》，同註㊷，頁 32-39。

連橫此舉其實即是將啓自東林傳至浙東並至成功而以迄臺灣的抗拒和復振型儒學精神與臺灣人民風起雲湧的抗拒日本之壯偉史實，加以連貫而爲一體。由康熙廿二年（1683）清廷領臺，至光緒廿一年（1895）清廷割臺，長達兩百餘年的清治時代，以滿清敵視明鄭而目之爲「僞政權」之故，臺民無法公然紀念開臺聖王鄭成功，唯有透過私祀來致其崇敬，其年月甚久，但其心則無漸替。由延平及遺老引進臺灣的儒家抗爭和重振的精神，於清治的兩世紀中，或沈潛而遁入民間，成爲興起民變的複雜原因的一種成份。❺❺但畢竟沈淪於民變中的抗拒精神，已摻雜太多清代基層社會中的羅漢腳流民因素，其純粹性，一直到日夷強侵臺灣引起臺民反抗時才又貞下起元，鮮明地實踐發露。

連橫的義不臣倭，有其家世傳承之淵源，可視爲臺民潛隱於內的抗拒和復振型儒家傳統的典型，一旦天地崩頹，此抗拒精神即應世而呈露於外，表顯出臺人逆反對抗夷狄的風骨。連震東《連雅堂先生家傳》曰❺❻：

> 我始祖興位公，生於永曆三十有五年，越二載而明朔亡。少
> 遭憫凶，長懷隱遯。遂去龍溪，遠移鯤海，處於鄭氏故壘之

---

❺❺ 現代一般治臺灣史學的學者多屬史料學派，強調就上手的材料，「客觀」說明歷史，所以解釋臺灣民變多由移墾社會的好勇鬥狠性格以及清政敗壞而引起的官逼民反的角度以立論，惟連雅堂特以抗清的傳統：晚明東南儒家之抗拒精神加以詮釋，此種詮釋，於當今臺灣，往往遭致訕笑，但筆者認爲雅堂確有史家的智慧。

❺❻ 連震東：〈連雅堂先生家傳〉，收於連橫：《臺灣通史》，同註❷❾，頁1051。

臺南，迨先生巳七世矣。守璞抱貞，代有潛德，稽古讀書，
不應科試，蓋猶有左袵之痛也。故自興位公以至先祖父，皆
遺命以明服殮。故國之思，悠然遠矣！

連興位「少遭憫凶，長懷隱遯，遂去龍溪，遠移鯤海」，此正是抗
爭女眞夷狄之猾亂中華而義不帝清並遠渡來臺復振華夏道統的表
達，而在臺七世，亦能「守璞抱貞，代有潛德，稽古讀書」，所讀
之書蓋孔孟聖賢之書也，即成德成教之書，而非求科考功名爲清廷
作奴臣，因爲雖歷七世之清朝統治，仍長懷「左袵之痛」。連家均
「以明服殮」，在終身大節上亦堅定地彰著華夏道統，可謂抗爭和
復振之儒家典型，將東林及浙東的抗拒型儒學精神在臺灣充盡地復
振起來。該傳提到連橫爲連永昌季子，少受庭訓，長而好學，永昌
痛惜深器之，嘗購《臺灣府志》一部授之，且叮嚀再三：「汝爲臺
灣人，不可不知臺灣歷史」，且由於永昌好讀《春秋》、《戰國
冊》及《三國演義》，恆言古忠義事，連橫幼得家教甚深[57]。由於
庭訓有道，因此連雅堂甚早即有修著《臺灣通史》的大志。乙未割
臺，是年永昌死，連橫年方十八，奉諱家居，手寫《少陵全集》，
始學詩以述家國淒涼之感。[58]由此可證，連家實以「詩教」和「書
教」以傳其儒學，而少年連橫即是在詩書教化的培育下建立了其臺
灣第一儒家型史家的尊崇地位，而其學養淵源，近可推溯至浙東儒
家的史學傳統，遠則可上窮至太史公和孟子之懷抱。

---

[57] 連橫：〈過故居記〉，《雅堂文集》（臺灣文獻史料叢刊，臺北：大通書
局，未刊年份），頁87。

[58] 同註[56]。

連雅堂少年遭亡臺之痛，與其始祖興位公少年遭亡明之痛，其心情是一樣的，均有華夏衣冠淪喪於夷狄之悽楚和悲思，逢此巨變之際，又罹父喪，於雅堂而言，不啻有乾坤崩塌之深沈痛楚，在此背景之下，秉持父命而發憤爲臺灣修史，誠如司馬遷奉其父司馬談臨終遺命而發憤修《史記》，實乃有史家「究天人之際，通古今之變，成一家之言」的崇高志氣，而亦寓有逢臺灣之亡而爲臺灣修《春秋》嚴分夷夏之深義。連橫曰⑤⑨：

> 臺灣固無史也。荷人啓之，鄭氏作之，清代營之，開物成務，以立我丕基，至於今三百有餘年矣。而舊志誤謬，文采不彰，其所記載，僅隸有清一朝，荷人、鄭氏之事闕而弗錄，竟以島夷、海寇視之。烏乎！此非舊史氏之罪歟？夫臺灣固海上之荒島爾，蓽路藍縷以啓山林，至於今是賴。顧自海通以來，……外交兵禍，相逼而來，而舊志不及載也。……朱、林以下，……藉言恢復，而舊志亦不備載也。……夫史者，民族之精神，而人群之龜鑑也。代之盛衰，俗之文野，政之得失，物之盈虛，均於是乎在。……古人有言：「國可滅而史不可滅」。……臺灣無史，豈非臺人之痛歟？
>
> 【…………】

連橫此序論述別有深義，首先斥清廷官修臺灣志書視延平爲島夷、

---

⑤⑨　連橫：《臺灣通史·序》，同註㉔。

海寇之大不是，此意即表明己修臺灣史乃以開臺聖王的臺灣爲正統，一方面別異於清政權，一方面則否認日人入據臺灣的合法性。因此，連橫特別強調列強侵凌臺灣之危機應大書之，而朱一貴、林爽文等民變之「復明」意識，亦應大書之，於此顯示了連雅堂修臺灣史的春秋志業之所在。然而，臺灣畢竟亡於日夷，此臺民之深仇大恨也，「國」滅矣，但史不可滅，是以連橫於臺灣淪亡於日夷之際，乃昭告神明、發誓述作《臺灣通史》，其屬孔子修《春秋》一脈相傳以迄船山或浙東大儒的儒家型態的史學，所以連橫方以如下一段啓示性宣言作其結論(60)：

> 洪維我祖宗渡大海，入荒陬，以拓殖斯土，爲子孫萬年之業者，其功偉矣。追懷先德，眷顧前途，若涉深淵，彌自儆惕。烏乎念哉！凡我多士及我友朋，惟仁惟孝，義勇奉公，以發揚種性，此則不佞之幟也。婆娑之洋，美麗之島，我先王先民之景命，實式憑之！

依此，則連橫的《臺灣通史》是華夏道統史觀下的史學；就臺灣而論，推尊延平郡王爲初祖，若就整體中國而言，即以延平郡王爲「華夏神州」與「華夏臺灣」的連結，雅堂於中華民國肇建之旦，祭告延平郡王，其文曰(61)：

---

(60) 同前註。

(61) 連橫：〈告延平郡王文〉，同註(57)，頁115。

中華光復之年壬子春二月十二日，臺灣遺民連橫誠惶誠恐，
頓首載拜，敢昭告於延平郡王之神曰：於戲！滿人猾夏，禹
域淪亡，落日荒濤，哭望天末，而王獨保正朔於東都，以與
滿人拮抗，傳二十有二年而始滅。滅之後二百二十有八年，
而我中華民族乃逐滿人而建民國。此雖革命諸士斷脰流血，
前蹼後繼，克以告成，而我王在天之靈，潛輔默相，故能振
天聲於大漢也！夫春秋之義，九世猶仇；楚國之殘，三戶可
復。今者，虜酋去位，南北共和，天命維新，發皇蹈厲，維
王有靈，其左右之！

於表層而言，連橫以延平郡王鄭成功之神，連結了明朝與中華民國
的民族主義而嚴分了華夷之別，因而強調春秋九世復仇之大義，在
深層意義中，何嘗不是禱求鄭延平以其保正朔於東都的開臺之功，
「潛輔默相，重振大漢天聲於臺灣」！由連橫的告延平郡王文，明
白顯示了雅堂的儒家抗拒和復振的精神與期待。

　　連雅堂自幼善學儒家春秋之教，又逢亡臺之痛，故一生高舉鄭
成功精神，其所期待者，不外是為喚醒臺人抗拒夷狄而復振華夏於
臺灣，昔時，延平抗拒女真而復振華夏於臺灣，而今日，則深盼臺
人效法延平，抗拒日夷而復振臺灣的華夏之道。所以，如孟子言必
稱堯舜[62]，雅堂則極度推尊延平郡王，言必稱延平。其望華夏之仁
政王道之心，一也。譬如，雅堂曰[63]：

---

[62]　《孟子·滕文公》（第一）。

[63]　連橫：〈閩海紀要序〉，同註[57]，頁41-42。

余居承天，延平郡王之東都也。緬懷忠義，冀鼓英風，憑弔
山河，慨然隕淚。洎長讀書，旁及志乘，而記載延平，辭多
誣衊，余甚恨之！弱冠以來，發誓述作，遂成《臺灣通史》
三十六卷，尊延平於本紀，稱曰建國，所以存正朔於滄溟，
振天聲於大漢也。

連橫發憤選述《臺灣通史》，在於表彰發揚鄭延平精神，其所修延
平〈建國記〉，目的在為滄溟存華夏正朔，滄溟者臺灣島也；連雅
堂懷抱故國之思，假借鄭延平之正氣來肯定臺灣的本屬天聲大漢之
國，而於史家筆削中同時否定了滿清和日本對臺灣的統治合法性。

雖曰詩乃文學之作，但連橫亦視詩為史，以詩可垂歷史的教化
作用。其「詩教」與「史教」有相輔相成、一體雙彰之效，連橫在
《臺灣通史》既刊之後，乃集古今之詩，刺其有繫臺灣者編而次
之，名為《臺灣詩乘》。其特引孟子所言：「王者之跡熄，而詩
亡，詩亡然後春秋作」以明詩則史、史則詩的編纂詩乘之本意[64]。
按孟子論及孔子作《春秋》有兩處，其一曰[65]：

王者之跡熄，而《詩》亡，《詩》亡，然後《春秋》作。晉
之《乘》，楚之《檮杌》，魯之《春秋》，一也。其事，則
齊桓晉文，其文，則史。孔子曰：「其義，則丘竊取之
矣」。

---

[64] 連橫：〈臺灣詩乘序〉，同註[57]，頁32-33。
[65] 《孟子·離婁》（第四十九）。

周天子的王道不行於天下，所以「詩道」喪亡，「詩」者，可以興、觀、群、怨也，而於今則無。因此孔子采掇齊桓晉文等諸侯的史料以修《春秋》，所謂「其義，則丘竊取之矣」，實即孔子指出其修著《春秋》，乃非史料學派的史學，而是屬於詮釋學學派的史學，也就是透過史的詮釋而帶有「常道的批判」的史學。孔子即以這種批判史學以補詩道。孟子對於孔子修《春秋》的「竊取之義」，有更進一步的詮釋，孟子曰⓺：

> 世衰道微，邪說暴行有作；臣弒其君者有之，子弒其父者有之，孔子懼，作《春秋》。《春秋》，天子之事也。是故孔子曰：「知我者，其惟《春秋》乎！罪我者，其惟《春秋》乎！」……聖王不作，諸侯放恣，處士橫議，楊朱墨翟之言盈天下。天下之言，不歸楊，則歸墨。楊氏為我，是無君也。墨氏兼愛，是無父也。無父無君，是禽獸也。……楊墨之道不息，孔子之道不著，是邪說誣民，充塞仁義也。仁義充塞，則率獸食人，人將相食。吾為此懼，閑先聖之道，距楊墨，放淫辭。……孔子成《春秋》而亂臣賊子懼。《詩》云：「戎狄是膺，荊舒是懲，則莫我敢承。」無父無君，是周公所膺也。我亦欲正人心，息邪說，距詖行，放淫辭，……能言距楊墨者，聖人之徒也。

雅堂可謂善學孟子也。孟子所處戰國時代，周天子王道早已衰微，

⓺　同註⓺，第十四。

乃是一個邪說暴行、洪水猛獸的亂世，所謂「無父無君」，在文化
意識上言，亦正是無政治常道、無家庭常道的一個扭曲變形的時
代，這樣的時代，不正是倒退回禽獸的洪荒世界？因此孔孟深懼
之，而前聖修《春秋》，後聖則「閑先聖之道，距楊墨、放淫
辭」，其所抗爭者是邪說暴行、洪水猛獸的時代之扭曲變形，而其
所復振者則為君臣父子的仁義常道，也就是一個具有高度文化主體
發展性的人文社會的振興。連橫熟讀孔孟之言，其視當時為日夷佔
據的臺灣，即如同戎狄荊舒的夷狄橫暴統治而使臺民深陷於「無父
無君」的扭曲變形之時代，以一介文士而言，既不能如延平郡王、
招討大將軍鄭成功揮魯陽之戈以斬妖孽，則亦惟有效法孔孟修春
秋、距楊墨，這就是連雅堂修臺灣史以及整理臺灣詩的深意所在。
而這也正是浙東儒家史學的主旨；抗拒與復振的精神在連雅堂的生
命和學術中，充分地實踐。

　　「詩教」是儒家重要的文化傳統，《論語》多處載孔子論詩：
　　譬如，子貢曰：「貧而無諂，富而無驕，何如？」子曰：「可
也，未若貧而樂，富而好禮者也。」子貢曰：「詩云：『如切如
磋，如琢如磨』，其斯之謂與？」子曰：「賜也，始可與言詩已
矣，告諸往而知來者。」❻⓻所謂「告諸往而知來者」，朱子註曰：
「往者，其所已言者；來者，其所未言者。」❻⓼亦即意謂由既有的
詮釋之言說系統而進一步了解尚未形諸言說的存有，乃加以詮釋而
建立新的言說系統，而此其實即是歷史詮釋的工作，換言之，「詩

---

❻⓻　《論語·學而》。
❻⓼　《論語·學而·朱熹集註》。

教」，在孔子看來，事實上亦具有「書教」和「春秋教」的功能。往後的儒家均以此功能而論「詩」，臺灣儒者亦不例外。

又譬如，子曰：「《詩》三百，一言以蔽之曰：『思無邪』。」⑥朱子註曰：「思無邪，凡詩之言，善者可以感發人之善心，惡者可以懲創人之逸志；其用歸於使人得其情性之正而已。……程子曰：『思無邪者，誠也。』范氏曰：『學者必務知要，知要則能守約，守約則足盡博矣。……』」⑩依朱子，則「詩教」在於感發人心之誠，就儒家義理而言，人心之誠即誠體，誠體即仁體，仁體通天透地、通內透外，它是一個連繫延續的存有，貫達人之個我、人與社會、人與自然，當然亦貫達人與其空間和時間，因此，人的誠或仁的感應乃是通貫於他的文化歷史傳統之結構和脈絡中而不能割裂，儒家的「思無邪」的「詩教」就是由此處而立論，⑪當然，臺灣儒家的「詩教」亦深含此義，所以通過儒門詩教，臺人必不忘華夏道統。

又譬如，子夏問曰：「『巧笑倩兮，美目盼兮，素以為絢兮』，何謂也？」子曰：「繪事後素。」曰：「禮後乎？」子曰：「起予者商也，始可與言《詩》已矣！」⑫朱子註曰：「《考工記》曰：『繪畫之事後素功』謂先粉地為質，而後施五采，猶人有

---

⑥　《論語·為政》。

⑩　同註⑥。

⑪　關於儒家仁體的連繫延續之詮釋，黃俊傑教授論之特有深旨，見黃俊傑：〈孟子思維方式的特徵〉，《孟學思想史論》（卷一），序論（臺北：東大圖書公司，1991 年）。

⑫　《論語·八佾》。

美質，然後可加文飾；禮必以忠信爲質，猶事必以粉素爲先。」❼

透過「詩教」亦可達悟人之忠信的本質，忠信可針對個人而言，亦可針對國族而言；能忠信於華夏道統，方有屬於中國的禮樂制度可言，日人據臺，爲其殖民帝國南進政策而進行臺灣的各種現代化建設，但歸根究底，乃屬日本帝國主義的殖民壓迫性本質，處心積慮要將臺灣由明鄭奠定的華夏主體性徹底鏟除，臺人透過儒家詩教，明白忠信於華夏道統爲質之本義，當一心反抗日本在臺灣推展的殖民式的現代化工程；臺人的詩學之最高宗旨實在乎此。

又譬如，子曰：「小子！何莫學夫《詩》？《詩》，可以興、可以觀、可以群、可以怨；邇之事父，遠之事君；多識於鳥獸草木之名。」❼ 蔣伯潛註解此章曰：「《詩》爲文學作品，感人最易，可以興感人之情意，故曰『可以興』。《詩》皆美刺政治，抒寫人情之作，可以考見得失，了解人情，並可以觀察各時代各地方之風俗，春秋時列國大夫多賦詩見志，故曰『可以觀』。《詩》教溫柔敦厚，且通於樂，樂以和爲主，故曰『可以群』。《詩》所以寫哀怨之情，亦用以諷刺政治，但怨而不怒，哀而不傷，不務言理而言情，不務勝人而感人，故曰『可以怨』。小之則寫家庭之情感，故近之可事父；大之則陳政治之美刺，故遠之可以事君。其中多託物比興，用鳥獸草木爲譬，故其緒餘，又足以資多識也。」❼ 依此，詩之興觀群怨必然是人們透過詩而就社會、經濟、政治等種種壓

---

❼　同註❻。

❼　《論語·陽貨》。

❼　蔣伯潛：《語譯廣解四書讀本·論語》（臺北：啓明書局，1964 年），頁 268。

迫、剝削、殘害有所不平、憤懣以及抗議；至於詩之多識鳥獸草木，實只是詩人緒餘或不得已之作，臺灣之詩，承明鄭抗拒精神，原多合於孔子興觀群怨的詩教，清領兩百年，則由於清政權的壓力及清儒、清吏之久假而不歸，遺忘了孔孟原儒的抗拒精神，因而多爲「鳥獸草木」之詩作，直至乙未割臺，因日寇侵逼的緣故，遂又喚醒了儒家本有的詩魂。

連雅堂少遭亡臺劇難，最早喚醒臺灣之華夏詩魂；雅堂曰：**⑯**

> 臺灣爲海上荒服，我延平郡王入而拓之，以保存正朔。一時忠義之士，奉冠裳而渡鹿耳者，蓋七百餘人。……
> 自是以來，瀏覽舊誌，旁及遺書，乃得沈斯庵太僕之詩六十有九首。越數年，又得張蒼水尚書之《奇零草》。又數年，復得徐闇公中丞之《釣璜堂詩集》。刺其在臺及繫鄭氏軍事者四、五十首，合而刻之，名曰《東寧三子詩錄》。而余心乃稍慰矣。
> 夫三子皆忠義之士也。躬遭國恤，飄泊海隅，冒難持危，齎志以沒。緬懷大節，超邁時倫。振民族之精神，揚芬芳於異代，又豈僅以詩傳哉！然而三子之詩，固足以啓臺人之觀感也。臺爲延平故土，復經諸君子之棲遲，禮樂衣冠，文章經濟，張皇幽渺，可泣可歌。臺人士之眷懷國光者，當以三子爲指歸，而後不墜其緒。詩曰：「雖無老成人，尚有典型」；有以哉！有以哉！

---

⑯　連橫：〈東寧三子詩錄序〉，同註⑰，頁41。

連橫蓋推溯明鄭延平及沈光文、張蒼水、徐孚遠等明遺老爲臺灣詩之初祖，而其爲初祖則乃由於「皆忠義之士，緬懷大節，超邁時倫；振民族之精神，揚芬芳於異代」；換言之，東寧三子以其誠體仁體的忠信大節而爲臺灣詩之祖魂也。連橫認爲其時（即臺灣已陷入日夷之手的時代）的臺人，當恆常追懷「國光」，庶幾毋忘自身乃中國人的本來面目；所謂「國光」即臺灣由明鄭點燃的華夏之光。而此念念不忘的工夫，當以沈、張、徐三賢爲指歸，如此才可望不墜其緒；此所謂「不墜其緒」之「緒」，正是明鄭延平郡王帶至臺灣的儒家春秋大節。這樣的詩教，無疑乃是孔孟一脈相傳下來的詩道，原本就是浙東儒者所素具的傳統，由鄭成功引播於臺灣，歷經兩百年的沈潛磨剔，而在乙未臺灣蒙難之後，由連雅堂將之大聲地喚醒。

連橫指出乙未割臺，臺人遭滿清割棄而淪入日夷之手，滄桑劫火之傷痛之餘，生氣爲之抑塞落魄，始以吟詠之樂加以消遣提撕之，於是「一唱百和，南北競起，吟社之設，數且七十。臺灣詩學之盛，爲開創以來所未有。」❼❼但是對於詩詞之吟詠，雅堂實有深厚的儒家詩魂的期望❼❽：

> 當此風雨晦明之際，聞雞而舞，著鞭而先，固大丈夫之志也。且彝倫攸斁，漢學式微，教育未咸，民德猶薄，傍徨歧路，昧其指歸，差之毫釐，謬以千里。此又士大夫之恥也。

---

❼❼　連橫：〈臺灣詩薈發刊序〉，同註❺❼，頁 39-40。
❼❽　同前註。

　　夫以新舊遞嬗之世，群策群力，猶虞未逮，莘莘學子，而僅
以詩人自命，歌舞湖山，潤色昇平，此復不佞之所爲戚也。
　　夫以臺灣山川之奇秀，波濤之溯洄，飛潛動植之變化，固天
然之詩境也。涵之、潤之、收之、蓄之、張皇之、鼓吹之，
發之胸中，驅之腕底，小之爲挖雅揚風之篇，大之爲道德經
綸之具；內之爲正心修身之學，外之爲齊家治國平天下之
道，我詩人之本領，固足以卓立天地也。……臺灣文運之衰
頹，藉是而起，……孔子曰：「詩可以興，可以觀，可以
群，可以怨」，尤願……日進無疆，發揚蹈厲，以揚臺灣詩
界之天聲。

　　雅堂衷心期望臺灣青年詩人莫誤以爲詩之創作只在乎「多識鳥獸草
木之名」或甚至在異族殖民統治下，卻只知「歌舞湖山，潤色昇
平」，蓋如此就成了亡國奴和卑賤的順民，此乃連橫深切期期難以
忍受者，亦是所有素具華夏道統的臺灣儒士所無法接受的現象。因
而雅堂高標了臺灣詩學與詩教的鮮明旗幟乃爲「小之爲挖雅揚風之
篇，大之爲道德經綸之具；內之爲正心修身之學，外之爲齊家治國
平天下之道」，這樣的「詩道」，印證以上引《論語》中孔子對於
詩的詮釋與論衡，毋庸置疑，灼灼然屬於孔孟相傳的儒家常道慧
命。

　　連橫的華夏道統之詩魂，於其高聲呼喚的當時臺灣，是以「復
振」的形式發露而出，而成爲日據時期臺灣儒士「興觀群怨」式地
抗拒日夷的國族鬥爭。先是組義軍抗拒日兵的流血抗爭，迨武鬥無
可挽天崩地塌之劫運，則發之爲滿腔悲憤詩以明志節。譬如苗栗青

年生員吳湯興，於其故鄉銅鑼街（今苗栗縣銅鑼鄉），已是地方領導階層的青年菁英，嘗與另一生員邱國霖共同帶頭創建銅鑼的關帝廟；傳統時代中國儒士視關帝為孔門護法，強調春秋華夷之嚴分及忠孝節義的實踐，這樣的臺灣儒士終以孔孟教言而武裝抗拒日寇，悲壯殉難，其有詩一首幸得以傳世，其詩名〈聞道〉，曰：「聞道神龍片甲殘，海天北望淚潸潸；書生殺敵渾無事，再與倭兒戰一番。」⑩讀吳湯興此〈聞道〉詩，會覺得其人格精神與昔年喋血抗拒女真的明末儒者，何其同質，甚至亦可於宋末文天祥《正氣歌》發現其同質性。

與吳湯興同鄉，且是抗日義軍領袖的丘逢甲，亦是因武裝抗日，而於乙未之際蹈九死一生之險，其為臺灣詩人泰斗，其「詩魂」亦屬華夏道統的儒門典型。清同治三年（1864）十一月廿八日丘逢甲生於臺灣苗栗銅鑼灣李氏家塾其父潛齋先生設教處。據《倉海先生丘公逢甲年譜》，其先世由河南遷閩西上杭，二世祖創兆公參與文信國公軍事，奉父夢龍公遷居粵東梅州員山。⑩由此可見丘逢甲的先祖乃是追隨文天祥抗拒蒙古鐵蹄之志士，武裝對抗失敗，遂入粵東山中（梅州在粵東韓江上游的梅江流域，域內多山）隱居。十八

---

⑩　潘朝陽：〈臺灣關帝信仰的文教內涵：以苗栗區域為例之詮釋〉，《師大地理研究報告》，第 28 期（臺北：臺灣師大地理系，1998 年 5 月），頁 13-36。此文於 1998 年 3 月 21 日在「認識臺灣歷史學術研討會」（臺北：夏潮基金會主辦）中宣讀，又文中吳湯興〈聞道詩〉引自陳昭瑛：《臺灣詩選注》，同註㊷，頁 137。

⑩　丘琮：〈倉海先生丘公逢甲年譜〉，收於《嶺雲海日樓詩鈔》（臺灣文獻史料叢刊，臺北：大通書局，未刊年份），頁 387-410。

傳至曾祖仕俊公，以明鄭關臺，始渡海來臺，僑居彰化。其父龍章
公字誥臣，學者稱潛齋先生，咸豐初補臺灣府學生員，嗣補廩貢
生，《年譜》說其德行純厚，講學卜居之處皆化；戴萬生之變，其
冒萬險、棄家財，救粵籍壯丁數千。❸依此，則丘逢甲乃降生在一
位學德兼厚的臺灣地方儒士暨塾師的家庭。而丘逢甲自幼即隨父親
讀書，《年譜》中多條載有逢甲隨潛齋公讀書，如「清同治六年
（1867），四歲，公即就塾，由潛齋公自教讀」，「清同治十一年
（1872），九歲，是年，潛齋公在彰化縣三莊魏家設教，公亦隨往
是處讀書」，「清光緒元年（1875），十二歲，潛齋公在新伯公劉
氏家塾設教，公仍隨讀」，可見丘逢甲自幼學始，其啟蒙教育實全
由其父一手調教；而由十三歲始，《年譜》指出逢甲已可一方面隨
父課讀之餘，一方面任助教佐課童蒙；❸《年譜》於〈清光緒三年
（1877），丁丑，十四歲〉條下記其應童子試，試古學，全臺第
一，補弟子員。臺撫兼提督學政丁日昌甚期許，贈「東寧才子」印
一方。❸雖然博得全臺第一才子的榮耀，亦獲得臺灣最高官員丁日
昌的激賞，但少年丘逢甲仍然追隨老父讀書佐教，其志氣泊如也。
經過十年的家學，丘逢甲已有小成，此證丘氏確屬臺灣地方上有學
有德之儒士之門；逢甲以父為師而奠立了其儒學涵養，其實可視為
臺灣學子教養的典型。類似丘氏，透過地方民間自學來延續或發揚
儒教，或書院、或家塾、或廟庭、或詩社、或鸞堂，乃是臺灣文教

---

❸　同前註。
❸　同前註。
❸　同前註。

歷清代兩百年而得以延展不絕的主因㊷。

丘逢甲二十五歲（光緒十四年，1888）時，赴福州應鄉試，中式三十一名舉人。明年，赴北京會試，中式八十一名進士，賜二甲進士出身。但逢甲無意仕途，遂返臺灣，歸教鄉里，於是主講於臺中衡文書院、臺南羅山書院、嘉義崇文書院，年中往來各書院間，除傳統之學外，兼講中外史實，勸閱報章，以廣見聞。㊽由於掌教多所書院，丘逢甲對臺灣士子及學風的影響遂十分重要，或認爲臺人之有國族思想以及始知有民主政體，均拜其透過掌教書院之利而推廣教育之賜。㊾江琬《丘倉海傳》曰㊿：

倉海……言論風生，往往一語驚四座，聲震屋宇。幼負大志，於書無所不讀，老師宿儒咸遜其淵博。所爲詞章，凌厲雄邁，不愧古之作者。尤善詩，恆寢饋於李、杜、蘇、黃諸家，去其皮而得其骨。弱冠弄柔翰，即嶄然露頭角。父兄見其詩，即擊節嘆賞曰：此異才也。爲秀才時，毅然以天下爲己任。恆爲大吏陳國家大計，朗然若視指紋。自此，名動公卿間，王公大臣爭欲羅致入幕府，倉海則岸然掉頭去不顧

㊷ 清代臺灣儒教傳播展溥的基本形式，進一步的了解，可參閱潘朝陽：《臺灣傳統漢文化區域構成及其空間性》（臺灣師大地理系博士論文，1994年）。潘朝陽：〈地方儒士興學設教的傳統及其意義〉，《鵝湖學誌》，第 17 期（臺北：東方人文學術研究基金會，1996 年 12 月），頁 1-40。

㊽ 同註㊵。

㊾ 丘瑞甲：〈先兄倉海行狀〉，收於《嶺雲海日樓詩鈔》，同註㊵，頁367-370。

㊿ 江琬：〈丘倉海傳〉，同前註，頁 371-381。

也。……聞見彌廣，閱歷愈深，……盃思展其夙所抱
負。……

依江氏，丘逢甲有詩才、詩情與詩德，且亦有以天下為己任的
遠大志氣，其非池中物也，故幕府之賓不屑為，清廷之吏更不願任
之，此乃其丘氏的祖訓，但作為一儒者，卻有平天下的宏圖，故逢
甲能作詩，但豈僅止於作詩而已，乙未日寇犯臺，夷狄猾夏，值此
風雲慘變之夕，丘逢甲乃以而立之齡，首倡臺灣自主之說，全臺皆
應，忠義之士慷慨激憤，群起推舉逢甲草臨時憲法，建臺灣民主
國，然後率臺灣義軍以拒日兵❽。連橫《丘逢甲列傳》曰❾：

> 五月朔，改臺灣為民主國，建元永清，旗用藍地黃虎，奉景
> 崧為大總統，分電清廷及沿海各省，檄告中外，語甚哀痛。
> 當是時義軍特起，所部或數百人、數千人，各建旗鼓，拮抗
> 一方，而逢甲任團練使，總其事，率所部駐臺北。

惜義軍多屬臨時雜集，抗日犧牲雖甚慘烈，終究土崩魚爛，局勢無
可挽回。臺灣民主國旋滅，丘逢甲無奈之下，倉惶渡海，遂居於粵
東丘氏老家。連橫《臺灣通史》對於逢甲棄臺灣而逃一事，論判頗
嚴厲，其曰❿：

---

❽　同前註。
❾　連橫：〈丘逢甲列傳〉，《臺灣通史》，同註㉙，頁 1033-1034。
❿　同前註。

·208·

逢甲挾款以去，或言近十萬云。連橫曰：「逢甲既去，居於
嘉應，自號倉海君，慨然有報秦之志。觀其爲詩，辭多激
越，似不忍以書生老也。成敗論人，吾所不喜，獨惜其爲吳
湯興、徐驤所笑爾！」

連雅堂指丘逢甲挾十萬金以去，不知根據所從來，唯當時腐清隨意
割臺，在臺人心中造下甚大傷害，亦有多少仁人志士爲保衛臺灣、
抗拒日夷而爭相捐軀斷頭，犧牲了生命，陳昭瑛引當時的《小說月
報》指出乙未割臺對臺灣人民而言，若午夜暴聞轟雷，驚駭無人
色，奔走相告，聚哭於市中，夜以繼日，哭聲達於千里❾，日軍登
岸侵臺後，唐景崧、丘逢甲均棄臺內渡，此事常爲後世非議詈責，
指逢甲挾巨金逃命，形容其爲貪婪小人之傳言，恐怕即出自如此背
景。惟依《年譜》所言，臺北城陷，日人知臺灣民主國爲逢甲首
倡，所部義軍又抗拒最激烈，因此甚恨之，出重金索逢甲人頭。逢
甲欲率部據山死守，與臺灣共存亡，其部將謝道隆諫曰：「臺雖
亡，能強祖國則可復土雪恥，不如內渡也」。丘逢甲以爲然，方痛
哭辭臺灣，奉父母渡海抵泉州，東望家鄉盡淪於日夷鐵爪，憂勞痛
苦，鬱結莫伸，在泉忽嘔血數升，幾不起。後轉回粵東鎮平。❾終
身再不能重返臺灣。

倉海返居粵省之後，延續在臺灣已熟悉的教化工作，期望透過
文教而開民智、張民權，因此在潮州主講韓山、東山兩書院，並曾

❾　陳昭瑛：《臺灣詩選注》，同註❷，頁156。
❾　同註❽，頁397-398。

在澄海景韓書院主講，皆以實學教育學子。復思及以舊制書院，新知的啓迪或灌輸恐有所不逮，因而首倡潮州東文學堂、嶺東同文學堂，於是嶺東民氣蓬勃奮發，革命軍興，凡光復郡縣，莫不有嶺東人參與其間，多因此學堂倡導之功。❸

倉海既內渡，自署爲「臺灣之遺民」。除從事教化外，則日以賦詩爲事，故國鄉園之思及鬱憂憤懣之情，盡發露而爲詩篇。江瑔曰❹：

> 詩本其夙昔所長，數十年來復顛頓於人事世故家國滄桑之餘，皆足以鍛鍊而淬礪之。其所爲詩盡蒼涼慷慨，有漁陽三撾之聲。如飛兔騕褭絕足奔放。平日執干戈，衛社稷之氣慨，皆騰躍紙上。故詩人之名震動一時。又往往側身南望故鄉故國掩映於蒼煙暮靄中，迷漫不可見，念一身之無屬，獨愴然而涕下。又有時酒酣耳熱，與二三知己談故國軼事，輒虯髯橫張、怒髮直豎，鬚眉嘘翕欲動，氣坌涌而不可遏，識者莫不哀之。

依此，讀其《嶺雲海日樓詩鈔》，倉海因慘逢割臺之痛，凡與臺灣有關者，則多慷慨激越、悲憤痛楚；表現了詩之怨魂哀魄，其對鄉園的深沈眷戀之情，在詩中顯露無餘，呈現了逢甲對臺灣的真誠。

---

❸　丘復：〈倉海先生墓誌銘〉，收於《嶺雲海日樓詩鈔》，同註❽，頁383-385。

❹　同註❽。

茲引其《答臺中友人》三首[95]：

> 極目風濤愴思夢，故山迢遞雁書遲。渡江文士成儜父，歸國
> 降人謗義師。老淚縱橫同甫策，雄心消耗稼軒詞。月明海上
> 勞相憶，悽絕天涯共此時。
>
> 抱石申屠劇可憐（臺人有賈於泉者，聞臺亂家亡投萬安橋下而死），
> 一庵待死伴枯禪（內渡後有諸生為僧）。湛身難訴遺民苦，殉義
> 誰彰故部賢（謂部下吳、徐、姜、丘諸將領[96]）。碧血縱埋非漢
> 土，赤心不死尚唐年（臺中義士尚奉中國正朔）。扁舟但益飄零
> 感，過海何曾便是仙！
>
> 歸來誰與話酸辛，滿目茫茫劫後塵。末俗囂凌欺客戶，長官
> 尊重薄流民。本無曠土容安插，難恃高文濟困貧。冷守平生
> 心跡在，朝衫零落泣孤臣。

讀倉海此詩，可見孤臣孽子的興觀群怨之情，躍然於字裏行間，其
中有表白孤忠高懸天壤的悲懷，也有坐令愛將赴死的永恆性的悔
恨，亦呈露了對於臺人仍然不忘華夏道統的欣慰之思，而且也在在
自然流露出詩人對鄉園臺灣的思念。總之，其詩情是蒼涼的，傷切

---

95 丘逢甲：〈答臺中友人〉，《嶺雲海日樓詩鈔》（卷4），同註**80**，頁48。

96 此所謂諸將領是指乙未之役時，率領臺灣抗日義師血戰而殉難的吳湯興、
徐驤、姜紹祖、丘國霖等青年菁英型儒士，他們均與丘逢甲一樣屬臺籍客
家人，尤其吳湯興、丘國霖為苗栗銅鑼灣人，與逢甲更有小同鄉之誼，因
此逢甲與這些青年英雄倍有感情，彼等均肝腦塗地而死於國難，惟逢甲內
渡，於君子義氣上，逢甲面對彼等之慘烈犧牲，長懷深痛也。關於這些為
抗拒日夷而死的臺灣青年儒士，連雅堂《臺灣通史》有傳。

的，但也赤誠悃款，讀其詩，當憶起明鄭臺灣遺老同樣一般的心情。

綜觀丘逢甲一生經歷，其本質即一傳統能詩能文，講求忠義道德的儒者，以尊德性道問學的儒家標準來己立立人、己達達人。先修乎己身，推拓於外，而兼善天下；此內聖外王的工夫實踐順序，原即儒家古來通則，惟在君主專權高張的時代，傳統儒家所謂「外王」的理想，往往從政統的王道仁政的實踐下滑而只能在學統上爭取儒家常道慧命之流傳延續，且經常被迫離開國家教育機器的宰控，而於民間興書院、學堂，透過民間講學，使儒學的生命可得到生源活水，讓華夏文化道統具有眞實誠體而發展推拓，這即是宋明清民間儒家書院眞正的本質。逢甲得其父親潛齋先生的傳道，弱冠英少雖在科舉路上能夠平步青雲，但卻毅然返歸鄉里從事吾鄉狂簡小子的啓迪教化的儒教工作，這樣的文化生命，在許多有學有德的宋明儒家身上，已十分清澈完整；丘逢甲的德行，即宋明眞儒理想在臺灣的典型，也即是明鄭臺灣儒家理想的再現。

乙未割臺的變亂性質，可歸類於滿清政權以夷狄之道背棄出賣臺灣；日本殖民帝國主義則以夷狄之道強取豪奪臺灣；背棄出賣與強取豪奪，一出一入，皆夷狄之橫行。這即是儒家春秋王道所深切反對者，輿論反對不成，則不惜繼之以流血的抗拒，抗拒不成，而為了保存一點元陽以圖日後之貞下起元的再建，則儒家亦講求轉移土地，力求常道慧命的復振。這樣的傳統淵遠流長，可從周先王古公亶父出奔岐下的史事而明之；太史公司馬遷曰[97]：

---

[97] 〔漢〕司馬遷：〈周本紀第四〉，《史記》（楊家駱主編《新校本史記》，臺北：鼎文書局，1994 年），頁 112。

薰育戎狄攻之，欲得財物，予之。已復攻，欲得地與民。民
皆怒，欲戰。古公曰：「有民立君，將以利之。今戎狄所爲
攻戰，以吾地與民。民之在我，與其在彼，何異？民欲以我
故戰，殺人父子而君之，予不忍爲。」乃與私屬遂去豳，度
漆、沮，踰梁山，止於岐下。豳人舉國扶老攜弱，盡復歸古
公於岐下。乃他旁國聞古公仁，亦多歸之。

明鄭延平攜抗清的士農工商渡海開臺，亦含有周人隨古公亶父去豳
遷居岐下之義；臺灣非僅僅田橫之島而已。彼時神州爲「戎狄」之
女眞所佔奪，仁人志士雖竭其力以拋頭顱灑熱血的方式拼死鬥爭無
成，無奈之下轉徙遷居於東番臺灣，以其爲華夏道統復振之島。而
華夏道統亦確能在臺灣復振，並延續發展於往後兩百年之清治及半
世紀之日據時期。惟就乙未臺灣抗拒日夷的儒士而言，鄉園臺灣橫
遭日夷強佔，必奮起而血拼，血拼不成，則亦惟有遷移他土復振儒
道綱常而已，臺灣志士與兩百多年前明鄭相反；延平由神州渡臺，
而倉海則由臺灣重返神州。「重返的神州」卻非滿清的大陸，而乃
是儒家心目中延續不絕的華夏道統之神州，這也就是丘倉海在粵東
先祖家鄉推展新學、鼓吹革命以圖除去滿清帝制，締建中華的原
因。❾❽至於以詩明其誠志、發抒其激憤、表露其傷懷，乃至於顯露
出其高雅清標的文質，集結而成的《嶺雲海日樓詩鈔》，則僅是一

---

❾❽ 丘逢甲回歸廣東時，正值清季南方國民革命風起雲湧而蔚爲風氣和行動的
　　時代，逢甲除了透過新學堂的教育以啓迪人民之外，在實際上也多庇護革
　　命黨人。見鄒魯：《嶺雲海日樓詩鈔序》（1937）。

位堅持忠信於文化常道之風骨的抗拒和復振型儒者的餘事而已,明
末清初忠義節烈的儒家君子在抗拒女真戎狄而保衛華夏神州,豈不
是亦多有詩以發露其無可奈何的悲嘆於天地之間?丘逢甲,倉海先
生,臺灣培育出來的儒者,在他身上,顯示了大陸和臺灣的華夏道
統原是一體。

五、結論

乙未慘變之前,臺灣儒士多結詩社以振興社會文教,慘變後,
儒士更多依詩社以抗拒日夷,譬如詩人洪棄生(1867-1929),鹿
港人,原名攀桂,字月樵,乃臺地名詩儒,割臺之痛,其易名棄
生,多感時傷國之詩以明其志,如:「江山如故,賦哀郢以神傷;
風景不殊,愴新亭而淚下。鵑啼鹿走之秋,麟狩鳳姦之地,將行吟
乎澤畔」,其亦嘆詠曰:「抱有殷周器,餓與溝壑填。薇蕨甘如
飴,夫豈飲盜泉」、「出門無高會,日月長西傾,託身棲遠島,室
有巨鯨鳴」。❾從此顯見洪氏憤惋悲懷之不已,而洪氏心志其實也
是大多數乙未之際臺灣儒士心志的寫照。再者,臺灣儒士固然透過
詩社發抒其胸臆,亦多藉鸞堂發展其抗日的教化和行事;蓋鸞堂主
祀關聖帝君,儒士藉神道曲折傳達儒門春秋復仇大義也。❿

乙未慘變,亦使臺灣儒士如雅堂、倉海,離臺灣返神州,表現

---

❾　陳昭瑛:《臺灣詩選注》,同註❷,頁 237。

❿　關於臺灣鸞堂的抗拒大義,可參考:潘朝陽,同註❼。關於日據時代臺灣
　　鸞堂,亦可參考李世偉:《日據時代臺灣儒教結社與活動》(臺北:文津
　　出版社,1999 年)。

了抗拒和復振的精神。再經半個世紀，以馬列唯物思想爲意識形態的共黨運動，席捲了整個神州，當代新儒家視此爲中國人拋卻自家無盡藏，沿門托缽效乞兒，以夷變夏、令戎狄之道入主自家身心的浩劫。如同晚明諸儒之避女眞而渡臺，以牟宗三、徐復觀先生爲代表的當代新儒家，亦因避馬列唯物之紅潮而由神州渡臺，將創造性的新儒學於當代的臺灣加以復振，表現在當代諸儒身上的亦是一種抗拒和復振儒學與儒教的精神。孟子有言五百年有王者出，也說豪傑不待王者猶興，又說前聖後聖，其揆一也；如同明季來臺諸儒，賴明鄭延平的尊隆而復振儒學於臺灣，或如同連雅堂、丘倉海，雖無王者，特依自身道德主體，亦得以頂天立地爲一大丈夫，見證了抗拒和復振的風範；當代臺灣新儒家則如何於臺海兩岸的文化主體性迷失的時代，可以以剛健至德在「現代」和「後現代」的諸多詖辭、淫辭、邪辭和遁辭之中，有所抗拒且有所復振，將是最重要的道術，往聖先賢，由古至今，由神州至臺灣，無不在天鑒臨之。

※本文發表於「儒家思想在現代東亞學術研討會」，中央研究院中國文哲研究所，1999 年。

論孔子的宗教觀並略談
臺灣民間宗教
——依儒家思想略論清初治臺儒吏
陳璸的宗教思想

一、前言

中國宗教源遠流長，如黃河之水，挾黃泥以俱下，所以在宗教內涵中，常呈現清濁同渾、正邪共生的狀態。此尤以龐雜的民間宗教信仰為然，其標榜綜合儒釋道精神而為一體，固然具有三教的成份，但已不免混雜化而失去原三教的本真，就儒家而言，有必要釐清民間宗教的儒家成份，那些仍為真儒，而那些已屬偽儒。釐清，需先有一標竿之高舉。此即孔子的宗教觀。本文嘗試詮釋孔子及後世儒家的宗教觀念及其形態，並依此標準，略論清代治臺賢能儒臣陳璸的宗教思想。

二、中國傳統宗教祭祀的精神

孔子讚美周文，說過「郁郁乎文哉，吾從周」之語。又說過：「述而不作，信而好古，竊比於我老彭」。可見孔子承接了周的文化歷史傳統，而加以創造性詮釋地轉化，發展出深富傳統的新文化生命。孔子即是在文化歷史的大結構和脈絡中，開啓了以儒之道爲軸心的中國文化意識。孔子之前，中國已有長遠深厚且具文化核心性的宗教傳統，孔子既善學周文，當必在其心靈生命中擁有這個悠久傳統，而對之加以揉合團整，並加以汰舊創新，給予了全然新盛的宗教精神。孔子對於傳統宗教的創易更革，如同耶穌由猶太教創出基督教，亦如同釋迦牟尼由婆羅門教創出佛教；唯因形態不同，故後世以人之本質尊孔子爲「至聖先師」，而不像基督徒以唯一的神之本質尊耶穌爲「基督」，也不像佛教徒以毗盧遮那佛之本質尊釋迦牟尼爲「佛」；而且後兩者雖然亦從各自的宗教傳統中走出一個創造性，但均是在明顯與傳統破裂斷絕的衝突中，才創立了新生的大教，然而孔子不然，他乃是在傳統之生生相續的不斷絕破裂的大河巨流中，開創出一個「傳統與現代相融相續」的宗教道統，這個宗教道統的精神爲歷代儒家乃至一般人民遵循奉行。

孔子的宗教觀爲後世儒家維續而加以發揚；唐君毅先生對於儒家的宗教精神攝握深厚，他說❶：

---

❶　唐君毅：〈中國之宗教精神與形上信仰──悠久世界〉，《中國文化之精神價值》（臺北：正中書局，1953 年），頁 31-34。

儒家雖罕言上帝存在問題，但也未嘗反對人之出自仁心而祈
禱上帝，如湯之禱雨於桑林，郊祀之禮中之祈天之助，使五
穀豐登，國泰民安，固爲儒家所許。但不以秘密之法，如巫術，
以邀天地鬼神之福。先秦儒者不否認上帝之存在，孔孟承接
中國古代的宗教精神，而更進一步，不在其不信天，而唯在
以人之仁心仁性顯天心天性。此即立人道以見天道，《中庸》
所謂「肫肫其仁，淵淵其淵，浩浩其天」就是此意。……
中國儒家以盡心知性以知天的天人合一之教來包容天地人，
形上形下爲一體，而開創出生命之宇宙、精神之宇宙的生機
世界觀，由此而建立了儒家的天德宗教。

依唐先生，孔子的宗教，乃是一種肯定人人均有道德主體而能主動
地向上涵養以獲致終極性存有的宗教型態，其重點是落在人如何踐
成體現人世的德行而得以與天道合一；這乃是一種無止盡的成德合
道的歷程，經過此歷程，須成就肯定人文價值世界的全部，不僅僅
針對著單一、散落的在世存有物而已，其終極整全性乃是「仁者與
天地爲一體」的關懷和無窮的生命實踐。因此，孔子的宗教關懷是
要超越又內在地貞定現世、正面積極地詮釋生命、以一貫之道賦予
人生意義和價值。

　　如上所述的這樣的宗教觀有其深厚傳統之根基，此即周人的宗
教型態。《周禮》曰❷：

---

❷　《周禮・春官宗伯》（林尹：《周禮今註今譯》，臺北：臺灣商務印書
　　館，1992 年），頁 192。

> 大宗伯之職，掌建邦之天神、人鬼、地祇之禮；以佐王建保
> 邦國。以吉禮事邦國之鬼、神、祇。以禋祀祀昊天上帝，以
> 實柴祀日月星辰，以槱燎祀司中、司命、飌師、雨師；以血
> 祭祭社稷、五祀、五嶽；以貍沉祭山林川澤；以疈辜祭四方
> 百物；以肆獻祼享先王、以饋食享先王、以祠春享先王、以
> 禴夏享先王、以嘗秋享先王、以烝冬享先王。

《周禮》將鬼神區分成天神、人鬼、地祇三種。昊天上帝、日月星
辰、風師雨師、司中司命等與天象有關者，稱爲天神；社稷、五
祀、五嶽、山川、林澤、四方、百物等與大地有關者，稱爲地祇。
先王則是人鬼。《周禮》雖爲後人所作，但可以相信其內容應是以
周代祭禮爲準，基本上可相信遠在周代已大抵將鬼神分成此三種；
天神地祇屬於自然界之神，與人鬼有別❸，然而皆入國家祀典。然
則，人鬼爲何？《禮記》曰❹：

> 大凡生於天地之間者皆曰「命」，其萬物死，皆曰「折」；
> 人死，曰「鬼」。

另外，《禮記》又曰❺：

---

❸ 蕭登福：《先秦兩漢冥界及神仙思想探原》（臺北：文津出版社，1990
年），頁 54。

❹ 《禮記‧祭法》（王夢鷗：《禮記今註今譯》，臺北：臺灣商務印書館，
1992 年），頁 739。

❺ 《禮記‧祭義》，同註❹，頁 757。

眾生必死，死必歸土，此之爲鬼。

由此，只要是人，均必有死；一旦死矣，須歸之於土，即將死者埋葬於地下，於是不再稱爲「人」而稱之爲「鬼」。後出的《列子》云❻：

精神者，天之分；骨骸者，地之分。屬天，清而散；屬地，濁而聚。精神離形，各歸其眞，故謂之鬼。鬼，歸也，歸其眞宅。

《列子》歸屬道家，而非儒家，但以其敘述，可見對「鬼」的詮釋與儒典實有相同，儒道的同一性顯示了遠古傳統的同源。若依《列子》，人一旦死亡，則形體歸葬泥土，精神則離開形體而返歸「眞宅」，此歸返眞宅者，即「鬼」也。此即意謂了人死之後的二分狀態：其一是有形的骨骸形軀，它濁聚於地底；其一則是無形的精神，它清散於天；唯此清散於天的精神謂之鬼也。這樣的詮釋，其實在《禮記》中已有明顯的認識，《禮記》載延陵季子曰❼：

骨肉歸復于土，命也。若魂氣則無不之也，無不之也。

---

❻　《列子‧天瑞》（王強模譯註：《列子》，臺北：臺灣古籍出版社，1996年），頁15。

❼　《禮記‧檀弓下》（〔元〕陳澔：《禮記集說》，臺北：世界書局，1969年），頁60。

顯然，延陵季子認為人死之後肉體埋入黃土，但其「魂氣」飄遙自由而可至任何地方。然而在另外的文獻，卻又發現人死之後被埋入墳土內的已不僅是骨肉而已，所謂「魂氣歸于天，形魄歸于地」❽已經將「形魄」與「魂氣」相對舉。當然，「形魄」不等於人死遺留下來的骨骸肉體；《禮記》有曰❾：

> 宰我曰：「吾聞鬼神之名，不知其所謂。」子曰：「氣也者，神之盛也。魄也者，鬼之盛也。合鬼與神，教之至也。眾生必死，死必歸土，此之謂鬼。骨肉斃于下，陰為野土。其氣發揚于上，為昭明。焄蒿悽愴，此百物之精也。神之著也。因物之精，制為之極，明命鬼神，以為黔首則。……」

鬼神雖可合稱，實則有分；神屬氣，而鬼屬魄，死而歸土者為鬼，發揚天上昭昭明明，為百物之精者，即神；神是魂氣，屬天，往上升揚，形魄為鬼，屬地，因而歸返地中。但顯然兩者皆已為無形無體的存有，而非僅僅以魂氣為無形體。《中庸》載孔子之語曰：

> 鬼神之為德，其盛矣乎！視之而弗見，聽之而弗聞，體物而不可遺，使天下之人齋明盛服，以承祭祀，洋洋乎如在其上，如在其左右。

---

❽　《禮記·郊特牲》，同前註，頁 150。
❾　《禮記·祭義》，同註❺。

朱子註云：「程子曰：『鬼神，天地之功用，而造化之跡也。』張子曰：『鬼神者，二氣之良能也。』愚謂以二氣言，則鬼者陰之靈也，神者陽之靈也。以一氣言，則至而伸者爲神，反而歸者爲鬼。其實一物而已。」❿在此處，顯然「鬼」與「神」的概念已融合爲一，至而伸的此端爲神，反而歸的彼端則爲鬼，如光譜雖有兩端，實爲一物，而成爲一種「氣之靈動」的存有，孔子特別指出一旦齋明盛服進行祭祀時，這鬼神靈動之氣，「洋洋乎如在其上，如在其左右」；「洋洋」者即指「氣」之充盈滿溢而無有間隙的狀態，「如在其上如在其左右」之「如」，並非「似乎、好比」的形容，而應是「如來」之「如」，即是一種本來如是之如，也就是說當虔敬行祭之時，靈動的鬼神之氣「實存滿盈」於上下四周，而與行祭之人，具有一種既超越又內在的包容一貫之感通，所以孔子才贊嘆說「鬼神之爲德，其盛矣乎」！

　　就傳統儒家的宗教觀而言，推演至此，則天神、地祇、人鬼只是「氣」的往上延伸和往下回歸的歷程中之階段性罷了，而不論上下均屬此「一氣」的自我之流行。在這樣的一氣貫聯之下，孔子及儒家所尊從肯定的宗教祭祀乃是「三祭」的宗教，唐君毅先生提到中國人原有「三敬」，即：敬天地、敬祖先、敬君師聖賢，這個三敬形成了中國傳統生活規範中的「天地君親師」之教；敬天地就是「敬天地乾坤之德」、「敬天地造生承載萬物之德」，敬祖先就是「敬自然生命的本源」，敬君即「敬人的群體生活的表現」，敬師

❿　〔宋〕朱熹集註：《中庸》（蔣伯潛：《語譯廣解中庸讀本》，香港：香港啓明書局，1964年），頁16-17。

與聖賢即「敬人格、人文世界」⓫。對於這三敬對象的致祭即「三
祭」，唐先生更進一步說⓬：

> 三祭之致祭時，吾所求是吾之生命精神之伸展，上達於超現
> 實的已逝之祖宗、聖賢及整個天地，而順承、尊載祖宗、聖
> 賢和天地之德。如此敬終如始，並致於悠久，使天地與人，
> 交感相通，而圓滿天人的關係。

在三祭的過程中，宗教心靈是融通貫穿了「自然」與「人文」為一
體而使人透過了祭天地、祖先、聖賢的誠敬感通，因而獲得整體生
活世界的和諧安祥。因此唐先生接著說⓭：

> 三祭不重祈求而重報恩，以一無私心向上超升達於天地、聖
> 賢、祖宗，而求與之有一精神上的感通。此所祭者，包含自
> 己的祖先、自己的地方、自己崇敬的聖賢人物，而不只是一
> 普遍性、抽象性的神佛或天地，這表示一對於「我之個體的
> 特殊存在，與所祭者之特殊之生命精神之關係」之重視。

唐先生此語點出自然與人文和合的三祭，其最主要的精神必須將感
情透過具體的、特殊的對象之落實，而不是一種普遍性、抽象性

⓫ 同註❶。
⓬ 唐君毅：〈宗教信仰與現代中國文化〉，《中國人文精神之發展》（臺
　北：臺灣學生書局，1974 年），頁 337-399。
⓭ 同註⓬。

的，缺乏具體特殊之名的神佛天地的崇拜；換言之，祭祀的對象須是「自己的」地方、祖先、聖賢，此即孔子所言「非其鬼而祭之，諂也」之義，於此突顯了「屬於我們自己」的主體性的宗教精神；換言之，須通透於「我們的主體性」而上達於這個特定的天地、祖先和聖賢，這樣的基本性乃是傳統中國的宗教本質，在文化歷史中爲孔子貞定提升，而形成爲儒家的宗教觀。

唐先生的詮釋並非其主觀上的個人之見；蔡仁厚先生亦嘗有一深刻博厚的三祭之論，蔡先生說[14]：

> 祭天地……所說的「天」，……稱之爲「上帝」，……又可以轉爲形上實體的意義，而說天道、天命、天理、天德等。……中國人看地是大地生機，是持載之德。《中庸》說「天覆地載」，地能持載萬物，這就是地的偉大。這就是「地德」。祭祖先，天地創生萬物，是一切生命之始，而祖先則直接給予我們生命。……祀敬天地和祖先，同樣都是「報本返始」、「慎終追遠」的精神。「齋明盛服，以承祭祀」，根本不是一般祈福消災的心理，而是致誠敬以徹通幽明的限隔，頌祖德以期子孫之繼述光大。這種綿綿穆穆的深摯情懷，既表示精神生命的擴展與延伸，同時也是一種人神交通的精神生活。祭聖賢，代表文化生命；聖賢以其生命、德性、智慧，開發了人類精神無限向上之機；使人反求諸

---

[14] 蔡仁厚：〈儒家精神與道德宗教〉，《新儒家的精神方向》（臺北：臺灣學生書局，1980年），頁47-63。

己，就可以覺識到生命中莊嚴神聖的意義。聖賢興教化、立
人倫，爲人類安排了一個精神生活的軌道，開闢了一個精神
心靈的領域，其文化理想也爲民族文化指出一個正大的方
向，而使之有文化慧命之永恆相續。

綜合上論，中國宗教傳統中的祭天地、祖先、聖賢的三祭，可說是
中國人以一種「報本返始」的虔敬之心，對天地（自然世界）、祖
先（自然－人文世界）、聖賢（人文世界）致其感恩尊重的情懷，以敬
報天地、祖先生養培護，以及歷代聖賢的興人文教化、建文明制度
以提升生命存有價值之恩德，並且由此情懷向四周推拓其仁心，而
能對天地一切過往和現存的芸芸眾生、幽明鬼神均抱持崇功報德、
愛民濟物的道德包容，同時在此報本返始和崇功報德的內在的祭敬
情境中，獲得終極、超越性的宗教層面的安身立命。

三、《論語》中孔子的宗教詮釋

關於中國傳統宗教的發源，在殷商時代便已有祭祀上帝、祖
先、自然神的儀式❶，其上帝並無類似希伯來耶和華「創世」的意
味，但是卻具「主宰」的性格，掌轄自然與人文兩大範疇，敬事上
帝的目的在於祈求上帝庇佑自然與人文兩界的運作順泰平和；自然
神指河岳四方之神，祖先則爲已逝的先公遠祖。在殷人的宗教信念

---

❶　徐復觀：〈周初宗教中人文精神的躍動〉，《中國人性論史》（臺北：臺
灣商務印書館，1969年），頁 15-35。

裏，祖先在上帝左右，亦或說上帝即是祖先之中的最高最遠之始祖，祂們一齊在上界鑒臨下界；人不可直接禱求上帝，須以祖先為中介，透過祭祖而將祈求轉致於上帝，上帝因此賜福殷人。

殷人的宗教形式為周承襲，但其內在的宗教精神卻有質的轉變；周人在祭祀上帝、祖先及自然神的宗教形式內，注入了以人為根源、為中心的「敬」的觀念。依據徐復觀先生的論述，周初領袖與殷商爭奪政權的過程十分艱險，因而逐漸演生出深厚的「憂患意識」，體認到國家民族生存之不易，而發展了「敬」的人文精神，以為「天命」是歸與有德者，而懲戒失德者；因此須以「敬慎戒懼之心及德」來貫達天（上帝）與人的關係，如此逐使周人的宗教精神具有濃厚的道德主體的意蘊。其實踐的方式如此：周人高舉文王，以文王為精純德行的榜樣，即所謂「維天之命，於穆不已，於乎不顯，文王之德之純」⑯，通過純亦不已的文王之德，將道德法則往上投射天或上帝，再以道德性的天或帝鑒臨人世，而世人必須根據道德，亦即敬謹之德的實踐來掌握呈顯天命⑰。

以道德主體貫達宗教活動的精神表現，《論語》多有載記；孔子參與祭祀，完全是誠敬仁愛之德的表現，孔子贊大禹「菲飲食，而致孝乎鬼神」，在孔子看來，禹的虔誠致祭，乃是推擴對父母之孝及於鬼神身上，更由此而將報本返始、崇德報功的精神發展為祭祀的核心意義；人通過祭祀而把自己的精神主體，與自身的所自

⑯　《詩經・周頌・維天之命》（高亨註：《詩經今注》，臺北：里仁書局，1981 年），頁 476。
⑰　同註⑮。

來，及自身的生之所由遂，連繫在一起。由孔子發展出來的祭祀是須推拓自身誠敬仁愛之德於全部的天地宇宙人物幽明之中，在這樣的推拓中，自然含容了鬼神的存有，祭祀鬼神，就是盡德，即是以仁德祭慰鬼神，而非有所「求福」，也無有「怖畏」。 ❽

《論語》中與孔子有關的宗教載記，應屬最能直接呈現孔子宗教觀的資料，吾人統觀這些載記，約可區分出關於「天」、「鬼神」及「祭禮」等三部份。而若統整以析明之，則十分清楚地顯示出孔子具有兩重性的宗教宇宙的結構：其一是「天」，其一則為「鬼神」；前者具有超越終極永恆性，而後者則只是一氣感通的存有。茲錄《論語》有關「天」的章句於下：

1. 王孫賈問曰：「與其媚於奧，寧媚於竈，何謂也？」子曰：「不然，獲罪於天，無所禱也。」（〈八佾〉）

2. 子見南子，子路不悅，夫子矢之曰：「予所否者，天厭之！天厭之！」（〈雍也〉）

3. 子曰：「天生德於予，桓魋其如予何！」（〈述而〉）

4. 子畏於匡，曰：「文王既沒，文不茲乎？天之將喪斯文也，後死者不得與於斯文也！天之未喪斯文也，匡人其如予何！」（〈子罕〉）

5. 太宰問於子貢曰：「夫子聖者與？何其多能也！」子貢曰：「固天縱之將聖，又多能也。」子聞之曰：「太宰知

---

❽　徐復觀：〈孔子在中國文化史上之地位及其性與天道的問題〉，《中國人性論史》，同註❺，頁63-102。

我乎！吾少也賤，故多能鄙事；君子多乎哉？不多也。」
（〈子罕〉）

6. 子疾病，子路使門人爲臣。病閒，曰：「久矣哉！由之行
   詐也。無臣而爲有臣，吾誰欺？欺天乎？」（〈子罕〉）

7. 顏淵死，子曰：「噫！天喪予！天喪予！」（〈先進〉）

8. 子曰：「莫我知也夫！」子貢曰：「何爲其莫知子也？」
   子曰：「不怨天，不尤人，下學而上達，知我者，其天
   乎？」（〈憲問〉）

9. 孔子曰：「君子有三畏：畏天命，畏大人，畏聖人之言。
   小人不知天命而不畏也，狎大人，侮聖人之言。」（〈季
   氏〉）

10. 子曰：「予欲無言。」子貢曰：「子如不言，則小子何述
    焉？」子曰：「天何言哉？四時行焉，百物生焉，天何言
    哉！」（〈陽貨〉）

這十個章句雖在不同的境遇下而言天，但均共同顯示了都是在逼臨
存有的關鍵處，孔子乃以呼喚的方式而言天，所以其有關天的述
句，多用問號或驚嘆號，以強勢的氣氛表達出孔子深沈悠遠蒼古的
天之呼喚。在這裏，孔子對越於天，其實就是對越於一種宇宙生命
的超越、終極、永恆、無限性的「聖域」。

楊祖漢教授在其〈當代儒學對孔子天論的詮釋〉一文中，討論
了徐復觀、唐君毅、牟宗三、錢穆及勞思光等先生對於孔子的
「天」的詮釋，認爲諸先生均有深刻睿見，亦有獨到的智慧與孔子
的「天」相應，但楊教授指出各家或者只取一義發揮，但孔子之

「天」卻未必僅止於一義。他在結論時提到⑲：

> 孔孟於當然而竟不可通處，感到眼前的遭遇實是出於天，這
> 種感受，是非常深刻而複雜的，孔子在此際所表現者，似是
> 一種超越的、宇宙的情感。當孔子說：「鳥獸不可與同群，
> 吾非斯人之徒與而誰與？」「君子之仕也，行其義也，道之
> 不行，已知之矣。」及「不怨天，不尤人，下學而上達，知
> 我者其天乎！」所表露出來的，便是這超越的宇宙性的情
> 感。

楊教授於此指出的「超越的宇宙性情感」，也就是本文此處提到的
「宇宙生命的超越、終極、永恆、無限的聖域」，筆者所以拈出一
個「聖」字，即是因為孔子所對越的「天」原本必然是神聖性的存
有之域。

劉述先教授於〈新儒家與伊斯蘭教〉一文中，鞭辟入裏地點明
了宗教的「聖知」境界；劉教授說⑳：

> 信仰不能化約成為一種純粹主觀的情緒反應，而是一種明
> 覺，對任何人都開放的聖知，這在世界各大宗教傳統之中都

---

⑲ 楊祖漢：〈當代儒學對孔子天論的詮釋〉，《當代儒學論集：傳統與創
新》（臺北：中央研究院，中國文哲研究所籌備處，劉述先主編，1995
年），頁 231-252。

⑳ 劉述先：〈新儒家與新伊斯蘭教〉，《儒家思想與現代世界》（臺北：中央
研究院，中國文哲研究所籌備處，劉述先主編，1997 年），頁 255-279。

有不可輕易加以否定的切身的體證。……

聖知雖有普世性，但必須通過悟（明覺）修（實踐）有所如實相應——中國傳統《易傳》所謂「寂然不動，感而遂通」——才能找到貫通天人的橋梁。

當孔子臨在於天的境域時，他必然懷著一種「聖知」；這個聖知若以牟宗三先生的話而言，就是以「智的直覺」而體知了超越有限性而為無限性的「道」。也唯有如此，才真正是進入了或回返了宗教之境。田立克點出宗教之境即是「終極關懷」；但「終極關懷」是有前提的，田立克認為人只有在「感知到神性的存在」時，他才「感知到終極關懷的內涵」❷；田氏進一步詮釋說❷：

神聖的兩項功能：一為吸引人，一為震撼人。所有的宗教都具備這兩項特質，因為這是人們接觸終極關懷時必然會產生的兩種反應。如果我們深入研究神聖經驗與終極關懷經驗之間的關係，便不難了解「神聖」的這兩項特質。人類心靈之所以渴求無限的境界，是因為有限之物視無限為其歸所。當有限之物進入無限境界時，它一切的需求便都獲得了滿全，……吾人明瞭有限與無限之間難以道里計的鴻溝，……人類親身體驗神性之臨在時，會油然產生五體投地的虔敬之

❷ Paul Tillich 原著，魯燕萍譯：《信仰的動力》（Dynamics of Faith）（臺北：桂冠圖書公司，1994 年），頁 13。

❷ 同前註，頁 13-14。

情，這就是人與神聖間關係最深沈的表現。……「神聖」被
界定爲「超塵絕俗」，……也就是超越被主體與客體一分爲
二的塵世，神聖是一種超越的境界。

所以可以說終極關懷的感知就是感知到「超越境界的神聖」；也就
是通過智的直覺而體知了無限的聖域。田立克又再進一步指出神聖
的經驗具有兩項要素㉓：

一是神聖的臨在，而且是「現在」，臨在於「這裏」；這不
僅聖化了該地，也聖化了整個事件。……也介入日常生活，
使日常生活達到超越現實的境界。
第二是，「神聖」超出所有存在事物之上。它以公正和愛爲
出發點，要求個人與社會進行聖化。

吾人通過田立克對於「終極關懷」及「神聖」的詮釋，明白孔子
「溫良恭儉讓」和「申申如也，夭夭如也」的生命氣象及生活態
度，其本質就是全部人格生命永在「聖域」的存有性呈顯；平居時
如水無波痕，一旦由於生命歷程中的特殊「臨在」，這樣的神聖本
質，就如水鏡中起漣漪，而有語言的喚起或身體的應變，故孔子常
與「其天乎！」的呼喚；《論語》也多載孔子的「身體－主體」的
臨在之應變，譬如，「鄉人儺，朝服而立於阼階。」（〈鄉
黨〉）、「見齋衰者，雖狎必變。見冕者，與瞽者，雖褻必以貌。

㉓　同前註，頁50。

凶服者，式之；式版圖者。」（〈鄉黨〉）、「迅雷，風烈，必
變。」（〈鄉黨〉）。若非生命和生活的聖化，《論語》當不必如
此載記孔子言行。

　　孔子宗教觀的兩重性的第二重爲「鬼神之存有」，《論語》載
記孔子針對鬼神的言行不少，茲錄於下：

1. 子曰：「非其鬼而祭之，諂也。見義不爲，無勇也。」
   （〈爲政〉）

2. 祭如在，祭神如神在，子曰：「吾不與祭，如不祭。」
   （〈八佾〉）

3. 樊遲問知，子曰：「務民之義，敬鬼神而遠之，可謂知
   矣。」（〈雍也〉）

4. 子不語怪、力、亂、神。（〈述而〉）

5. 子疾病，子路請禱。子曰：「有諸？」子路對曰：「有
   之，誄曰：『禱爾于上下神祇』。」子曰：「丘之禱久
   矣！」（〈述而〉）

6. 子曰：「禹，吾無間然矣！菲飲食，而致孝乎鬼神。惡衣
   服，而致美乎黻冕。卑宮室，而盡力乎溝洫。禹，吾無間
   然矣！」（〈泰伯〉）

7. 季路問事鬼神，子曰：「未能事人，焉能事鬼？」曰：
   「敢問死。」曰：「未知生，焉知死？」（〈先進〉）

由上所引《論語》中關於鬼神的載記，不能否認孔子對於鬼神的重
視。鬼神在孔子宗教心靈中的實存與否，學者意見紛歧，如徐復觀

先生由於反對形上學的立場，連「天」的超越、無限之神聖客觀性都加以否定，楊祖漢教授稱徐先生將天「虛位化」，即是把天的存在界的客觀根據之義泯除❷，由於如此，《論語》中的鬼神載記，都成爲一種社會實用功能主義下的產物，所以，徐先生說❷：

> 孔子既未公開反對鬼神，但卻很明顯地把鬼神問題，貶斥於他的學問教化範圍之外，而是要以「義」來代替一般人對鬼神的依賴。
>
> 對於傳統事物，只採取價值的轉換，⋯⋯鬼神祭祀，在當時已成爲社會的一種風俗；孔子對這種風俗，在知識上不能證明其必有，但也不能在知識上證明其必無，所以《論語》上對鬼神的態度，實際上乃是一種「關疑」的態度。

徐先生如是詮釋，恐有問題，首先不論鬼神在孔子心目中有或無，他不但未將鬼神「貶斥於學問教化之外」，反而十分重視關於鬼神祭祀的教化，這只要細心觀看《論語》相關於鬼神祭祀的眾多載記便可知曉。其次，孔子亦非從俗而行祭祀，若依徐先生，則孔子豈不成了社會習俗的功能實用主義者？若果如此，則孔子對於天的聖知，均屬虛妄。徐先生又說❷：

---

❷　同註❶，頁 237。
❷　同註❶，頁 81-82。
❷　同註❶，頁 82-83。

在祭祀中，他（孔子）反對「非其鬼而祭之」，祭祀的對
象，以祖先為主，……在自己誠敬仁愛之德中，不忍否定一
般人所承認的鬼神之存在；其目的只在盡一己之德，並無所
求於鬼神。這完全是使每一個人從以己為中心的自私之念，
通過祭祀而得到一種澄汰與純化。《論語》上「祭如在，祭
神如神在」的「如」字，正是這種精神狀態的描寫。「敬鬼
神而遠之」，把「敬」字和「遠」字連在一起，也正是這種
精神的說明。所以可以說這不是宗教性的祭祀，但更可以說
這是從原始宗教的迷妄自私中，脫化淨盡以後的最高級地宗
教性地祭祀。……

最可玩味的是〈鄉黨篇〉「鄉人儺，朝服而立於阼階」的記
載。儺是逐疫而近於遊戲的一種儀式。孔子朝服而立於阼
階，難說是相信這種風俗嗎？只是敬參加的「鄉人」而
已。

吾人以為徐先生此處所言，除了舉出誠敬仁愛之德之外，於孔子的
宗教心靈及鬼神祭祀的態度所作的詮釋，恐怕多為不相應的論述。
譬如孔子固然不祭「非其鬼」，但分明十分敬謹地祭祀「其鬼」，
也就是自己的祖先，而既然自己祭祖，當然也鼓勵支持他人各自祭
自己的祖先；家家人人均祭祀先祖，這樣的心靈和行為，很難只用
所謂「澄汰純化人的自己中心的私念」的道德律可得以解釋，因為
一旦家家人人均一致虔敬祭祖，此種宗教力，絕不會置先祖的「存
有性」不顧，祭祀先祖的「神聖存有性」，而感通其為一種主體之
存在，應當是祭祖的核心義，且此種祭禮由來久遠矣，早已成為中

國的宗教心靈的重要內涵，孔子焉有不予正視而只將之視爲一種社會功能之理？復次，孔子除了祭鬼之外，更虔敬祭祀神祇，所以才有「祭如在，祭神如神在，子曰：『吾不與祭，如不祭』」這樣重要的「聖知語」。朱子註釋此章曰❷：

> 程子曰：「祭，祭先祖也，祭神，祭外神也；祭先主於孝，祭神主於敬。愚謂此門人記孔子祭祀之誠意。
> 又記孔子之言以明之，言己當祭之時，或有故不得與，而使他人攝之，則不得致其如在之誠，故雖已祭，而此心缺然，如未嘗祭也。
> 范氏曰：「君子之祭，七日戒，三日齋，必見其所祭者，誠之至也。是故郊則天神格，廟則人鬼享，皆由己以致之也。
> 有其誠則有其神，無其誠則無其神，可不謹乎？

朱子於此一方面點出祭祖、祭神的祭祀活動本身即是主體性目的，而非功能，所以必須以一心之誠才能感格鬼神；當然，鬼神在朱子心靈中，乃是神聖的主體性存有，絕非一種社會功能的「設準」，亦無「闕疑」之可言。此處所言祭如在和祭神如神在的「如」，正如同《中庸》所云「鬼神之爲德，其盛矣夫！洋洋乎，如在其上，如在其左右」的「如」，不可作「好像、似乎」解，而必是「本來如是」之「如」；也就是通過虔敬一心的感格，先祖、神祇本來如是地神聖而存有。明白此理，也就了解徐復觀先生對於〈鄉黨〉所

---

❷ 〔宋〕朱熹集註：《論語》，〈八佾〉，同註❿，頁33。

記「鄉人儺，（孔子）朝服而立於阼階」的神聖義，實無相應的詮解。孔子朝服並非如徐先生所云「只是敬參加的鄉人而已」，這樣的說法，恐怕將主體搞錯了；孔子朝服的主體乃在宗廟先祖，而非鄉人。關於鄉人儺章句，朱子註釋說是「儺，所以逐疫，周禮，方相氏掌之，儺雖古禮，而近於戲，亦必朝服而臨之者，無所不用其誠敬也。或曰，恐其驚先祖五祀之神，欲其依己而安也。」❷⑧依此，則孔子在鄉人儺舞逐疫的時候，孔子警懼疫鬼驚擾宗廟先祖，故朝服立於阼階以拒之。按所謂「儺」，《漢語大字典·儺》釋曰：「古代臘月驅逐疫鬼、祓除不祥的迷信儀式，是原始的巫舞之一。……《論語·鄉黨》：『鄉人儺，朝服而立於阼階。』何晏註：『孔曰：儺，驅逐疫鬼。』《呂氏春秋·季春》：『國人儺，九門磔禳，以畢春氣。』高誘註：『命國人儺，索宮中區隅幽闇之處，擊破大呼，驅逐不祥，如今之正歲逐除是也。』唐孟郊《絃歌行》：『驅儺擊鼓吹長笛，瘦鬼染面唯齒白。』宋陸游《歲暮》：『太息兒童癡過我，鄉儺雖陋亦爭看。』」❷⑨由此可見古代驅疫的「儺舞」，是一項重要的宗教民俗活動，亦是古代國家、社會的重要文化內容，孔子敬慎的表現，恐非徐先生所以為的隨俗而敬鄉人而已。蔣伯潛釋曰❸⓪：

---

❷⑧　同前註，頁 145。

❷⑨　《漢語大字典》，第一冊（武漢：湖北辭書出版社、四川辭書出版社，1986 年），頁 238。

❸⓪　蔣伯潛廣解：《語譯廣解論語讀本》（香港：香港啓明書局，1964 年），頁 145。

孔子遇鄉村裏舉行逐疫的時候，必穿著朝服，去立在家廟的
東階之上。《皇疏》曰：「孔子聞鄉人逐鬼，恐見驚動宗
廟，故著朝服而立於阼階，以侍祖先，爲孝之先也。」

蔣註應屬確解，而由此實可見孔子在天之聖知的感應之中，其宗教
心靈和實踐，必是以虔敬愼重的態度，對應已在文化歷史裏面具有
深根固柢的鬼神祭祀傳統。在這樣的虔敬愼重態度裏面，孔子絕非
以社會功能實用主義的動機，加以虛應故事，而確然是視鬼神爲一
種宇宙生命中的存有型態。

　　基於上述，吾人亦可指出學者以「保持距離」甚或「排拒」來
詮釋「務民之義，敬鬼神而遠之，可謂知矣。」的「遠」，乃是不
相應、不確諦的詮釋；孔子「敬鬼神而遠之」的觀點，被曾子承
繼，故有「愼終追遠，民德歸厚矣。」（〈學而〉）之言，足見這
個事關鬼神祭祀的宗教實踐的「遠」，必有其深意，吾人以爲，若
將孔子返置於他的周文傳統之中，同時思考到他對於「天」的神聖
性感知，當可明白這個「遠」應爲「深遠」之義，也就是淵遠流長
的意義；換言之，祭祀鬼神，依超越、終極、永恆及無限的神聖關
懷，孔子和儒門子弟在崇祀神祇祖先之時，必以其虔敬之心，而往
鬼神的「內在」深層，推拓及於自然宇宙以及人文歷史的深厚長遠
的存有性；鬼神實乃深厚長遠的宇宙和歷史的存有之一種存有狀態
或形式，與人具有一個連續性的貫達，孔子和後世儒家通過虔敬一
心的祭祀感應而往上與「神的存有」貫達；往下與「鬼的存有」貫
達，這樣的連續性貫達，儒家無以名之，乃名之爲「氣」。北宋張
橫渠先生對於鬼神，甚能以一氣的貫達之義詮釋，而合乎孔子本

義；《正蒙》曰❸：

> 太虛無形，氣之本體，其聚其散，變化之客形爾；……天地
> 之氣，雖聚散、攻取百塗，然其為理也順而不妄。氣之為
> 物，散入無形，適得吾體；聚為有象，不失吾常。太虛不能
> 無氣，氣不能不聚而為萬物，萬物不能不散而為太虛。循是
> 出入，是皆不得已而然也。……氣浮而上者陽之清，降而下
> 者陰之濁，……太虛為清，清則無礙，無礙故神，反清為
> 濁，濁則礙，礙則形。……鬼神者，二氣之良能也。……天
> 道不窮，寒暑也；眾動不窮，屈伸也；鬼神之實，不越兩端
> 而已矣。

由此可見，橫渠體認的鬼神乃屬天地陰陽二氣的屈伸變化的「良
能」，乃宇宙生命的一種存有的形式或狀態。萬物為氣的聚散變化
之客形，人如此，鬼神亦如此。站在儒家萬物皆備於我的「聖
知」，祭祀鬼神，其實即是感通貫達於太虛本體，也就是透過感應
於鬼神二氣的良能，而使自身返歸於超越、終極、永恆、無限的天
之聖域。所以橫渠在《正蒙》中也提到：「鬼神，往來、屈伸之
義，故天曰神，地曰祇，人曰鬼。……鬼神常不死，故誠不可掩；
人有是心在隱微，必乘間而見，故君子雖處幽獨，防亦不懈。」❷

---

❸ 〔宋〕張載：〈太和〉，《正蒙》（臺北：河洛出版社，景印初版，
　〔明〕王夫之撰《張子正蒙注》，1975 年），頁 3-17。

❷ 同前註，〈神化〉，頁 54-58。

張載顯然認爲二氣良能的鬼神屬於「常不死」的宇宙生命的存有，
人在幽微心機投射照映之處，是可以見到鬼神的。

朱子的鬼神觀亦有類似的體知，陳榮捷說[33]：

> 屛弟子員告先聖文有云，「唯先聖先師臨之在上」。刊四經
> 成告先聖文云，「神靈如在，只鑒此心」。顯然朱子相信有
> 神靈的存在。此信仰乃儒家傳統之信仰。朱子繼之，然亦有
> 其哲學之解釋。《中庸》云：「鬼神之爲德，其盛矣乎。視
> 之而弗見，聽之而弗聞，體物而不可遺。使天下之人，齋明
> 盛服，以承祭祀。洋洋乎，如在其上，如在其左右。《詩》
> 曰：『神之格思，不可度思，矧可射思？』夫微之顯，誠之
> 不可揜如此。」朱子釋之曰：「鬼神主乎氣而言。……誠實
> 也。言鬼神是實有者；屈是實屈，伸是實伸。屈伸合散，無
> 非實者，故其發見昭昭，不可掩如此」，又曰：「祖宗氣只
> 存在子孫身上，祭祀時只是這氣便自然又伸。自家極其誠
> 敬，肅然如在其上是甚物？那得不是伸？此便是神之著
> 也。」

顯然朱子與橫渠一樣，視鬼神爲屈伸的氣的變化，朱子更加強調鬼
神是氣的「實」的屈伸，換言之，鬼神乃是實際存有於宇宙中的某
種形式或狀態，只要「自家極其誠敬」，鬼神就會在人的眼前著

---

[33] 陳榮捷：〈朱子之宗教實踐〉，《朱學論集》（臺北：臺灣學生書局，
1982年），頁181-204。

顯。

宋儒的鬼神祭祀觀，應該是較今儒更接近孔子本義的。今之學者，特別如徐復觀先生那一代人，成長於科學主義「反宗教迷信」的時代，多少是秉持無神論的意識型態來詮釋孔子，遂不免將孔子視爲全然科學理性的無神論者，完全忘記孔子乃生存在兩千五百年前「周文」甚或「三代」文化傳統的古人；古人的孔子豈有今日科技主義的心態而視鬼神祭祀爲社會功能而已？

基於上面的詮釋，《論語》中許多關於宗教祭祀及鬼神生死的章句之意義，遂可獲得如實且一貫的理解。在孔子及後世儒者均能區分「天」與「鬼神」的形上存有論的差異，前者屬超越、終極、永恆、無限的道體，後者則屬二氣的變化，儒門君子的呼喚和祈禱，乃是向聖域之天有所言行的，而非邀氣範疇的鬼神的福蔭，《論語》載孔子斥責子路的章句，如「子疾病，子路請禱。子曰：『有諸？』子路對曰：『有之，誄曰：禱爾于上下神祇。』子曰：『丘之禱久矣！』」（〈述而〉）、「子疾病，子路使門人爲臣。病閒，曰：『久矣哉！由之行詐也。無臣而爲有臣，吾誰欺？欺天乎？』」（〈子罕〉）孔子疾病，且其病顯然不輕，子路關心老師安危，而有一些宗教性行爲，但均屬向鬼神求冥福之類，此爲孔子不願接受，因爲以全副聖知的宗教體知的孔子而言，唯天爲其宗教終極關懷之所對，氣界的鬼神，雖爲祭祀之禮的對象，但非超越者、終極者、永恆者、無限者，故非孔子的無限德量的聖知之心的呼喚主體。子路不能體悟老師，故孔子斥責之。

瞭解天與鬼神雙重構造觀的宗教心靈，生、死的關聯亦乃得以詮解。《論語》：「季路問事鬼神，子曰：『未能事人，焉能事

鬼？』曰：『敢問死？』曰：『未知生，焉知死』？」（〈先進〉）學者有以爲孔子爲現世主義者，故拒絕答「事鬼神」，亦拒絕提及「死」；孔子固然不像道教佛教之特論死後世界或死後輪迴，但卻非膚淺平面的現世主義之徒。中國古義：人死曰鬼，亦可曰神，蓋因人鬼亦可成神，《禮記》規定神祀的原則爲：「法施於民則祀之，以死勤事則祀之，以勞定國則祀之，能捍大患則祀之。」❸❹可見於國於民有功勳者，死後成神。清代《嘉慶會典》則有五條神祀規定：「社稷神祇則以祀，崇功報德則以祀，護國佑民則以祀，忠義節孝則以祀，名宦鄉賢則以祀。」❸❺除了首條之外，餘四條均爲人死有功於國家社會而成神。可見人死而爲鬼神的觀念，連綿數千年而未改，因此，所謂「死」的提問法，其實與「鬼神」的提問法，沒有本質上的差別。如果子路明白「生－死」或「人－鬼」，在「天」的照映下，實爲一個宇宙生命連續體的兩端，則應該是一旦體悟了「人道」和「生」，自然就能覺悟鬼神之理或死亡之理。唐亦男教授說❸❻：

> 「未知生，焉知死」，顯然並非否定「死」一事實，而是意
> 謂要了解「死」的意義，必先了解「生」的意義，將「死」
> 包含在「生」之中，則「生」的問題解決了，「死」的問題

---

❸❹　《禮記·祭法》，同註❹，頁743。

❸❺　轉引自《臺灣省通志》第四冊，〈人民志·宗教篇〉（南投：臺灣省文獻
　　委員會，1971年），頁281。

❸❻　唐亦男：〈從儒家的「生死觀」說起〉，《牟宗三哲學與唐君毅哲學論》
　　（臺北：文津出版社，江日新主編，1997年），頁203-224。

也連帶解決了。……孔子重視的不在生死兩端,主要是從生到死中間的過程,即生命現象變化的過程。……《禮記》不說生死而說始終,所謂:「君子曰終,小人曰死」,《易·繫辭上》曰:「原始反終,故知死生之說」。死對君子來說僅僅是自然生命的終結,而精神生命是不會死的。

為何君子不曰死而曰終?此即儒家要求生命之意義不在這個肉身軀殼的由搖籃到墳墓,若是如此,則違背了儒家生生之氣連續體的基本存有論的看法,此所謂「終」者,非肉身有限物之死也,乃宇宙生命的終極性存有之境界之義也。透過對於天之聖域的感應和攝握,生死人鬼原本就是一個連續體的共存之存有物,對儒家君子而言,生命的功夫即「原始返終」,而「原始」即「返終」;「返終」即「原始」,在這個功夫中,並無生死人鬼雙躭的狀態,均如如是道體的生生不息罷了,能體悟這點,才眞能體悟孔子的宗教精神。

四、孔子宗教觀的一貫之道

《論語》載:「子曰:『賜也,女以予爲多學而識之者矣?』對曰:『然,非與?』曰:『非也,予一以貫之。』」(〈衛靈公〉)孔子是以一貫之道而樹立生命規範的;他說到「五十而知天命」(〈爲政〉),此聖知天命,即孔子所以一貫之道。然而《中庸》曰:「天命之謂性,率性之謂道,修道之謂教。」天命是要下貫而爲人性人心的,若未透過人的心性的實踐,天命將成抽象化的純

理，就不是儒家所說的天命矣。牟宗三先生說㊲：

> 在中國思想中，天命、天道乃通過憂患意識所生的「敬」而
> 步步下貫，貫注到人的身上，便作爲人的主體。在「敬」之
> 中，我們的主體並未投注到上帝那裏去，我們所作的不是自
> 我否定，而是自我肯定。……表面說來，是通過敬的作用肯
> 定自己；本質地說，實是在天道、天命的層層下貫而爲自己
> 的眞正主體中肯定自己。
>
> 通過「敬德」、「明德」表示並且決定「天命」、「天道」
> 的意義，那是一個道德秩序。……天道與天命不單在人的
> 「敬之功能」中肯定，更在人的「本體」中肯定。因此，這
> 道德的秩序亦爲宇宙的秩序。
>
> 天命與天道既下降而爲人之本體，則人的「眞實的主體性」
> 立即形成。……這主體……不是形而下的，不是「有身之
> 患」的身，不是苦罪根源的臭皮囊，而是形而上的、體現價
> 值的、眞實無妄的主體。孔子所說的「仁」，孟子所說的
> 「性善」，都由此眞實主體而導出。

雖然牟先生說這樣的由天命下貫導出的眞實主體之肯定，不是宗教
而是道德，但牟先生是以基督教的範疇說爲「宗教」，如果順由中
國的悠遠三祭傳統以及孔子關於天的教化，當然，牟先生此段所

㊲　牟宗三：《中國哲學的特質》（臺北：臺灣學生書局，1963 年），頁 22-
25。

言，乃即道德即宗教的論述。牟宗三先生又引了《詩·周頌·維天之命》：「維天之命，於穆不已。於乎不顯，文王之德之純」的詩，然後贊美文王說❸：

> 爲什麼要大大昭彰文王的德性呢？因爲文王眞正能夠表現自己光明的德性生命，他的生命之光永恆不滅，他的德性精純不雜；所以他永遠不會墮落。難怪《中庸》對「維天之命，於穆不已」加一精警的贊語，說：「此天之所以爲天也。」又對「文王之德之純」加一類似的贊語，說：「此文王之所以爲文也，純亦不已。」這兩句贊語中的「所以」，都是爲了表明「本質」的意思。「天之所以爲天」，就是天的本質，換句話說，便是天的德。同樣，「文王之所以爲文」，等於文王的德。……天之德和文王之德有甚麼關係呢？顯然，天命、天道貫注到個體的身上時，只要這個體以敬的作用來保住天命，那末天命下貫所成的個體的性可以永遠呈現光明，文王便是一個典型。

牟先生這裏的論述，其實點出文王以其全幅光明的德性之徹體實踐，而在人的世界和歷史中，充其量地呈現出天德的光明。換言之，以道德秩序驗證了宇宙秩序。事實上，這即是宗教實踐的最高典型，文王之所以爲文的道德光輝，唯有全體生命體知了天之聖域的宗教人格，方足以臻至，此宗教人格放諸古今四海的各大宗派，

---

❸　同前註，頁 32-33。

其教主或聖者型人格，不正是有著同樣的光輝？所以吾人可以說牟宗三先生讚美天德和文王之德的此段話語，既是道德主體的陳述語，也同時是宗教主體的陳述語，兩者相涵相生而不衝突矛盾，但卻十分強調通過人的德性之踐履以印證天的德性之「在泥土中的現世之存有」，而非一種高懸抽象冷冷然的幽光。

在唐君毅先生看來，以文王爲古代聖者典型的宗教型態，可稱之爲「天德流行境」的宗教，此天德需是當下的在此世界的價值實踐，而非寄託於未來或其他世界的應許。吳汝鈞教授詮釋唐君毅先生的意思，指出唐先生認爲儒家是從道德心靈作爲立教的根基，希望透過道德人格的建立，不但能帶出理想的倫理道德社會，更使道德心靈能自我超升而成爲一絕對的道德精神，達到天人合德的理想，此境即是「天德流行境」。㊴吾人若把唐先生的說法與牟先生的說法，配合以觀，顯見兩位當代新儒家大師對於人德實踐天德的論點，並無不同。吳汝鈞教授進一步詮釋唐先生的「天德流行境」的宗教觀，指出唐先生認爲儒家既然能肯定生命及世界的存在價值，於是提出人應當本著他的內在的德性，推廣開去，在世界中建立理想的道德人格，再與天方面互相感通，達致天人合一。因此，他稱儒家的思路爲一順觀的宗教精神方向㊵。順觀的天德流行境的儒家宗教之實踐，是需要由主體核心層層往外推拓的，即由孝弟之道推及於全世界，此即儒家「親親、仁民、愛物」的所謂「推恩」

㊴　吳汝鈞：〈唐君毅先生對儒、釋、耶的判教法〉，《當代新儒家人物論》
　　（臺北：文津出版社，李明輝主編，1994 年），頁 199-228。
㊵　同前註，頁 213。

的道德實踐之明訓。吳教授說❹：

> 德性心靈的開拓，不應只限於人與人之間的互相感通，應超
> 越世界的限制，而與絕對的道德精神互相融和、溝通。此中
> 的基礎是，人既能透過道德生活而建立理想的道德人格，這
> 道德人格也會對一切理想的道德人格生命有一愛敬而求感通
> 之情。故道德心靈不會受其自身的限制，卻是要超越時間空
> 間，與一切古今四海的道德人格精神互相感通又互相遙
> 契。……還能自我超升，把其他德性的存在都融攝於自家的
> 生命心靈中。最後，這道德的生命心靈能自我超升至天德流
> 行的境界。……這德性正是由根源的天而來，人德爲天德所
> 俱藏備足，因此，人要盡性盡德，才能與天互相感通。

吳教授此段論述已將唐君毅先生對於天德流行境的宗教觀詮釋甚明
晰；天的神聖，也就是天的超越、終極、永恆及無限的本質，須由
道德人格的永無歇息的推恩及感應過程中，才能如如地在人間呈現
出其面目。這個宗教重點即落實在「人的盡性盡德」，也就是孔子
所說的「人能弘道，非道弘人」的意思。究其實，道德心靈的感通
和踐成，不惟止於人，亦應廣及於宇宙中一切生靈，能如此才稱得
上是天德的流行。唐先生的宗教觀，事實上，也就是孔子以及後來
歷代儒家一脈相傳承的宗教心靈傳統；敘論的語言或有出入，每位
儒門君子的宗教體驗或各有一曲之偏，但其一貫之道、價值核心卻

---

❹　同前註，頁 214。

應該是一個，而非二、非三。

關於這樣的儒家宗教傳統，曾昭旭教授指出❷：在儒家生命一旦已健旺到足以承擔萬物，心靈也自信到願完全開放自己以接納萬物，便首先顯出一種與萬物血脈相連的一體感，此即程明道之所以用「不麻木」來釋仁，而說「仁者以天地萬物爲一體」。在這裏所說的心靈之覺，便必須是覺這個一體感，而不能只是佛之知煩惱與道之覺逍遙。此即孔子所說：「一日克己復禮，天下歸仁焉。」即是一做工夫，此心便立即關懷天下，所以陸象山才說「宇宙即是吾心，吾心即是宇宙」；換言之，天德即人德，而人德即天德，天人合而爲一。曾教授說❸：

> 在這樣一種道德的覺知之下，便自然興發一種對外物（包括人事物）的悱惻之感。這便構成一種動力，要人去作及物潤物的道德創造。所謂「仁者愛人」，推展之而爲親親、仁民、愛物，或者齊家、治國、平天下。但不管實際上這道德事業能開展到那一地步，而本質上無非是這一點發心之仁、悱惻之感，亦即一心之遍潤。必如此不斷地順此心之悱惻去實踐，此心才能安，生命也才飽滿。這才是成己成物，一體圓融的大成之教。

---

❷ 曾昭旭：〈從生命升沈的辯證歷程論儒道佛耶四教異同〉，《當代新儒學論文集·總論篇》（臺北：文津出版社，劉述先主編，1991 年），頁 127-146。

❸ 同前註，頁 144-145。

由曾教授所言，吾人可掌握到儒家宗教的實踐核心即是「一點發心之仁」，也就是「仁心仁德」的「仁」。程明道說：「仁者，渾然與物同體，義禮智信皆仁也，識得此理，以誠敬存之而已。不須防檢，不須窮索。……此道與物無對，大不足以明之，天地之用，皆我之用。」❹明道此語一則指出仁心發用大至整全的天地、無限的宇宙，而與物無對；一則指出仁心乃是透過義禮智信等誠敬之生活態度而實踐出來的。仁心的發用，朱子又較能明之，朱子曰❺：

> 天地以生物之心者也，而人物之生又各得夫天地之心以為心者也。故語心之德，雖其總攝貫通、無所不備，然一言以蔽之，則曰仁而已矣！請試詳之。蓋天地之心，其德有四，曰元亨利貞，而元無不統。其運行焉，則為春夏秋冬之序，而春生之氣無所不通。故人之為心，其德亦有四，曰仁義禮智，而仁無不包。其發用焉，則為愛恭宜別之情而惻隱之心無所不貫。故論天地之心者，則曰乾元坤元，則四德之體用不待悉數而足。論人心之妙者，則曰仁人心也，則四德之體用亦不待遍舉而該。蓋仁之為道，乃天地生物之心，即物而在。情之未發而此體已具，情之既發，而其用不窮。誠能體而存之，則眾善之源，百行之本，莫不在是。……此心何心也，在天地則塊然生物之心，在人則溫然愛人利物之心，包

---

❹ 〔宋〕程顥：〈識仁篇〉，《宋元學案·明道學案》（臺北：河洛圖書出版社，景印初版，〔明〕黃宗羲、全祖望編，1975年）。

❺ 〔宋〕朱熹：〈仁說〉，《宋元學案·晦翁學案》（臺北：河洛圖書出版社，景印初版，〔明〕黃宗羲、全祖望編，1975年），頁22。

四德而貫四端者也。

朱子於此明示「仁」貫達天心人心，其發用在天地則曰元亨利貞，
在人則曰仁義禮智。就天或就人而言，均以生物愛人爲其本質。但
天心畢竟透過人心而顯，換言之，天地生物之心，即物而在，實由
人之仁心加以感應，所以生命生靈若有不暢遂，人心即刻而發惻隱
不忍之情，而思有以拯救之，這樣的惻隱不忍之情，其實也是宇宙
天地之間通透幽明陰陽人鬼所共具，在人稱爲人心，在宇宙天地的
一貫之氣的大流行，則稱爲天心，其實一也。儒家是在這樣無隔限
無畛域中說仁心仁德的，當仁發用時，人與世界之間獲得安頓，人
與他人之間獲得安頓，人與歷史之間獲得安頓，人與鬼神二氣之間
獲得安頓，人與他自己之間亦獲得了安頓，孔子說：「一日克己復
禮，天下歸仁焉」的深意在此。

五、清代一位治臺儒臣的儒家宗教實踐：
陳璸的宗教思想

　　陳昭瑛教授研究清代臺灣的教育碑文，指出從這些碑文的內
涵，明顯看出朱子學對於清代臺灣的思想，有著深刻的影響。她認
爲福建朱子學與臺灣清代儒學具有深厚的淵源。在臺的清代儒臣，
陳教授特別舉出康熙年間在臺的陳璸，特別表彰陳璸在臺新建臺灣
府學明倫堂、重修臺灣府學、新建文昌閣及新建朱文公祠等文化教
育治績，所呈顯出來的朱子儒學的重要貢獻。而且也詮釋了陳璸於
《新建朱文公祠碑記》和《新建文昌閣碑記》中，對朱子學作了發揮，

且以朱子學的正統儒學導正文昌信仰的功利色彩和科名觀念。**⑯**

　　陳璸顯然是清初深受朱子學影響的儒者及儒臣；然則，他的宗教思想或也當然受到朱子的影響，且透過朱子而上達於孔子的宗教心靈。

　　陳璸自幼熟讀《四書》、《五經》等先秦儒家經典，既長，又精習《太極圖說》、《西銘》、《朱子小學》……等宋明儒之書，拳拳服膺，身體力行。康熙三十八年（1699），陳璸被派任福建窮山之中的耕田縣，《陳清端公家傳》言及古田乃「穴山而居，丁田淆錯，賦役輕重，欹民逃逃轉徙；黠悍者或嘯聚林谷，奸吏蘗牙其間，狙詐喜事，挾持短長。」**⑰**在這樣粗鄙不文之地，陳璸「條具八事，請於大吏，行之而賦平役均，民以蘇息報最。」**⑱**可見其行政之方，實由「賦平役均」下手，亦即掌控治理了民生經濟的公平性；這也是他在古田縣任上說的：「使饑者得食，寒者得衣，有衣食者知禮義而重廉恥，將一邑之人心風俗漸敦古處，獄訟衰息。……」**⑲**陳璸行政實依孔子所言「先富後教」之旨，是傳統儒臣的作風，勤政愛民就是如此簡易下手。

　　《家傳》說陳璸「調臺灣，復陳事宜十二條，以興學、廣教為

⑯　陳昭瑛：〈清代臺灣教育碑文中的朱子學〉，《臺灣儒學——起源、發展與轉化》（臺北：正中書局，2000 年），頁 49-80。

⑰　〔清〕顧鎮：〈陳清端公家傳〉，《陳清端公文選》（臺灣文獻史料叢刊，臺北：臺灣大通書局，未刊年份），頁 10。

⑱　同前註。

⑲　〔清〕陳璸：〈古田縣諮訪利弊事〉，《陳清端公文集》（〔清〕同治七年羊城富文齋刻本，轉引自黃秀政：〈清代臺灣循吏——陳璸〉，《臺灣史研究》（臺北：臺灣學生書局，1992 年），頁 83。

首務。」又說其再「調巡臺廈，即請革官莊、除酷吏、恤番民，鼎新學宮，建紫陽祠於側，示人以格致誠正之學。」❺似乎太過於重視教化而輕忽了經濟實務？實則不然，他深知民以食為天之理，故治臺灣縣時甚重穀糧的生產分配，在《條陳臺灣縣事宜》中，特立一條以論倉穀事宜❺：

> 倉粟一項，國藏攸關，遇有荒歉，為民生所待濟，係甚重也。……每年三、四、七、八等月青黃不接，此宜散倉粟出糶時也。若仍封倉不糶，必致米貴病民，且陳陳相因之粟，大半紅腐洷爛而不可食矣。每年秋成後，於十二、正、二等月，此宜斂粟入倉時也。倘不早徵收，至增價買補，必致倉無餘粟。一旦天行告沴，有欲糶之無可糶，賑之無可賑者矣。是斂之與散之不容不為調劑也。……數萬戶口，半多寄食在市，散不時，哀鴻嗷矣。且近海地濕，粟易洷爛，阻隔重洋，告糴無所，斂之、散之，必及時乃有劑也。

依此所記，陳璸治臺，除了著力興學辦教之外，他是十分重視農食要務的，特別以海島臺灣而言，若果無粟，且糶散失序，將動搖基本民命。再若遭逢雨旱過時，釀成天災，則臺民立即可能淪為路中死骨，為政儒臣能不戒慎恐懼？基於這樣的治道上的關懷，陳璸乃

---

❺　同註❹。

❺　〔清〕陳璸：〈條陳臺灣縣事宜〉，《陳清端公文選》，同註❹，頁 1-11。

有《臺邑求雨牒城隍文》之作。

《臺邑求雨牒城隍文》用「牒」字而非「祭」、「告」或「求」等字,可見陳璸儒家祭祀之本義。蓋儒家祭禮,如孔子所言「非其鬼而祭之,諂也。」以及「媚於奧或媚於竈?獲罪於天,無所禱也。」儒家的祭祀並非以巫術向鬼神諂求或媚取,其實義應是孔子所言「祭神在,祭神如神在」以及「務民之義,敬鬼神而遠之」,目的在以馨香和祈禱以求自然界和人文界的安頓和寧。陳璸以此理念爲出發點,爲久旱不雨,有傷農稼的大事而「牒」文給城隍,蓋因風雨調順之務,乃城隍的本份,而非給眾生的「恩賜」;人與神各有職司,不分人神均須盡其職司,神若未盡責,就是失職,應受譴責。於此陳璸明顯表現了他的儒家宗教信念,是將天與鬼神區分爲上下雙重,天屬超越的鑒臨者,而神祇的城隍則是有限的存有,亦需服膺道德的規範。陳璸曰❷:

> 臺地一年一熟,神所知也。民間播種在端午後,神所知也。臺無陂池,全賴雨水布插,神所知也。乃自四月廿一日雨旋晴,越五月盡亢暘不雨,民田半在草間,苗秧已同焦尾。民之災傷,莫有甚於此時也;民之痛瘝,莫有切於此日也。今忝民牧,即以前月廿八日在神廟啓壇禱雨,神之聽之矣。謂宜朝發牒而夕其雨也。夫何三日不雨,又三日而亢暘如故?豈神之囿聞之歟?如罰令,應止令之一身,何爲遷怒於民?夫民非令之民,朝廷之民也;民亦非神之民,上天之民也。

---

❷　同前註,頁4。

> 天以民之心爲心，朝廷以天之心爲心，令苟有一念不在斯
> 民，負朝廷矣；神苟有一念不應斯民，負上天矣。負朝廷，
> 令之罪不容誅；負上天，神之罪又誰諉？令衣租食稅，享民
> 之奉；神亦歲賽時報，享民之祀。其食報於民同，則其爲民
> 造福當無弗同，斷無民罹災傷，任令大聲疾呼，而神茫無應
> 者。……

在這一甚長的段落裏，陳璸表現了一個臺灣縣令對他轄區農時的了
解，所以才有「臺地一年一熟，民間播種在端午後，且臺無陂池，
全賴雨水布插」之語；清代以農立國，地方大吏對己轄內的農業的
熟習，本屬本務，但相較於大部份官吏的因循苟且，陳璸的表現稱
得上爲一賢良儒臣。由此言亦知康熙年間（四十年，1701）的臺灣縣
（南臺灣）雖已經漢人開墾，但仍「一年一熟，無陂池，全賴雨水
布插」，換言之，其時臺灣仍在粗放型態農業，要等開陂鑿圳，引
水灌田之後，才逐漸發展出精耕集約的漢式水稻業。❺❸

　　文中所言「四月……苗秧已同焦尾」一句，也必屬陳璸親歷的
現象，南臺灣的乾旱往往來自於半年乾季之延長，若無人造陂圳的
灌溉，乾旱的自然現象極易發生，漢人從事稻作，需水孔急，若遇

---

❺❸　高拱乾修於康熙三十三年（1694）的《臺灣府志》，在〈水利〉條下，於
　　臺灣縣，載有八個潭、一個池、三個陂，並且在其中某些潭池陂下載明有
　　灌溉之利。〔清〕高拱乾：《臺灣府志》（臺灣文獻史料叢刊，臺北：臺
　　灣大通書局，未刊年份），頁 44。陳璸撰此文之時間，離高志修纂之時
　　不遠，似乎有所矛盾，但亦可能經過數年，臺灣縣境原本規模狹小的水利
　　設施已經乾涸淤泥塞。

乾旱,便易歉收而成災。一縣之長的大政,當然在意風調雨順與
否,亦會以農穀的豐收爲念,更重要者是在天工人其代之,廣開陂
圳以資農田用水,但顯然陳璸在其任內並未廣開水圳陂塘,一旦天
旱傷農苦民,其自身實亦須自我譴責,而不能一味地要求漂渺的城
隍。

　　然而無論如何,陳璸仍然表現了儒臣的基本格調,此即其人文
道德主義的宗教和政治思想;所有爲政者和爲神者,均必須以人民
爲主體爲中心。民者,天民也,其存在具有超越的主體性的尊嚴,
所以說「天以民之心爲心,朝廷以天之心爲心」,此正如孟子所言
「民貴、君輕、社稷次之」的道理,因此,朝廷應以民心爲心乃是
天經地義的道理,然則由君王到臣僚均應一體天心,處處以民生爲
念,既然如此,則須行仁政。同理,民既屬「天民」,城隍亦因天
之所命,方有城隍神的尊位,依天理,必須庇佑其轄內民人;庇佑
首務在於自然環境的風調雨順,進而保證其五穀豐登。陳璸說「臣
負朝廷,其罪不容誅」,此直指清朝君臣若不行仁政,則其罪不容
誅;同理,若城隍未能盡其愛民護民的神職,則「有負於天,其罪
亦不容誅也」!然而,畢竟城隍鬼神乃陰陽氣變不居者也,而人間
政治卻是實實在在的,孟子言「仁政必從經界始」,地方上發生旱
水災異,若純屬自然狀況,非人力所可挽回,則其過咎在城隍,或
呼求於天而無可奈何,但如果是地方官吏怠惰輕慢乃至貪瀆枉法而
有以致之,陳璸乃藉此文透過對城隍的批判而暗示了清代臺灣官僚
「其罪不容誅」的判決。陳璸曰❺:

――――――――――――――――

❺　同註❺。

供令之職，若十不得一，則令可去其官，而斷不可司厥位。
神亦可知自處矣，令每朔望入神廟，見神前香煙雲騰，臘光
燭天，得非神之靈爽赫奕有以動斯人，而使之敬應供奉至
是；而乃今逢災傷，號呼虔告而莫之應，竊不知神之靈爽於
何顯？神之赫奕於何奇也？今令與神約，五日不雨已矣，以
七日爲斷，果大雨滂沱，俾民得及時播種，是神之靈爽赫
奕，顯然有徵神之有呼即應，果有準驗。令將率民歲時奔走
奉祀，無敢稍懈，不敢忘神之賜。若乃不雨，則是呼之不
應，與木偶奚異？今將明示禁革，無得復奔走供奉於神之
廟。

就表層而言，陳璸大談與城隍限時降雨的約定；城隍爲神，似
乎，陳璸以人的身份，只能哀求或媚告城隍「恩賜甘霖」，但陳璸
「牒文」全屬命令的口氣，何以如此？乃由於陳璸區分了超越者天
和有限的氣界之鬼神兩重宗教性存有，城隍雖爲神，但仍爲天之所
命，屬於有限的氣變之型態，且須有功德於民，方可得爲城隍，若
仍不雨，坐令農傷民痛，則廟中血食的城隍與木頭何異？在這裏，
陳璸表現了傳統儒家道德理性的宗教態度。

就深層而言，康熙四十年前後的臺灣，官箴吏德萬分敗壞。康
熙六十年（1721）臺灣爆發朱一貴事變，來臺參與平亂的藍鼎元觀
察了當時臺灣官吏而有嚴厲的批評㊺：

㊺　〔清〕藍鼎元：《平臺紀略》（臺灣文獻史料叢刊，臺北：臺灣大通書
　　局，未刊年份），頁29。

臺灣治亂之局，迥出人情意計之外。其地方數千里，其民幾數百萬，其守土之官，則文有道、有府、有縣令、大小佐貳雜職若干員，武有總兵、副將、參將、遊擊、守備、大小弁目若干員，其額兵七千有奇，糧儲、器甲、舟車足備，又當國家全盛，金甌靡缺，而朱一貴以餵鴨小夫，欻焉倡亂，不旬日間，全郡陷沒，此豈智能所及料歟！太平日久，文恬武嬉，兵有名而無人，民逸居而無教，官吏孳孳以為利藪，沈湎樗蒲，連宵達曙。本實先撥，賊未至而眾心已離，雖欲無敗，弗可得已。

陳璸在臺時間與藍氏可謂同一階段，陳氏解任臺灣縣任之職之後，雖曾短暫返回大陸，但很快又來任臺廈道，亦曾為文《臺廈道禁酷刑濫派示》❺❻，對於臺灣奸宦酷吏的惡行敗德深致其痛恨。由此可見，藍陳二氏面對臺灣吏治時，均有共同的傷痛和斥責。康熙臺灣官箴敗壞，為宦者不仁不義，應屬實情。針對如此劣政，陳璸應知氣候上的久旱不雨帶來的臺民之痛苦，實非端坐神龕內的城隍偶像的職責，而應該是臺灣「尸位素餐」的官吏的天職，性屬木偶而麻痺不仁的治臺大小官吏，理當禁革法辦。

六、結論

孔子乃周文或三代之「貴子」，具有深厚的文化歷史的傳統，

---

❺❻　同註❺❶，頁 23-24。

他在這個傳統中，進行了文化道統的提升和轉化的創造。孔子的宗教觀，具有周文或三代宗教深遠博厚的傳統，但也注入了「仁」之一貫之道而使其成爲儒家道德實踐的宗教型態。欲了解孔子的宗教觀須認清：天與鬼神的道氣雙重差異性，在天的照映下，鬼神如同萬物，具有實存的意義，並非如一些學者認爲的社會功能上的假設。復次，孔子的宗教心靈即「仁」，缺乏對於仁的體知，則不能眞正了解孔子的宗教觀，也不可能了解儒家宗教。

臺灣民間宗教十分發達龐雜，其中含容了儒家的教化，但亦不免混雜而昏渾，釐清臺灣民間宗教中的儒家成份之何者爲眞，何者爲僞，乃是臺灣儒學儒教研究中的一項要務，此項要務體系和內容均十分龐巨，非一朝一夕的功夫足以完成，本文只先略談陳璸的宗教思想，他確能謹守朱子學，所以能維持眞正的儒家宗教。可以陳璸乃至其他治臺儒吏爲出發點，進一步對臺灣複雜的民間宗教思想以及禮制、祭典，乃至相關社會文化結構中的儒家成分，作一清澈式的探索，此工作甚重要，請俟來日。

※本文發表於「孔子學術國際會議」，鵝湖雜誌社，1999年。

康熙時代臺灣社會區域與
儒家理想之實踐

一、前言

　　西元 1661 年，鄭成功奉明正朔渡海驅荷，中國人的國家體制
正式進啓臺灣，漢文化依之而源泉滾滾地移殖臺島，臺灣遂從原住
民的文明區，逐漸被納入漢文化圈中，成爲漢文化區的一部分。
1662 年成功薨，世子鄭經嗣立，重用同安學弟子員出身的泉州士
子陳永華，陳氏爲明鄭在臺灣籌謀規劃了完備的政教軍經大事；
除了重視政經建設之外❶，亦重視文教的推行，因而繼之於明永曆
二十年（清康熙五年，1666）在今臺南市建立聖廟，置明倫堂，在臺
推展文教，並在各社設學校教育原住民，史稱「自此臺人始知

---

❶　陳永華十分重視行仁政的實務，江日昇《臺灣外記》載永華的治績曰：
　　「親歷南北二路各社，勸諸鎮開墾；栽種五穀，蓄積糧糗；插蔗煮糖，廣
　　備興販。於是年大豐熟，民亦殷足。又設立圍柵，嚴禁賭博。教匠取土燒
　　瓦，往山伐木斬竹，起蓋廬舍，與民休息。以煎鹽苦澀難堪，就瀨口地
　　方，修築坵埕，潑海水爲滷，暴曬作鹽；上可裕課，下資民食。」〔清〕
　　江日昇：《臺灣外記》（臺灣文獻史料叢刊，臺北：臺灣大通書局，未刊
　　年份），頁 39。按：陳永華秉承南明儒學及朱子閩學的敬事而信的精
　　神，故能注重實務。

學」❷。

　　陳永華在臺灣推展的文教，當然是以儒學儒教為其本體，其儒
學儒教的本質屬於特富抗拒精神的南明儒家，即明季活躍於浙東閩
南地區對滿清作生死鬥的諸生之儒學儒教，此型儒家最具有孔孟春
秋學之大義，而以經世史學的形式表現出來。其隨鄭成功君臣東植
臺灣，可惜明鄭國祚不永，康熙二十二年（1683），施琅克臺，明
鄭儒學儒教只好淵存默運，成為臺灣抗拒精神的潛德幽光，為日後
的臺人抗日播下了仁種❸。清領臺灣之後，由於閩臺地理位置以及
清廷國家政教意識型態的關係，臺灣文教乃是由福建渡海而來的朱
子學以及清朝特別加以表彰發揚的閩學傳統。

　　明鄭治臺雖然為時甚短促，但是「其時法網嚴密，攘及牛豕
者，如殺人之罪，故民皆惴惴焉，以盜竊為戒。」❹清初旅行家郁
永河也提及❺：

---

❷　江日昇曰：「康熙五年正月，建立先師聖廟成（今臺灣府府學是也），旁
　　置明倫堂。又各社令設學校延師，令子弟讀書。議兩州三年兩試，照科、
　　歲例開試儒童。州試有名送府，府試有名送院；院試取中，准充入太學，
　　仍按月月課。三年取中試者，補六官內都事，擢用陞轉。三月，經以陳永
　　華為學院長、葉亨為國子監助教，教之、養之。自此臺人始知學。」（同
　　前註，頁 236）
❸　關於臺灣的明鄭儒學，參考潘朝陽：《抗拒與復振的臺灣儒學傳統——由
　　明鄭到乙未》，「儒家思想在現代東亞」學術研討會宣讀論文，中央研究
　　院·中國文哲研究所，7 月 6-8 日，1999 年。
❹　〔清〕蔣毓英：《臺灣府志·風俗》（北京：中華書局）。
❺　〔清〕郁永河：〈鄭氏逸事〉，收於《裨海紀遊》（臺灣文獻史料叢刊，
　　臺北：臺灣大通書局，未刊年份），頁 50。

成功立法尚嚴，雖在親族有罪，不稍貸；有功必賞金帛珍
寶，頒賚無吝容；傷亡將士，撫卹尤至，故人皆畏而懷之，
咸樂為用。其立法：有犯奸者，婦人沈之海，姦夫死杖下；
為盜無論贓多寡，必斬；有盜伐人一竹者，立斬之。至今臺
灣市肆百貨露積，無敢盜者，以承峻法後也。

清初來臺官吏目鄭氏為逆，故多貶語；似乎明鄭治臺以嚴刑酷
法壓制百姓？其實明鄭承亡國亡天下之痛，得一片乾淨土的臺灣可
就依之而休養生息，深知庶民若欲求正命於亂世，不能不德刑並
用，故治臺如武侯之治蜀，推尚嚴法之治，再行之以德教，庶幾國
家安穩；其實儒家是主張德與法並重的，明鄭推展法治，振興儒學
儒教，其社會有法有德，蔣、郁二氏在不知不覺中點出了實情。

清領臺灣，清廷為除去明鄭在臺抗清勢力，鄭氏軍民多遣返大
陸原籍，因此康熙二十二年（1683）施琅克臺伊始的臺灣，遂又由
文教初啟的狀況退回到初墾荒原的原點。再加上清朝之視臺灣為化
外，棄臺之議一度甚囂塵上，更且嚴禁移民攜眷來臺，在在均使清
代臺灣成為一個移墾邊陲性強烈的不穩定區域❻。

雖然將臺灣視為化外邊陲，但在這樣的特殊區域，清廷站在國
家政教立場，當然也推展其教育設施，且來臺儒吏和儒生本著其儒
家的本份，亦推展儒政、儒學和儒教。

康熙治臺僅四十年（自康熙二十二至六十一年），但卻是清治臺灣

---

❻　關於清朝剛剛拿下臺灣之際的種種消極負面的對臺政策，請參考陳碧笙：
　　《臺灣人民歷史》（臺北：人間出版社，1993 年）。

的初基時期，由其社會文化風氣及國家政教和儒吏儒士的文教作風
之對照研究，可以一究清代社會與文教的雙元性內涵；此所謂雙元
性即清代臺灣一方面民變械鬥頻仍，一方面卻又施行文教，有如涇
渭清濁形成臺灣社會文化特色，但究竟其情況如何，需就相關史料
加以究明。本文擬就康熙時期臺灣的社會風氣、民變以及國家政
教、儒吏儒士的相關言行等史實文獻的綜合詮釋探討其中意義。

二、康熙時代的臺灣社會

㈠由《蔣志》看康熙前期的臺灣社會區域

　　清初領臺時的臺灣社會區域特色為何？首任臺灣知府蔣毓英有
極寫實的描述❼：

> 臺邑三郡之人民，計之共一萬六千餘丁，不及內地一小邑之
> 人口，又男多女少，匹夫猝難得婦生齒，奚能日繁？地廣人
> 稀，蕭條滿眼，矗爾郡治之外，南北兩路一望盡綠草黃沙，
> 綿渺無際。故郭外之鄉不曰鄉而總名之曰草地；荒村煙火于
> 叢草中見之。草地之民所居之屋，皆誅茅編竹為之，無木樑
> 瓦蓋，經年即壞，風吹臥榻、雨滴寒櫥、勁風積霖，多傾巢
> 之恐。男女無完整之衣；適口乏肥甘之味。衢路衣冠偶或遇
> 之，疲癃慘淡之狀，不堪睹聞。蓋緣地瘠而民貧，民貧而俗

---

❼　同註❹。

陋，誠可悲也，亦可念也。

蔣毓英，奉天錦州人，此之前爲閩省泉州守令，在明季清初當地軍馬騰沸之際，蔣氏籌辦應付甚善，清帝曾賜一品服褒嘉之。臺灣歸降，督、府認爲臺灣海邦重地，初入版圖，須賴任事的蔣氏親臨治之，否則不可，於是聯名上奏推薦，蔣氏因此首膺臺灣知府❽。其於康熙二十三年（1684）來臺履任，二十八年（1689）離臺赴贛任按察使司，在臺六年之久，其在臺時間足夠，且離明鄭時代甚近，因此其所述清朝初領臺地社會文化的慘陋之狀，應屬實情。蔣氏修《臺灣府志》，重視學校、廟宇，強調古蹟、災祥，並且崇尙勛臣節烈人士，尤其特加表彰明鄭拒清而來臺的明遺臣王忠孝、辜朝薦、盧若騰、沈佺期、沈光文等儒者，十分表現了蔣氏重視忠義，以及肯定明鄭的臺灣精神，這樣的史筆，其實即委婉地表達了蔣氏對於明鄭臺灣的社會文化之褒獎，而相對地，也就凸顯了蔣氏對於其來臺之際，初入清朝版圖的臺灣社會文化之破陋深致貶責與不滿❾。

蔣毓英指出彼時臺灣其實可依氣候條件而區分成三個地理區域；以臺灣府（今臺南市）爲中心，向北至半線（今彰化）、向南至

---

❽ 〔清〕高拱乾：〈蔣郡守傳〉，收於《臺灣府志·藝文》（臺灣文獻史料叢刊，臺北：臺灣大通書局，未刊年份）。

❾ 蔣毓英的《臺灣府志》是臺灣第一部方志，方志史家陳捷先認爲蔣志的纂修態度嚴謹，具有傳統中國方志淑世教、美風俗的宗旨，並對於蔣志正面表彰明鄭遺老的修史精神，特別加以贊賞。見陳捷先：《清代臺灣方志研究》（臺北：臺灣學生書局，1996年），頁30。

鳳山之間，已有相當程度的開發，這屬於中路，但鳳山以南則「冷熱失宜、水土多瘴，人民易染疾病」，此屬南路，而半線以北更是蠻荒，「煙瘴愈屬，人民鮮至」，此則屬於廣闊的北路❿。其實，南北兩路的臺灣，漢人罕至，東臺灣更屬化外蠻貊之區，漢人幾乎絕無至者，所以，蔣毓英真正指陳的臺灣社會文化的主要活動區，其實就是中路，也就是今日的臺南、高雄、嘉義、雲林、彰化一帶的平原為主。

　　在漢人較多，開發較深的中路，其時社會文化的狀態如何？蔣氏有詳實的描述⓫：

> 今國朝寬大，苛政咸弛，而鼠竊時聞。非天性之有異，實民心之澆薄也。而最滋害者莫甚于賭博；夫賭博，惡業也，不肖之子，挾貲登場，呼盧喝雉以為快，以一聚兩，以五聚十，成群逐隊，叫囂爭鬥，皆由於此。至于勝者思逞、負者思後，兩相負而不知悔。及家無餘資，始則出於典鬻，繼則不得不出於偷竊，亦長奸之囮也。臺習父不禁其子，兄不戒其弟，當節令新年，三尺之童亦索錢于父母以為賭博之資，遂至流蕩忘返而不知所止。

> 莫甚于結盟，豪健家兒自附於結納，聚少年無賴之徒，指皎

---

❿　蔣毓英曰：「自府治至鳳山，氣候與臺邑等；鳳山以南至下淡水諸處，早夜東風盛發，及晡鬱熱，入夜寒涼，冷熱失宜，又水土多瘴，人民易染疾病；自府治直抵諸羅之半線，氣候亦與臺邑等；半線以北，山愈深，土愈燥，煙瘴愈屬，人民鮮至。」同註❹，〈氣候〉。

⓫　同註❹。

日以盟心，撫白水而矢誓，稱兄呼弟，修登堂拜母之文，亦
自謂雷陳復出，古道相期。不知往來既頻，則酒酣之累生；
聲援既廣，則爭競之患起。……以致身陷匪僻，實政治之蠹
矣。

甚至有結交營棍、扛幫詞訟，箝制官長，稍拂其意，聚眾而
譁之，恣行無忌，犯上作亂，視為固然。

又其俗之不善者，婚姻論財，不擇婿，不計門戶。夫死則再
醮，或一而再，再而三，白首嫠婦猶字老夫，柏舟之誓蓋亦
鮮矣。

人亦頗知讀書，兒童五六歲便教就學，及稍長，即命輟業，
雖有穎悟傑出之姿，亦言不及義，而好行小慧，深可惜也，
亦可慮也。

蔣氏此臺灣社會文化之論，當必來自其親眼觀察，時為康熙二十年
代。依其所述，明鄭臺灣雖有陳永華的儒政與儒教舉措，本已日臻
法治，卻由於政權更替，清廷根本無心於臺灣，因而彼時真正已由
漢人開發的中路，其實是處於欠缺教養、輕鄙文化、賤視法律的不
義社會，其時臺灣漢人浮動粗俗、囂然不穩；父子不相為善、門風
趨於下流；男女輕忽禮防，且樂鬥輕生、好勇狠戾；更喜於聚賭、
樂結幫派，並以冶遊浪蕩街頭、衝撞冒犯官府甚或勾串惡吏兒兵以
欺壓良民為尚。

　面對臺灣社會文化的敗壞，蔣毓英歸其因素為「國朝寬大，苛
政咸弛」的政策使然；蔣氏身居臺灣知府，故曲筆為清廷隱諱；真
正的原因根本在於清廷視明鄭統治過的臺灣為「無甚關係」之地，

康熙曰⑫：

> 臺灣屬海外地方，無甚關係；因從未向化，肆行騷擾，濱海
> 居民迄無寧日，故興師進剿。即臺灣未順，亦不足爲治道之
> 缺。……海賊乃疥癬之疾，臺灣僅彈丸之地，得之無所加，
> 不得無所損。

康熙以大陸中原天朝的傲慢態度鄙薄蔑視存華夏正朔的明鄭臺灣，
侮之爲疥癬海賊，於是廷議之棄臺之論甚囂塵上⑬，幸經施琅一人
獨排眾議，上《恭陳臺灣棄留疏》，舖陳種種關於臺灣與中國的區
位和區域之利害理由以力保臺灣⑭，康熙心動，令大學士等商議；
李蔚等朝臣的建議是：「臺灣有地數千里、人民十萬，棄之必爲外
國所踞；奸宄之徒竄匿其間，亦未可料。臣以爲守之便。」於是，
康熙認爲：「臺灣棄取，所關甚大。鎮守之官，三年一易，亦非至

---

⑫　康熙此無知傲慢之語見：《清聖祖實錄選輯·康熙二十二年冬十月十日
條》（臺灣文獻史料叢刊，臺北：臺灣大通書局，未刊年份）。

⑬　施琅上《恭陳臺灣棄留疏》，後有〈八閩紳士公刊原評〉，曰：「臺灣削
平之後，持議者莫不曰，此一塊荒壤，無用之地耳，去之可也。漢劉安諫
伐閩疏曰，得其地不足以耕，得其人不足以臣，即此之謂矣。殊不知此島
北連三吳，南接兩粵，實江、浙、閩、粵之左護，棄之則紅毛巢穴于其
中，勾連匪類，久而生變，此其爲害匪細故也。……當時封疆大臣，無經
國遠猷，矢志圖賊，狃於目前苟安爲計，畫邊五省邊地以避寇患，致賊勢
愈熾，民生顛沛，往事不臧，延禍及今，重貽朝廷宵旰之憂。」見〔清〕
施琅：《靖海紀事》·〈附錄〉（臺灣文獻史料叢刊，臺北：臺灣大通書
局，未刊年份），頁 62-63。

⑭　同前註，〈恭陳臺灣棄留疏〉，《靖海紀事》，頁 59-62。

當之策。若徙其民人，又恐失守；棄而不守，尤爲不可。」遂令福建督、撫、提、鎮詳議。康熙二十三年（1684）夏四月十四日，差往福建料理錢糧侍郎蘇拜會同福建督、撫、提督等奏：「臺灣地方千餘里，應設一府、三縣，設巡道一分轄。應設總兵官一、副將二、兵八千，分爲水陸八營。澎湖應設副將一、兵二千，分爲二營。每營各設遊、守、千、把等官。」從之⓯。於是，臺灣方才正式納入清朝版圖，但由上所述可見清廷君臣實在全以政軍有效控制臺灣的動機爲出發點來對待臺灣，而所以如何施行教化之議卻付之闕如，甚至連主張保有臺灣的施琅亦只站在大陸的立場發言，至於如何治理臺灣則全無措意。清初臺灣社會之浮囂不文，乃良有以也。

㈡由數部方志看康熙後期的臺灣社會區域

1.臺灣府及三縣的社會區域性

周元文《重修臺灣府志》成書於康熙五十一年（1712），距清朝領臺已近三十年之久。周氏屬監生出身，時任臺灣府知府。該志乃由其與時任福建分巡臺廈道兼理學政的陳璸共同主編，陳氏乃當時治臺的最傑出儒臣，且由一批儒吏、儒生擔任了校訂和分訂的工作而修成了此部志書，其中對於彼時臺灣社會文化的看法或判準，當可據之爲可靠的論述⓰。其論「漢人風俗」有曰⓱：

⓯　以上敍述據：《東華錄選輯·康熙二十三年條》（臺灣文獻史料叢刊，臺北：臺灣大通書局，未刊年份），頁 277-278。

⓰　在《重修臺灣府志·重修府志姓氏》中所列舉的校訂者和分訂者的名單，有海防總捕同知、知縣、儒學教諭等官吏，亦有監生、貢生、生員等儒

臺在昔，爲雕題黑齒之種、斷髮文身之鄉。迄今，風俗凡幾變矣。

其自內地來居於此者，始而不知禮義，再而方知禮義，三而習知禮義。何言之？先爲紅毛所占，取其地而城之，與我商人交通貿易；凡涉險阻而來者，倍蓰、什伯、千萬之利，在所必爭。夫但知爭利，又安知禮義哉？嗣是而鄭氏竊據茲土，治以重典；法令嚴峻，盜賊屏息。民間秀良子弟，頗知勵志詩書，……國朝……凡所以養士、治民者，漸次修舉，易政刑而爲德禮；撫綏勞之方，靡不備至。於是鄉之中，士知孝弟、民皆力田，詩書絃歌之業、農工商賈之事，各無廢職。夫士之子恆爲士、農之子恆爲農，非定論也；今臺之彬雅者，其父兄非農工即商賈也。求其以世業相承者，百不一二。由其俗尚勉學，咸知具脩脯、延塾師授經；故咿唔之聲往往相聞，雖村落茅簷間亦不絕焉。

生，有大陸籍，亦有本地籍，可證其參與者層面由吏到生，由大陸到臺灣，且基本上均屬地方知識菁英。周元文主修此志實在康熙四十九年（1710），但本志卻有「康熙五十一年重修臺灣府志臺灣府知府周元文重修」字樣，又據〈秩官志〉，諸如分巡臺廈道陳璸、梁文科、知府馮協一、王珍、經歷王士勷、臺灣縣知縣張宏、俞兆岳、縣丞張琮、陳亮采、新港巡檢張知宰等到任或卸任年月多在康熙五十一年以後，且更有遲至五十七年者，可見此志實是從四十九年一直逐漸增補才付梓的一部志書。〔清〕周元文：《重修臺灣府志》·〈弁言〉（臺灣文獻史料叢刊，臺北：臺灣大通書局，未刊年份）。

⑰ 同前註，〈風土志·漢人風俗〉。

周氏此論乃專指康熙後期的臺灣府轄區而言；其頗有文明與時俱進的觀察深度，他清楚指出臺灣府地區由原住民時代，經歷荷據、明鄭以及清治的逐漸推移，社會文化教養確有明顯的發展性。他特別點出父兄原為商、農，但在這樣的家庭卻因儒教之推行，而開始產生了儒士。其實周氏於此說出了臺灣漢人社會由初墾的鄙野逐步轉變成文教的事實，而其所述的區域集中於臺灣府，亦即今臺南市一帶，由於為當時臺灣首善之區，其文教程度或許最著。

同一時期的臺灣縣境和鳳山縣境之情況如何？亦需求之於志乘的記載。歲貢生陳文達主修的《臺灣縣志》和《鳳山縣志》成於康熙五十九年(1720)；在《臺志·風俗》中說到臺灣的風尚習俗就鳳山、臺灣、諸羅三縣而言均大體一樣，但鳳、諸兩區仍然地廣人稀且番漢雜處，唯臺灣府城屬通都大邑，「其風醇、其俗雅，彬彬然一衣冠文物之邦」⓱，而在附廓縣的臺灣縣境又如何？陳氏曰⓲：

> 臺地窄狹，又迫郡邑，田園概係僞時開墾，年久而地磽，力農者每多用糞，非如鳳、諸新墾之地，不蒔而秀且實也；其民多勞。邑治之人習於詩書者無論矣，他如為賈、為商、為百工，各事其業，游手無賴之徒蓋亦寡焉；其民多淳。

陳氏直指臺灣縣因鄰近臺灣府治，所以經濟文教均已較上軌道，人

⓱ 〔清〕陳文達：《臺灣縣志》（臺灣文獻史料叢刊，臺北：臺灣大通書局，未刊年份），頁54。

⓲ 同前註，〈雜俗〉。

民勤於百業，且多習詩書，故社會文化風氣勤奮淳厚；陳氏所說的
地區即今之臺南縣市一帶，於康熙末年已經由於漢文化的積累蘊
蓄，可說已邁入漢文教區之林。陳氏爲臺灣歲貢生出身，屬於道地
的臺籍在地知識菁英，此論必其親眼觀察所得，應屬實證。至於南
部的鳳山縣境如何？陳氏《鳳山縣志》曰❷：

> 鳳山自縣治北抵安平鎮等處，俗略與郡治同。由縣治南至金
> 荊潭一帶，稍近喬野。自淡水溪以南，則番漢雜居，而客人
> 尤夥。

鳳山縣以今高雄、屏東爲主體，由其縣治（左營一帶）往北抵臺南
安平，亦即今高雄臺南兩縣之交，由於緊鄰臺灣首府，文教較發
達，所以民風勤勞敦篤；從縣治往南至下淡水河（今高屏溪），則
由於距首善的臺灣府稍遠，故已具荒野之風；高屏溪以南的今屏東
縣境，則漢人與原住民相雜，屬尚待開發的區域，文教闕然。據陳
氏觀察，顯示康熙末年臺灣南部的社會文化地理區之差異性：以府
城爲中心，漢人的文教程度，如同心圈的構造，向外圍逐次減弱；
而最具文教的核心，乃在今臺南市迄高雄左營一帶，這樣的一片漢
文化成熟穩定區，從臺灣地圖上看，空間範圍其實上很小，換言
之，康熙二十三年清廷正式設治於臺灣以迄康熙五十九年的三十六
個年頭，中國文化以及儒教儒學在臺灣的拓殖和擴充，仍然十分有

---

❷ 〔清〕陳文達：《鳳山縣志·風土志·漢俗》（臺灣文獻史料叢刊，臺
北：臺灣大通書局，未刊年份）。

限，臺灣絕大部份地區仍爲原住民生存活動的地理區。

2.臺灣府及三縣的社會文化內涵

⑴儒吏周元文論臺灣社會文化

然而，在這個漢文化成熟穩定區，正如同一般常規社會，往往存在文化正反兩股勢力平行或交纏的狀態；周元文指出臺灣府治一帶[21]：

> 間或侈靡成風，如居山不以鹿豕爲禮、居海不以魚鱉爲禮，家無餘貯而衣服麗都，女鮮擇婿而婚姻論財，人情之厭常喜新，交誼之有初鮮終，與夫信鬼神、惑浮屠、好戲劇、競賭博，爲世道人心之玷，所宜亟變者亦有之。

社會文化發展到一定程度，總有侈靡逸樂放誕之風氣，通常爲執政者及傳教者所警戒或反對；清初發揚表彰以「居敬」之修養爲主的朱子儒學，社會禮義之防甚被強調，儒士儒吏護教衛道之心十分明著，因而對於社會人心的負面趨向，甚戒慎恐懼，故多有載記；府城一帶，既爲臺灣首善大都，侈靡放逸之風在所必有，周氏以知府位尊的儒吏身份，必有所載記。但畢竟爲行政隱諱，而所記甚簡約。

⑵儒士陳文達論臺灣社會文化

類似臺灣府知府周元文論及的現象，在陳文達的《臺灣縣志》

㉑ 同註**⑰**。

則有遠較深入周詳的敘述㉒：

俗尚華侈，衣服悉用綾羅。不特富厚之家爲然也，下而輿隸之屬、傭販之輩，非紗帛不褲。內地之人初至者恆以爲奢，久之，習爲固然；非風俗之能移人，人自移於風俗耳。

賭博之風，無處不然，臺爲尤甚。連日繼夜，一擲千金，不顧父母妻子之養；內地之人，流落海外，數十年而不得歸，是可嘆也。

臺俗演戲，其風甚盛。凡寺廟佛誕，擇數人以主其事，名曰頭家；斂金於境內，作戲以慶。鄉間亦然，每遇唱戲，隔鄉婦女駕牛車，圍集於檯之左右以觀，子弟之屬代爲御車；風之未盡美也。

家有喜事及歲時月節，宴客必豐，山珍海錯，價倍內郡；置一席之酒，費數千之錢，互相角勝，一宴而不啻中人之產。雖當道再三曉諭，而積習既久，遵行者稀。

婦人探親，無肩輿，擁傘而行；衣必麗都，飾必華豔。女子之未字者亦然。夫閨門不出，婦人之德宜爾也；今乃豔粧市行，其夫不以爲怪，父母兄弟亦恬然安之，俗之所宜亟變也。

婦女入寺燒香，臺俗最熾。閒時尚不多覯，一遇佛誕，則招群呼伴，結隊而行，遊人遍於寺中，邂逅亦不相避。……豈盡婦人之過乎？爲之夫者與其父兄，實不得辭其咎也。

㉒　同註⑲。

臺地僧家，每多美色少年，口嚼檳榔，檯下觀劇。至老尼，
亦有養少年女子爲徒弟者。

臺尚王醮，三年一舉，取送瘟之義也。附郭鄉村皆然。……
凡設一醮，動費數百金，即至省者亦近百焉。眞爲無益之費
也，沿習既久，禁止實難。

邑……立堡長，在有司實爲稽查匪類之計。殊不知十家爲一
甲、十甲爲一堡，此法一行，無賴之徒，鑽充者遂至數十
人，逐月逐戶，給以稟糧，過事生風，架局嚇騙，甚至窩藏
匪類，肆害良民，……夫堡長之設，本欲安民也，而反以擾
民；本欲無事也，而反以多事；本欲弭盜也，而反以窩
盜。

陳文達論臺灣縣境內的漢人社會文化風氣；陳氏此論大體彰明
臺民的社會生活之整體型態，包括衣食娛樂等面向，亦具日常及節
慶兩種內容，如上詳矣。但若深一層究之，不盡然均屬陳氏居於朱
子儒學敬謹守約的道德觀點下的負面性現象。茲略加論之：

A.關於奢侈

臺民日常生活及節慶飲宴的奢侈風氣，一方面顯示康熙時代臺
灣府縣一帶的漢文化核心區，於社會經濟上，畢竟足以支持儒士陳
文達認爲的侈靡敗德的生活；富足其實不是壞事，孔孟皆主張富民
之產，人民生活豐足，方是行仁政之始，臺民生活豐厚乃至過節時
稍事舖張，應屬漢人社會在臺灣積極性的發展，實應正面視之，
惟陳氏或一般儒者均明白孟子所言「富歲子弟多賴，凶歲子弟多

暴」❷，而均必須加以庠序之教化的道理；臺灣府縣庶民若富足而無教，則爲士君子之深憂，故於志書上加以載記。

B.關於看戲

再者，臺民喜歡看戲，實爲民俗文化中的生活小傳統，《詩經》的「風」或古樂府的采風乃至後世種種地方戲曲歌舞，在在均爲庶民社會文化或地域鄉土文化的重要表現方式，歷代素爲執政者及司教化者所重視，清代臺灣，社會甚單調而不多元，庶民百姓對於節慶之期迎神賽會以及依附之而存在的地方戲曲，自然如蛾撲火、趨之若鶩，在社會文化的發展上而言，毋寧說是十分正常之現象。而此現象亦證明了康熙晚期臺灣府縣區域的漢文化社會已經相當成熟，惟陳氏以儒者載道觀點，娛樂亦需屬雅頌，如孔子所說「惡鄭聲之亂雅樂」的社會俚俗現象，必爲其所擔心而加以警醒，陳文達屬臺產儒士，此處確能證明儒教已在臺地產生了某種實效。

C.關於宗教信仰

臺民的崇神信佛好事巫覡之風，亦不僅如陳文達以「迷信」所得以輕視；臺民的宗教性強烈，一方面乃由於初當開發的臺灣多疾疫、常死亡，生活於蠻野障癘的新鄉，臺民常懷無常畏懼之心，且在醫療衛生條件惡劣的狀況下，故多依賴鬼神巫覡❷；另一方面，

---

❷　孟子曰：「富歲子弟多賴，凶歲子弟多暴，非天之降才爾殊也，其所以陷溺其心者然也。」見：《孟子·告子篇·第7章》；清代臺灣亦然，富足則趨於侈靡無度，而貧困則多械鬥和民變，兩者均爲治臺儒吏及儒士之深憂所在。

❷　劉枝萬：〈清代臺灣之寺廟〉，《臺北文獻》，第4期，1963年，頁101-120。

臺灣本屬華南社會，華南尙巫信鬼，其宗教信仰品類和程度遠較北方複雜，此自古皆然㉕，而臺灣又屬新闢海島，臺民信巫術拜鬼神之風，尤勝於原鄉的閩粵，乃是十分自然而然的情形。

陳氏特別強調婦女出遊在外禮佛拜神以及觀戲，語帶譴責，此一方面顯示臺灣土產的在地菁英份子所具備的清代儒學的禮教，一方面亦顯示臺地社會並無太劇烈的對女性生活自由之道德教條約束，或許反映出當時臺灣畢竟仍屬於移民新墾型社會的性質。

陳文達在文中特別提及臺灣「僧家」，唯語帶譏諷，指出出家人「每多美色少年，口嚼檳榔，檯下觀劇。老尼亦有養少年女子爲徒弟者」，似乎其時臺灣府縣境內僧尼不守清規戒律，或亦可說當時臺灣佛教實處衰弊之狀。然而若究諸史實，臺灣自明鄭始，佛教已經東傳，至康熙中末葉，也就是陳文達親見的時代，臺灣府縣的官吏已以王法護持佛門，廣建禪寺，因此臨濟宗、曹洞宗、黃檗宗的僧侶大量來臺廣設寺院道場，創建有開元、法華、竹溪、黃檗等寺，甚至亦陸續在鳳山、諸羅縣境建立了觀音寺院，所以不可不承認康熙時代臺灣的佛教已經有其相當程度的發展㉖。佛教在臺灣的發展，陳氏不會不知，但卻又指出僧人亂戒敗德的現象，可見其所見必爲實情。事實上，史家尹章義明白點明康熙時代的臺灣佛教與清廷國家祀典及一般民間宗教互相混雜，形成一種神佛巫僧不分的

㉕　潘朝陽：〈粵東原鄉三山國王崇拜現象——一個文化歷史脈絡的析論〉，《臺灣師大地理研究報告》，第 20 期，1993 年，頁 31-56。

㉖　尹章義：〈佛教在臺灣的發展〉，收於《臺灣佛教的歷史與文化》（江燦騰、龔鵬程主編，臺北：靈鷲山般若文教基金會‧國際佛學研究中心，1994 年），頁 15-48。

宗教奇特狀態，和尚甚至有替民眾勘輿、卜筮、占夢、看風水者，
更有娶妻生子而居家者；尹氏特別引光緒二十年修的《安平縣雜
記》認爲臺灣僧侶有「持齋」和「不持齋」兩種，後者隨俗浮沈，
與大眾無異㉗。陳文達當時在戲檯下所見的觀劇僧人，大概就是尹
氏所謂「不持齋」的「和尚」？但是，若由正規佛門嚴格戒律的標
準以觀，這種與俗無異的「和尚」豈是佛陀釋迦牟尼傳下的佛門弟
子？清代臺灣此種佛教情況，其原因乃由於臺灣屬於中國佛教邊陲
教區，主要源自閩南佛教，正統的佛教道場不多，反而是所謂「在
家佛教」的齋堂（菜堂）占大多數，它們確實較俗世化，與臺灣民
間信仰十分接近㉘，陳文達所批評者，或許是這樣的齋教現象，而
非正統的佛教，當然亦有可能由於邊陲教化粗淺，宗教行願深厚者
較少，反而世俗化而缺禪修淨行的「僧尼」遊走於市衢，雖披法
服，卻無般若，實與巫覡無異。一直要到清末日據之後，從大陸及
日本傳入正統佛教，並經由臺灣本身深心大願的大德高僧，如基隆
月眉山靈泉寺善慧法師、觀音山凌雲禪寺的本圓法師等人的努力，
與民間宗教、齋教乃至國家祀典有清楚區隔的佛教才在臺灣發達起
來㉙。於此亦顯示康熙時代臺灣府縣一帶，固然已屬漢文化成熟發
達區，但就整體臺灣相對於大陸中原而言，不免仍爲文教的邊陲，
其佛教屬閩南系中的支系；且受民間龐雜的宗教成份相雜而缺少清
明正統的佛教，就當時臺灣的民俗信仰而論，雜冗渾沌毋寧說是十

㉗　同前註。

㉘　江燦騰：《臺灣佛教百年史之研究》（臺北：南天書局，1997 年），頁
　　113。

㉙　江燦騰：〈日據前期臺灣北部新佛教道場的崛起〉，同前註，頁 127-154。

分正常的現象。

D.關於保甲

陳文達亦批判了當時的保甲制。按清朝於順治元年（1644）始行「總甲制」以維護社會的治安並據之作爲地方上造反事變的偵防。康熙九年（1670）頒行十六條「聖諭」，內有「聯保甲以弭盜賊」條，直至四十七年（1708）再頒行保甲條例，實行保甲制於全國，其辦法是鄉村編制保甲，十家爲一牌，置牌頭；十牌爲一甲，設甲長；十甲爲一保，設保正。保甲長須負責維持地方治安、編查戶口、兼辦田土、戶婚等登記以及輕案的調處，乃至於地方上一般大小雜務。康熙臺灣已實行保甲制，殆無疑問❸。保甲制的實施可視之爲政治力和社會力的有效實踐，若屬蠻荒初闢，必無可能，所以康熙年間臺灣府縣境內推展保甲，也就證明了當時當地的政教已達到相當穩定的水準，但是陳氏卻直指保甲制的腐敗，已成爲擾民、窩盜的狼虎溫床；其實此制的窳劣惡敗，康熙亦已見及，有謂：「第恐遵行既久，遂至因循，吏則徒稽戶籍，民則僅置門牌。而於聯比糾察之法，未見實力奉行，以至勾引窩藏之弊，種種而生。鄰舍失事，竟有如秦越之相視；富家被劫，反指爲悖出之當然。甚至假公濟私，藉盤詰之虛名，滋無厭之苛求，汎防因而騷擾，胥吏緣以生奸。有保甲之名，無保甲之責；有保甲之累，無保甲之益❸。」康熙所評乃屬全天下的保甲弊病，陳文達則指出臺灣

---

❸ 戴炎輝：《清代臺灣之鄉治》（臺北：聯經出版事業公司，1979 年），頁233-234。

❸ 同前註，頁 241。

府縣保甲的虎狼朘剝之惡質❷，可見當時全中國的地方政治均有相同的弊端，由天子至地方儒士的看法一也。而由此亦足以證明康熙臺灣的吏治及其所衍生出來的種種黑暗腐敗的狀態或與中原已無太大差別。

治臺灣史的相關學者，常只站在臺灣自身觀察臺灣，所以面對清代臺灣史籍論述批評的社會文化現象，輒說此即所謂「移民社會」或「移墾社會」甚或「羅漢腳社會」的型態，似乎清初的臺灣以其邊陲初墾的區域性，在全中國而言，其社會文化的浮囂冗亂，如陳文達上文之所指，乃是獨一無二的特殊性。其實，就清代前期的中國社會文化而言，陳文達所批評的當時臺灣府縣一帶的社會文化被視為浮囂塵飛的負面性（雖然站在人類文化的客觀性上而言，亦不必如清代臺灣地方儒士陳文達之判準），在中國各地實為一種十分普遍的性質，而非臺灣漢人社會所獨有。趙雲田主編的《中國社會通史·清前期卷》對於清初中國人的社會生活的內容多有描述，譬如民間宴飲，指出「在仕宦、商賈和平民百姓中既時興又很講究，而隨著清前期社會經濟恢復，宴飲也愈見豪奢，縉紳之家一宴菜肴數十種，必備魚翅等，士庶中人之家一宴菜肴十數種至二三十種」❸。

❷　治臺的清朝地方官僚對於保甲的挑選，十分慎重其事，地方有力人士亦常多方爭取保甲之職；前者乃由於保甲的推展關係地區治安甚巨，而後者則不外覬覦此種身份有利於圖取私益，故兩者均認真謀斷之。亦有保甲因為貪求私利而被清廷開革的例證。關於臺灣保甲的進一步資料，可見《淡新檔案·行政》之相關文獻。《淡新檔案》（臺北：國立臺灣大學·淡新檔案校註出版編輯委員會，1995 年）。

❸　趙雲田：《中國社會通史·清前期卷》（太原：山西教育出版社，未刊年份），頁 285。

由此顯見清前期，奢侈的宴飲，非獨臺灣爲尙；當時中國人的豪宴習俗，只能說是因爲承平富足之故，臺灣府縣亦不例外，此也就證明了康熙時代臺灣府縣地區亦具足了相當的經濟力。又譬如歲時節慶現象，趙雲田提及：「清前期歲時節日從較爲單一到融合了農事、祭祀、娛樂、飲食、交際等各種功能。如敬神禮佛活動都同時包括祭祖、敬神、禮佛三大禮，融合了儒、道、佛三教❸❹。」可見宗教的雜冗原即全中國民間的共同特色，非獨臺灣爲然。又提到：「正月十五『上元節』，又稱『元宵節』、『燈節』。街市百戲雜陳，社火香會熱鬧非凡。人們白天看戲，晚上觀燈，『狹路摩肩人似蟻，交衢轂擊馬如龍』。測字、起課、算命、相面，『男女之問災福者到處闐匱蟻聚』……。清前期清明祭掃實際已和踏青、春遊合而爲一，清明時節無論貧富，傾家而出踏青遨遊，各種廟會、賽會、花會，鼓樂喧天、旌旗招展，百戲競陳，鬥妍爭奇，引得人山人海，觀者如堵。」❸❺由此可知節慶時的狂樂與喧鬧，以及各種賽戲活動引來男女出遊的現象，本即清朝全國普遍性的社會文化狀態，而且人們好娛樂、喜節慶，亦屬人性之自然，於此可以證明當時臺灣府縣一帶漢人生活上的浮華性質所呈現出來的社會水準，實與中原無太大的距離，同時也正好顯示了臺灣府縣一帶的中部臺灣漢化的穩定與成熟。

E.關於賭博

陳氏提及臺地賭風甚熾，其實賭博自古各地皆然，但史家會將

---

❸❹　同前註，頁 307。

❸❺　同前註，頁 310、311。

此加以記載，乃是當時當地的賭風已成為社會文化和治安上的結構性問題，康熙末葉臺灣的社會已具結構性賭博現象，故陳氏在志書上特予記載，且給予批判。隨漢人社會的愈加穩定成熟，臺地的賭博現象，亦隨之而愈受到為政者和教化者的關注。而事實上，清代大陸賭風亦不亞於臺灣，臺民多由閩粵前來，閩省賭風甚熾，臺灣自然亦有類似的情形。《淡新檔案》曰❸：

> 照得閩省賭博之風甲於他省，有花會、銅寶、搖攤、車馬炮、擲骰等項，名目繁多。花會則在僻靜山鄉，銅寶、搖攤則在重門巨室，其餘均在城鄉市肆，誘人猜壓，無知者墮其術中，迷不知返，因窮極無聊而賣妻鬻子者有之，輸即相爭而受傷釀命者有之，又有被索賭欠、受人凌辱、情急輕生者，家產蕩然，無計謀生流而為匪者。且賭場為盜賊藏身之所，混跡之區，地方因之多事，比戶為之不安，實為閭閻之巨害。……
>
> 第賭博開場，動致成群結隊，無論通衢僻壤，耳目難瞞，若無得規包庇之人，該棍徒何敢明目張膽，肆行哄誘，乃弁兵胥役皆藉此以肥身，平日則互相包庇，及至查拏，則又通信縱脫，此賭棍所以有恃無恐也。

依此可見清代社會聚賭之風，不獨臺灣為然，實乃中國普遍的現

---

❸　《淡新檔案》（四）〈第一編：行政·民政類：厚俗、義倉、救恤〉，同註❷，頁 67。

象，福建賭風已至吏胥兵弁公然包庇縱容勾結的嚴重地步，一旦官匪串勾，則其共生共犯的結構已熟，乃至引起清廷的憂慮，而存留於史冊檔案之中。若欲將臺灣賭風熾烈現象歸因於臺灣屬於邊陲移墾社會之粗囂不文，顯然非是諦解。陳文達所見臺灣社會賭風，固然屬康熙末葉臺灣府縣一隅，或說當時臺灣地屬新闢，文教法治或許未彰，故人民好賭，但究諸歷史發展，隨臺灣由移墾社會步入文教社會，賭風卻愈演愈熾，引起清廷在臺衙門的極度關切，這類的文書公告在《淡新檔案》中保存甚多，茲隨機抽引其中一份公告如下❸：

> 賞戴花翎、補用府正堂、淡水分府陳，署臺灣北路右營副總
> 府吳爲會銜出示嚴禁事。案奉
> 撫縣丁　札：「照得本部院撰擬『嚴禁賭博以除民害』一案
> 告示，札發到廳，業經發貼嚴禁，不准兵役人等得規包庇，
> 亦不得捕風捉影，藉端騷擾，並分飭各對役按段認眞查拏」
> 在案。無如日久玩生，現聞城廟各處鄉村，奸徒復萌故智，
> 仍然開賭，殊堪髮指。除分飭查拏嚴辦外，合亟會銜示禁。
> 爲此示，仰閤屬軍民、士庶、總董、商者人等知悉：爾等須
> 知賭乃破家引盜之源，一日不禁，民間一日不安，盜風一日
> 不息。自示之後，毋論兵役、總保人等，敢有得規縱容，再
> 有開賭情事，一經被人指控覺察，定即嚴拏犯賭首夥及該兵
> 役等，按法嚴辦，並將容賭之房屋封變入官，愼勿視爲具
> 文，輕身嘗試也。其各凜遵，毋違。特示。

---

❸　同前註，頁 92-93。

由此公告的內容可悉清代臺灣的賭風十分嚴重，如同閩區，已是官
匪共生共犯的結構體，其弊病已積重難返，所以清廷反覆告示嚴
禁。在此告示後頁題有粘貼公告的地點，計：署前、武營四門、北
鼓樓、城隍廟口、天后宮口、香山街、新埔街、咸茉甕、中港、頭
份、後龍、貓裡街、吞霄、大甲街、大安口、中壢、桃園、大姑
崁、新庄街、艋舺、滬尾、雞籠口、水返腳等地❸。從其粘貼的地
點來看，清廷在淡水廳地區擔心且示禁賭博惡行之處實已北由基
隆，經臺北、桃園、新竹、再經苗栗而南抵臺中的大甲、大安一
帶，換言之，淡水廳的全境均是清朝治臺地方官員嚴禁賭博的地
區，此亦即反證了淡水廳的賭風實已極為流行、甚為嚴重，而此告
示寫出的年代，並非陳文達生存的康熙時期，乃已是很後面的光緒
三年（1877）❸，距陳文達修志的康熙五十九年（1720）已過了一
百五十七載，臺灣早已從山林初闢進入了文治穩定成熟的漢文化社
會，臺地的熾烈囂張的賭風，隨著開發轉型的時序而擴及全臺，並
形成了難以解除的黑暗意義的社會文化結構體，正好證成了漢人在
臺灣的社會文化發展的強大生命動力。

---

❸　同前註。
❸　此嚴禁賭博的公告寫於光緒三年八月初五日，同前註，頁93。

三、康熙時代臺灣儒教制度的實踐

(一)康熙臺灣的社會動亂

　　上述康熙時代臺灣的社會文化背後，特別在賭風日熾的狀態之中，實乃隱藏著當時臺灣官民之間的緊張關係；民變的產生，既是在這樣的緊張關係高度摩擦中爆發，傳統名辭謂之為「官逼民反」。清代在臺官弁十分劣質，戴炎輝提及：「臺地非無良官，但廉正、負責且有遠見者，究屬少數。就一般言，官員貪污、偷安、遇事推諉，不以民生為意。官既如此，胥吏和差役，更盡其需索，嚇詐之能事。於是民不畏官，視法令如故紙，致分類械鬥迭起，民變頻聞。」❹戴氏此論已是一般治臺灣史者的定見❹，他們有此共視，乃由於清代在臺有關人士已見及於此而發而為文，譬如康熙六十年（1721）朱一貴反，隨南澳總兵藍廷珍來臺征剿的漳浦書生藍鼎元就說❹：

　　　臺灣地方數千里，其民幾數百萬，其守土之官，則文有道、

---

❹　同註❸，頁 627。

❹　清代治臺官弁胥吏的惡行，學者已多有論述，譬如：劉妮玲：《清代臺灣民變研究》（臺北：國立臺灣師大歷史研究所碩士論文，1982 年）；廖風德：〈清代臺灣的吏治與營規〉，收在《臺灣史探索》（臺北：臺灣學生書局，1996 年），頁 187-225；黃秀政：〈論藍鼎元的積極治臺主張〉，收在《臺灣史研究》（臺北：臺灣學生書局，1995 年），頁 1-28。

❹　〔清〕藍鼎元：《平臺紀略》（臺灣文獻史料叢刊，臺北：臺灣大通書局，未刊年份），頁 29。

> 有府、有縣令、大小佐貳雜職若干員，武有總兵、副將、參
> 將、遊擊、守備、大小弁目若干員，其額兵七千有奇，糧
> 儲、器甲、舟車足備。又當國家全盛，金甌靡缺，而朱一貴
> 以餵鴨小夫，欻焉倡亂，不旬日間，全郡陷沒，此豈智能所
> 及料歟！太平日久，文恬武嬉，兵有名而無實人，民逸居而
> 無教，官吏孳孳以為利藪，沈湎樗蒲，連宵達曙。

藍氏於康熙末年在臺灣所見清朝治臺官弁情形，當屬寫實。國家所
以統治的硬體設施已十分周全完備，但其軟體及操作者卻十分腐敗
墮落，藍氏直指此乃「餵鴨小夫」朱一貴僅憑一介匹夫之卑微竟能
樹立反幟神速掀起狂飆烈焰席捲南臺灣之故。官弁既已如此腐朽不
堪，其時在臺直接與民接觸的胥役則更惡行惡狀，藍氏指出[43]：

> 臺中胥役比內地更熾。一名皂快，數十幫丁。一票之差，索
> 錢六七十貫，或百餘貫不等。吏胥權勢，甚於鄉紳；皂快烜
> 赫，甚於風憲，由來久矣。……宜留心訪察，懲創一二，以
> 儆其餘。至本衙門胥役，善窺伺本官意旨，招搖撞歲，見事
> 生風，尤不可不防。

依此，與人民具有最直接利害關係的臺地胥役，竟是如虎似狼、腺
剝無度的惡吏。而若整合上引藍氏兩段評述，則號稱承平盛世的康
熙時代，清廷治臺的官弁胥吏的衙門，實乃一種盤吸臺民血髓的恐

---

[43]　同前註，頁50。

怖統治機器，與盜賊匪寇何異？若說藍氏之言或僅為孤證，其所論
或有過甚其辭者。實則不然。康熙六十一年（1722）奉旨膺首任巡
臺御史而來臺巡察的黃叔璥在其《臺海使槎錄》中對於當時臺灣的
官吏兵弁亦有嚴厲的批判❹：

> 前此覆轍，患在兵虛將惰。而兵虛之原，皆由臺地招兵，換
> 名頂替。蓋兵從內地抽撥，逃亡事故不為申報，每至放餉，
> 即留餉以飽私囊；即有招募，強半市井亡賴，空名掛籍，含
> 混欺蒙。

如此馬虎撞騙形成的臺灣兵弁，豈有不擾民之理？臺灣史大家連橫
亦以如椽史筆直指臺灣班兵早於康雍乾三朝時期，既已成為放肆生
事、為害閭閻的大禍害❺。黃叔璥亦特引康熙對於臺灣官吏的評斥
而指出治臺清吏的腐敗❻：

---

❹ 〔清〕黃叔璥：〈赤嵌筆談·武備〉，收於《臺海使槎錄》（臺灣文獻史
料叢刊，臺北：臺灣大通書局，未刊年份），頁37。

❺ 連橫指出清初臺灣有兵一萬二千六百七十名，但積弊漸深，軍律廢弛，兵
驕將惰，為害閭閻，一旦有事，潰敗四出，而禍不可收拾矣。他特引雍正
之言：「臺灣防汛兵丁，例由內地派往更換。而該營將弁往往不將勤慎誠
實得力之人派往。以是兵丁到臺，不遵約束，放肆生事。歷來積弊，朕甚
患之。」雖然雍正明白臺灣班兵弊端，但清廷並無改善，至道光年間，治
臺賢吏姚瑩仍為臺灣兵弁之制大傷腦筋。見連橫：《臺灣通史·軍備志》
（臺灣文獻史料叢刊，臺北：臺灣大通書局，未刊年份），頁291-352。

❻ 〔清〕黃叔璥：〈朱逆附略〉，同註❹，頁89。

前朱一貴等謀反，大兵進剿，殺戮已多；今又遭風災！書
云：「大兵之後，必有凶年地方」；茲言信然。總因臺灣地
方官平日但知肥己，剝剝小民，激變人心，聚眾叛逆；及大
兵進剿，征戰殺戮，上干天和，颶颺屢發，倒塌房屋，淹沒
船隻，傷損人民；此皆不肖有司貪殘所致！

清初治臺官弁的「但知肥己、剝剝小民」的惡行劣狀，出自英明果
斷的康熙皇帝之口的大聲斥責，亦十足顯示了當時臺灣吏治的黑
暗。藍氏和黃氏等人並無言大而誇，蓋寫實之忠言也。然則，康熙
時期，雖號為太平至治之世，但於臺灣府縣、諸羅、鳳山之地，卻
呈現出政治腐爛而社會浮囂之局，於此結構中才有朱一貴的造反。

　　茲就朱一貴民變的基本資料而點明其時官逼民反的政治社會之
現象；《臺案彙錄己集》載有朱一貴供詞，有曰[47]：

我係漳州府長泰縣人，今年三十三歲。……我並無妻子。康
熙五十三年，我到臺灣道衙門，當夜不收。後我告退，在大
目□□□□□民人鄭九賽田地度日。去年知□□□□□□山
縣事務，他不曾去，令伊次子□□□□□□間要糧，每石要
折銀七錢二分。百□□□□□眾人俱各含怨。續因地震、海
水泛漲，眾百姓合夥謝神唱戲，知府王正（按實為王珍之誤寫）
又令伊次子去說百姓無故拜把，拿了四十餘人監禁；又拿了

---

❼　《臺案彙錄己集·朱一貴供詞》（臺灣文獻史料叢刊，臺北：臺灣大通書
局，未刊年份），頁2-4。

砍竹的二、三百人，將給錢的放了，不給錢的責四十板，俱
逐過海，攆回原籍。又民間耕牛，每隻給錢三錢打印子方許
使喚，不給銀即算私牛，不許使喚。每座糖磨鋪要銀七錢二
分，方許開鋪。又向米隆砍藤人俱勒派抽分，騷擾民間。

其供詞中提到的王正，即王珍，時任臺灣知府，且攝理鳳山縣事[48]，
偕其子以及胥吏兵弁作威作福，對臺民刻剝勒索敲詐，與盜匪行徑
一般無異；朱一貴反，其所代表的意義即是當時在臺的升斗卑微小
民[49]難以忍受惡吏刁官的窮凶極惡而群起反抗，臺灣史家陳孔立曾
作過統計整理，參與朱一貴變亂的群眾絕大多數屬於貧苦農民、傭
工、手工業者、小販等，雖然也有下層胥吏、生員，但比率甚低[50]，
換言之，臺灣史上第一次民變，乃是十分典型的社會底層邊緣群眾
由於抗拒貪官污吏的迫害而興起的造反運動。

　　根據上述，康熙時期初墾的臺灣，一方面顯現了漢人成熟穩定

---

[48] 《臺案》中的朱一貴供詞有脫漏，但在國立故宮博物院典藏的乾隆朝《臺
　　灣檔》亦存錄有朱一貴供詞，則如此記載：「去年知府王珍攝理鳳山縣
　　事」，可見其時王珍不僅是臺灣府知府，同時也兼任了鳳山縣知縣，卻派
　　了他兒子魚肉人民，人民無可如何，忍無可忍，只好抗官造反。此《臺灣
　　檔》轉引自莊吉發：《清代臺灣會黨史研究》（臺北：南天書局，1999
　　年），頁71。

[49] 在現存的〈朱一貴謀反殘件〉中保留了被拿的造反者的供詞，大部份均從
　　事種蔗、耕田、趕牛車、開小店、彈棉花、傭工、駕船、賣魚等業，多屬
　　地方社會的底層階級。見《臺案彙錄己集》，同註[47]，頁4-16。

[50] 陳孔立：《清代臺灣移民社會研究》（廈門：廈門大學出版社，1990
　　年），頁127-129。

社會的常規，一方面則顯現了統治階級與平民百姓之間的矛盾；臺灣迅速地開發轉型成爲漢文化社會，傳統漢人社會的內涵和形貌逐漸在臺灣落實呈現，而由於官逼所產生的抗官形態爲基型的人民造反，事實上與大陸其他地方的造反沒有太大的差別❺。

㈡康熙臺灣的儒教制度之實踐

在這樣的結構和背景下，清代臺灣並非缺乏以儒政、儒學、儒教爲主體的文教施爲。可以說康熙臺灣已然表現了兩重性：其一是如脫韁野馬、浮囂塵揚的性質，其一則是博之以文約之以禮的常規教化性質；後者正是通過清廷治臺的儒吏以及在臺儒士共同持續的努力而力求實踐的。就清廷國家教育體制而言，其標榜儒政儒教，故於府州縣需建立儒學制度以教地方士子。康熙臺灣的清朝儒教制度實踐的程度如何，需以方志明之。

1.康熙前期的實踐

高拱乾編修的《臺灣府志》成書於康熙三十三年(1694)，可顯示清廷剛剛統治臺灣時期的狀態。其時學署的設置，臺灣府本身無載，而在鳳山縣學署條下則註明「在興隆莊學宮內，廨舍未建」；於諸羅縣學署條下則註明「在目加溜灣學宮內，廨舍未建」❺。而關於學校的設置，《高志》曰：「府學，在寧南坊（仍鄭氏基築）。

---

❺ 清代民間由於官吏貪酷以及土地制度的不合理所產生的地區性抗反運動層出不窮，清廷大多以武力加以鎮服，統治階級與被統治階級之間的緊張和衝突，乃是全部清朝中國的社會政治現象，不獨臺灣爲然。關於清代的社會政治變亂以及清政府的對策，見趙雲田，同註❸。

❺ 〔清〕高拱乾：《臺灣府志·規制志》，同註❸，頁 28-30。

康熙二十三年，臺廈道周昌、知府蔣毓英修，改額曰『先師廟』；懸御書『萬世師表』龍扁於殿中，廟貌煥然。後爲啓聖祠，教官廨舍；尙在漸次議舉。臺灣縣學，在東安坊。康熙二十三年，知縣沈朝聘建。二十九年，知縣王兆陞捐俸重修；改櫺星門，偉然壯觀。後爲啓聖祠，并爲教官廨舍。鳳山縣學，在縣治興隆莊。康熙二十三年，知縣楊芳聲建。後爲啓聖祠，……教官廨舍未建。諸羅縣學，在縣治善化里西保。茅茨數椽，規制未備。」❸按清朝於康熙二十三年（1684）於臺灣置一府三縣，正式在臺行使國家政治權，亦能即刻建立國家政教ско繫的「學校」，此與中土其他行省的政教舉措，並無不同，但由於初領臺灣，府縣之學的規制，顯然尙甚草草，換言之，事關社會安穩的儒政、儒學、儒教的設施，自明鄭敗亡而由清廷統治之初，相當粗陋薄弱。有關學官方面，則府有府儒學教授，三縣亦有縣儒學教諭，在《高志》的記錄中，府儒學由康熙二十六年至三十九年之間，共計前後有四任教授，均爲閩省儒士（一長樂、一福州府、一晉江、一同安）；臺灣縣儒學由康熙二十六年至三十四年之間，共計有三任教諭，亦均爲閩省儒士（一南安、一莆田、一長泰）；鳳山縣儒學由康熙二十六年至三十七年之間，有三任教諭，均爲閩省儒士（兩晉江、一福清）；諸羅縣儒學從康熙二十六年至三十九年，有四任教諭，均爲閩省儒士（兩長樂、一莆田、一晉江）❺。由此，清廷在形式上重視了臺灣的儒政、儒學、儒教。

但畢竟「儒學」並非眞正教育的機構，推展教育的場所應該屬

---

❸　同前註，〈學校〉，頁 32。

❺　同前註，〈學官〉，頁 63-64。

於書院；當時的書院，《高志》載有：西定坊書院（康熙二十二年，為將軍侯施琅建）；鎮北坊書院（康熙二十九年，為郡守蔣毓英建）；彌陀室書院（康熙三十一年，為臺令王兆陞建，在臺灣縣永康里）；竹溪書院（康熙三十二年，為郡守吳國柱建）❺等，三者位於臺灣府（今臺南市內），一位於今永康市，總之均集中於臺灣府城區位，且均屬官修，官方意識形態甚濃❺，相對地顯現了當時社會的儒教自主性之闕如。

康熙初領臺灣之時的儒政、儒教、儒學或應由實際的運作內容入手，才能顯露其內在性質。首任「分巡臺廈道」周昌於康熙二十五年（1686）來臺，對於當時臺灣的儒教評曰❺：

> 本道自履任後，竊見僞進生員猶勤藜火，後秀子弟亦樂絃誦；士為四民之首，正可藉此以化頑梗之風，而成雍熙之治。除觀風月課以勵士習並頒行「鄉約」以導民志外，所有一府三縣應照內地事例，建立文廟四座，以崇先聖；旁置衙齋四所，以作講堂。而地方初闢，生員稀少，每學暫設教職

---

❺　同前註，〈書院〉，頁 33。

❺　清廷入關統治中國之初，懼中國儒士依書院抗拒其統治，故順治採禁制書院的政策，另設「義學」以代替之。後禁令漸弛，且康熙帝深愛儒學，遂有修復、賜建書院之舉，雍正十一年正式明令各省建立書院，此後全國書院大興，臺灣亦不例外。《高志》所列這四所書院，正值康熙鬆弛順治帝禁書院之令而改採鼓勵之際，但其性質仍然具有濃厚的官方味道。參考王啓宗：《臺灣的書院》（臺北：行政院文建會，1984 年）。

❺　〔清〕周昌：〈詳請開科考試文〉，收於〔清〕高拱乾：《臺灣府志・公移》，頁 235-240。

一員，聽候部選，以教生徒。

周昌在臺之時距明鄭時代不遠，其所見到的「猶勤藜火的偽進生員」，乃即陳永華立聖廟建學校以教臺民的文教成效；永華在臺始播儒學、儒教，實已收得善果，這些明鄭生員入清後而又留臺者，必在臺灣民間教授儒學，故周氏又說「後秀子弟亦樂絃誦」，可見清領臺之初，尚有明鄭遺生留存臺地護培儒教的元氣，雖然，卻由於政權的更替，大體上，明鄭在臺播植的特富抗拒精神的儒學❸，並未能持續在國家教育殿堂上堂正發揚，所以周昌以臺灣最高教育首長的身份（臺廈道兼理提督學政）卻必須呼籲清廷亟需在臺建立聖廟並興講堂，蓋因大軍之後，明鄭臺灣的文教已受摧殘，故聖廟講堂既毀而生員亦甚殘涼，臺灣又幾乎退墮回原始蠻野的狀況。

周氏於臺灣府及臺灣、鳳山、諸羅三縣視察，他發現臺灣府的聖廟實乃仍明鄭文廟略加修繕增建，屋共三進、兩廡矮屋數間而已，竟缺泮池、明倫堂、啟聖殿、衙齋等必備的構築，而且聖殿僅有一間，以欂閣壁，不設傍柱，無簷牙榱桷、雕樑畫棟的美觀。而臺、鳳、諸三縣更無學宮；各縣草創茅茨，聊供聖賢牌位，略盡春

---

❸ 明鄭臺灣的儒學與清朝臺灣的朱子儒學或統治者儒學是截然不同的，因為明鄭臺灣儒學特富由東林、復社、浙東一脈相傳的南明抗拒型儒學，具有革命及反抗的精神，關於這方面的研究，可參考陳昭瑛：〈儒學在臺灣的移植與發展：從明鄭到日據時代〉，收於《儒家思想在現代東亞·總論篇》（臺北：中央研究院中國文哲研究所籌備處，1998 年）；潘朝陽，同註❸。

秋祭祀之禮而已㊾。換言之，康熙二十五年時，清廷在臺灣的國家儒教僅僅在臺灣府勉強有一些樣子，而在臺灣、鳳山、諸羅三縣，則幾乎可說是全然空懸。

周昌以分巡臺廈道的官職，親眼觀察而上奏於朝廷，當不致於誇大其詞，事實上，康熙三十一年（1692）來任臺廈道的高拱乾視察諸羅縣學，也提及㊿：

> 臺以海外地，……越至於今，…分設郡縣，招徠愈眾。十餘年間，聲教大通，人文駸駸蔚起；……然百務草創，規制苟簡；諸羅學宮，茆屋三楹，更大不稱。余備兵於此，兼分視學之任；每問其令，以城垣未建，學基恐有更易為對。荏苒三載，時愬余懷。……

高氏慢周昌任臺灣教育首長，前後差距六年，諸羅縣儒學的建設破敗如故，可見彼時清廷在臺的儒政、儒學、儒教，實在有其大不用心者，換言之，康熙初領臺灣的數年或十數年，臺灣的國家政教成效可說十分差勁。其時，臺民欲受教者，卻苦無國家的學校可得以就學，面對此種簡陋粗鄙狀態，清廷治臺儒吏應覺羞慚，蓋以明鄭在臺的艱難都知道認真立聖廟建學校以教化百姓，號稱盛世仁君的康熙卻視臺灣為邊鄙而未能正眼相待，清吏若能真正服膺孟子行仁

㊾　同註㊸，頁 238-239。

㊿　〔清〕高拱乾：〈捐修諸羅縣學宮序〉，收於：《臺灣府志·序》，頁 252。

政甚重庠序之教的教言,豈能於清領臺灣頗有時日的十數年之久,
任令在臺的國家教育仍然停滯敗落?不得已,治臺賢吏唯有靠己微
力從事民間社會的教學設施,譬如首任臺灣知府蔣毓英在任時「躬
歷郊原,披荊斬棘,界分三縣封域,相土定賦,咸則三壤。其役之
不急者罷之,土番之雜處者飭勿擾之。招流亡、詢疾苦;時召父老
子弟而告之以孝弟焉。又思化民成俗,莫先於學;力贊憲副周公詳
請開科,以興文教。至民貧不能備脩脯者,復捐俸創立義學;令詣
其中,延師課督之。」❻由此顯露了一個重要的訊息,此即當時大
多數皆貧窮的臺民,在無學校就學,亦缺學費就學的狀況下,若欲
讀書求上進,乃是依賴「義學」而完成心願的,換言之,清朝初治
臺灣之際,臺灣的儒學儒教並非有賴國家教育制度,而實乃依賴社
會民間的自我教學來加以傳承延續。

2.康熙後期的實踐

⑴臺灣、鳳山縣的情形

康熙前期臺灣地區的儒政、儒學與儒教既如此,康熙後葉則如
何?陳文達在《臺灣縣志》上說:「儒學署,在東安坊明倫堂之
後。五十一年,臺灣縣張宏建;五十八年墻圮,教諭吳應異重
修。」❻可知臺灣縣儒學的辦公廳要遲至康熙五十一年才得以建立
在今臺南市內,離開清朝領臺已近三十個年頭,時間不可說不長,
亦可證清廷對於臺灣一地文教的輕視;陳氏有一評語❻:

---

❻　同註❽。

❻　〔清〕陳文達:《臺灣縣志·公署》,同註❽,頁71。

❻　同前註。

按儒學之署，開闢以來，未遑建立；鐸斯土者，輒就啓聖祠之偏房而居，窄隘不堪。至是，始有棲身之地。五十三年，教諭鄭長濟捐俸建草亭於學署之前，與諸生論文其下，額曰「潛亭」；花木竹欄，頗稱雅致。

陳氏將清廷近三十年時間在臺灣怠忽文教推諉於「開闢以來未遑建立」之故，然無論如何，臺灣縣教諭居然就窄隘不堪的偏房而居，十足顯示清朝輕賤地方儒吏以及儒政、儒教、儒學的心態，甚至於地方教諭須在十分寒薄的俸錢中捐出其部份以建辦公署之外的構築，譬如「草亭」之類，在這樣的關鍵處呈現了清廷統治主奴役天下士子的惡德。

臺灣縣屬於臺灣府的附廓縣，其儒教和儒士的情境尚且如此，更遠的鳳山縣如何？陳文達修的《鳳山縣志》說：「儒學署，未建。」[64]此情況較臺灣縣更惡劣，亦顯示了康熙五十九年陳氏修志時臺灣南部地區，也就是今高雄、屏東區域國家文教的闕然。面對這種惡相，陳文達以貢生的儒士身份，其感懷甚深[65]：

朝廷設儒學一官，資以教育士子、作養人才。雖云苜蓿寒氊，而實有名教之任。知縣治民、教諭課士，不可偏廢。矧鳳邑屬在海外，更宜化導振興，使之漸仁摩義；處則爲有用之材、出則爲廟堂之用。學署豈可缺乎哉！

---

[64]　〔清〕陳文達：《鳳山縣志·衙署》，同註[20]，頁12。
[65]　同前註，頁13。

就儒士本身的修養而言，當然是謀道不謀食、憂道不憂貧；造次必於是、顛沛必於是，所以陳氏所謂「苢蓿寒氈，而實有名教之任」，此乃是孔孟程朱陽明一貫相傳的儒者風範，但就國家養士之道而言，學署長期棄廢，視地方儒士及學官如敝屣，此則爲清政府輕賤文教、蔑視儒生的證據，學者論評明清儒學教官，對於長達數百載的明清專制帝國的踐踏地方教育人員人格的政治惡風，已有所痛評❻，而這也即是明清帝國屬於封閉式專制極權國家的象徵。清朝以關外異族入主華夏，本即防患猜忌中國生員，對於地方儒士更加鄙薄❼，臺灣時居邊陲，又曾屬明鄭抗清基地，清廷作踐臺灣儒學、儒教更甚。鳳山縣儒學署久久不建，實良有以也。

就學校的設置而言，臺灣縣的學宮修建年年延盪牽連，未能一氣呵成，陳氏《臺灣縣志》記曰：「學宮，在東安坊。康熙二十三年，知縣沈朝聘建。後爲啓聖祠。時尚草創，規模未備。二十九年，知縣王兆陞修焉。四十二年，知縣陳璸建明倫堂於文廟之右，講學始有其地；仍捐俸三百兩，購買杉木，重新文廟。……啓聖祠尚仍舊也，卑隘淺陋，……風雨傾壞。……終非久遠。四十九年，陳璸以四川學道觀察臺陽，始易柵欄爲圍墻，禮門、義路悉備。五

---

❻ 關於明代儒學教官的卑微不受重視，可見吳智和：《明代的儒學教官》（臺北：臺灣學生書局，1991年）；清代地方儒學教諭清貧一生，無法在官宦路上魚躍龍門，地位卑微一如前朝，甚或有所過之，臺灣地方儒學教諭出名者如鄭兼才、謝金鑾的人生，均以清貧高節終。

❼ 清廷於順治九年（1652）命禮部刊刻「臥碑文」於學宮之左，曉示全國生員，內容以警告士子莫議論國政而養成奴性道德爲主，完全與孔孟真儒精神相背，循此而往，全天下士子終成爲軟骨頭無志節之小人。其條文共有8條，文長不引，詳見〔清〕陳文達：《鳳山縣志》，同註❷，頁17-18。

十四年，……重新啓聖祠，正其方向，與廟相稱；仍於廟之兩旁，建齋舍十四間，爲諸生肄業之所。躬親督率，半閱月而告成。……五十七年七月，霖雨浸淫，颶風大作，兩廡圍墻幾成平地，禮門、義路竟作通衢。五十八年秋，海陽同知王禮攝縣篆，召工取材，捐俸修築，牢以磚垣、塗以丹漆。從此廟貌巍然，規模壯麗；……若夫泮池之築，則知縣俞兆岳、教諭鄭長濟捐俸共成之也。」❻❽依此，一座事關臺灣縣文教成敗的學宮，從康熙二十三年（1684）始建，卻竟然一再拖泥帶水時建時停，直至三十五載之後的康熙五十八年（1719）基本上才算建構完成，以如此草率粗鄙輕賤的態度推展國家教育，顯證滿清政權十足輕侮儒教和儒士的統治主心態，當然於此也表露出清廷一直視臺灣爲邊陲化外，故壓根不將臺灣的國家文教建設當正經事業辦理。在如此惡劣的環境下，臺灣縣的儒學、儒教，只有仰賴某些治臺儒吏以及隱於民間社會的地方儒士自身居於儒者主體的素養所進行的個別之實踐。

　　距離臺灣府城更遠的鳳山縣學宮如何？比較臺灣縣學宮，亦同其命運，陳文達《鳳山縣志》記曰：「鳳山之學，自康熙二十三年始，知縣楊芳聲建焉，在興隆莊。……年久飄搖，僅存數椽以棲先師之神，而風雨不蔽。遇春秋丁祭，張竿行禮，祭畢撤去。四十三年，知縣宋永清捐俸重建，高大前制。大成殿在前，啓聖祠在後，兩廡、櫺星門畢備。奈海外颶風時作，棟宇蠹蝕，幾於傾圮。五十八年，知縣李丕煜復起而重新之。」❻❾於此亦悉鳳山縣學宮的敗落

---

❻❽　〔清〕陳文達，同註❸，頁 74-75。
❻❾　〔清〕陳文達，同註❷⓿，頁 14。

以及長達三十五載的時傾時修之慘狀，總之，臺灣府及臺灣、鳳山縣境的國家文教建設，是相當馬虎衰頹的，若說臺地最終仍有學宮，此乃完全視乎地方官吏之是否有此責任心去加以實踐，而且亦往往需賴他們個人「捐俸倡修」才得以成事，然而，臺灣府縣的國家政教豈非清朝的義務？地方的國家文教之構建，朝廷率爾賤視，地方賢儒吏只有結合社會上清寒儒士，透過在地力量以進行自我教育，因此可說臺灣的儒學、儒教根本就是來自民間社會的主體性建中立極，而與國家機器實無太多實質直接的關係。

(2)諸羅縣的情形

諸羅知縣周鍾瑄禮聘漳浦書生陳夢林主修《諸羅縣志》，書成於康熙五十六年（1717），志曰：「二十三年，設縣治於諸羅山（地爲鄭氏故營址），因以命名，取諸山羅列之義也。縣隸臺灣府，地南自蔦松、新港，東北至雞籠山後皆屬焉，極海而止（置縣後，以民少番多，距郡遼遠，縣署、北路參將營皆在開化里佳里興，離縣治南八十里。四十三年奉文，文武職官俱移歸諸羅山，縣治始定）。」❼依此，則幾乎在今臺南縣佳里以北直至今基隆海岸一大片臺灣西部土地均屬諸羅縣境，在這片寬闊地區中又可再予細分❼：

> 諸羅自急水溪以下，距郡治不遠，俗頗與臺灣同。自下加冬至斗六門，客莊、漳泉人相半，稍失之野；然近縣故畏法。

---

❼ 〔清〕周鍾瑄、陳夢林：《諸羅縣志·建置》（臺灣文獻史料叢刊，臺北：臺灣大通書局，未刊年份），頁5。

❼ 同前註，〈風俗〉，頁136-137。

斗六以北客莊愈多，雜諸番而各自爲俗，風景亦殊鄼以下矣。

「自急水溪以下」指今日鹽水、後壁以南的區域；這個區域已在當時漢文化成熟穩定的核心地帶，故「俗頗與臺灣同」。而下加冬在今臺南後壁，由此往北至今雲林縣斗六，已經是「閩粵參半」之局，文教已較差，而風氣稍野。從斗六或濁水溪或彰化以北，一直至基隆，於康熙後期，仍爲漢人移民（客莊愈多）和原住民相雜冗的地方，其文教更闕而風氣更野，應是當時當地的實況。

雍正初年，藍鼎元論康熙六十年（1721）於北臺觀察所見：「北路地方遼闊，半線（按今彰化）上下六百餘里，自昔空虛。今幸蒙皇上睿照，設立彰化縣治（按雍正元年析諸羅縣爲淡水廳、彰化縣和諸羅縣），有守備一營防守。然此六七百里，皆山海奧區，民番錯雜之地。內山一帶，又有生番出沒。後龍、中港、竹塹、南嵌，處處藏奸之所。而竹塹埔寬長百餘里，行竟日無人煙。是彰化守備兵力所弗及也。……竹塹埔廣饒沃衍，可闢良田數千頃，宜特設屯田守備一營，駐兵屯墾，併募民共耕餘地，碁置村落。」[72]於此可見康熙末葉時的諸羅縣境，其實仍爲一個廣大樸野的原住民世界，漢移民也已逐漸入墾，而與原住民相雜，且由於尚待開發，故許多重要的移民登岸的港口或河口，一時均成爲藍氏所謂的「藏奸之所」。這樣的諸羅縣，當然在漢文化社會的開發和定著的程度上，

---

[72] 〔清〕藍鼎元：〈臺灣水陸兵防疏〉，收於《平臺紀略》，同註[42]，頁71。

不能與臺灣府縣及鳳山縣相比；諸羅縣遠較蠻野原始。

在這樣的社會文化條件下，諸羅縣的儒政、儒學、儒教如何？《諸羅縣志》記「儒學署」，於其條下書：「未建」，而陳夢林特別加以論述曰[73]：

> 按儒學一官，朔望宣講聖諭、課督生徒，有教化之責。……與縣令共相爲理，衙署宜在縣內者也。諸羅教諭僑寓郡城，典史署在目加溜灣，而在縣者惟佳里興巡檢。……愚意移教諭、典署歸縣內，庶一官各盡一官之職。

由此可知自康熙二十三年迄陳夢林纂修《諸志》的五十六年，雖然諸羅縣治已由佳里興（今臺南縣佳里）移回諸羅山（今嘉義市），但事關諸羅縣境國家教育的諸羅縣教諭卻「僑寓」於臺灣府城，而且其儒學署也一直未建；諸羅縣儒政之敗落於此可見。

其文廟的建設如何？據《諸志》：「自康熙二十五年設學，乃有釋奠之祭。時廟在善化里西保（即目加溜灣），春、秋爲篷廠以祭，弗克成禮。四十三年，縣治歸諸羅山。四十五年冬，海防同知孫元衡攝縣，建大成殿。……四十八年，鳳山令宋永清署縣，建啓聖兩廡。……五十四年，知縣周鍾瑄重修大成殿、啓聖祠，重建兩廡。今廟在縣治西門外。」[74]諸羅縣治直至四十三年始歸諸羅山，此之前有廿載的時間停留在佳里興，卻將文廟草置於善化的目加溜

---

[73] 〔清〕陳夢林，同註[70]，〈衙署〉，頁26-27。
[74] 同前註，〈文廟〉，頁55。

灣（今臺南縣善化），陳氏譏之爲「弗克成禮」，換言之，諸羅縣的文廟建置也是馬虎而不成體統的，一方面反映出清廷於北臺的輕忽、無力，一方面則也反映出當時北臺儒學文教的單薄不振，諸羅縣境，仍屬鄙野蠻鄉也。

與文廟相關聯的學宮又如何？《諸志》載記曰：「康熙二十五年，臺廈道周昌請於三縣各建儒學，始爲茅茨數椽於善化里之西保。三十四年，臺廈道高拱乾有建學之議。教諭林弼奉檄庀材，粗成棟宇；以群議基址不固，復行拆卸，止留殿屋一間樓先師之神。」❼諸羅縣的學宮於善化目加溜灣，一直僅有「殿屋一間樓先師之神」而已，實質的學宮是闕如的。康熙四十三年（1704），諸羅縣正式移歸諸羅山辦公，才開始議建學宮，其建構過程亦與臺灣、鳳山縣情形雷同，可謂牽延再三、時坦時修，直至周鍾瑄擔任知縣，才「大修」大成殿、啓聖祠，重建東西兩廡，而且也戮力修成明倫堂、文昌祠，同時有宿齋所、器庫、名宦祠、鄉賢祠以及櫺星門、禮門、義路、照牆等附屬建築，至此，諸羅縣的儒政、儒教的硬體設備才算完成其基本；儒者陳夢林對此頗有感觸❼：

> 按諸羅置縣自康熙之二十有三年。越二年而憲副周公始請建
> 學，十有一年而高公始議創建，又十年而鳳山令宋君始基
> 之，又二年而郡司馬孫公始營之，又二年而宋君再營之。越
> 七年而風雨漂搖，幾爲茂草；至今日而規制粗備焉。豈惟禮

---

❼　同前註，〈學宮〉，頁 67。
❼　同前註，〈學宮〉，頁 68-69。

樂百年後興哉？即講學行禮之所且積之三十餘年乃告厥成
矣。前此學未有明儒堂，夫三代之學，所以明人倫也；倫之
不明，所學何事？誠如陳中丞湄川先生《臺灣明倫堂記》所
謂「有人類即有人心，有人理，天造地設而有明倫堂。堂之
不立，則士子講誦無地，必至人倫不明，人理泯而人心昧，
將不得爲人類」。若文昌祠之建，前人以爲士子倖祿籍之
及，而列道家荒誕之神於先師之側。然天下儒學所在，多有
借爲陰翼，用費激勸，亦聖人聖道設教之所不廢也。

陳夢林此段感言，前半段實提及諸羅縣學宮創建的延宕和艱辛，講
學行禮之所需累積三十年之久方能完成，於此亦看出在清朝或甚至
在長久的傳統帝制中國時代，全國各地方的興學，竟然歸之於地方
官員和教諭乃至耆老鄉紳和秀才自行解決，朝廷中央或力有不逮或
乃由於輕視怠忽地方建設之故，地方儒政、儒教根本上實是社會文
教的自我主體的要求，而於結構意義上，與中央政權所代表的國家
機器本身的意志無直接關係，諸羅縣地方儒吏的前後相繼的修建文
廟學宮，與其說是奉中央朝廷之旨令，毋寧應該說是由於他們從孟
子「謹庠序之教」的儒門常道而來的使命感促使他們主動實踐，才
較接近歷史的實狀，就是因爲以當時有限的社會力去撐持實行國家
應執行而未執行的政教工程，所以效率上倍覺用力勤苦但功效有
限。陳氏感言的後半段則特引治臺最優秀儒臣陳璸的文章而彰明諸
羅縣儒吏們戮力慘淡地以數十載光陰來建構諸羅的地方儒政、儒學
與儒教，表層結構上是行使清朝的國家政教，而在深層結構上，卻
是認眞地實踐儒家推展仁義道德型教化的儒門本份，換言之，縱許

清廷放任賤怠於被視爲邊陲之地的臺灣之文教，在臺儒吏、儒士亦會本著其儒門常規和慧命而進行儒學、儒教的工作。惟於當時的諸羅縣而言，除了官立的儒學學宮之外，僅另有「義學」一所[77]，而書院則闕如也，由此實亦顯示了康熙時代諸羅縣境推展儒學、儒教的困頓艱難；在此情況之下，諸羅縣境的民人或即就私塾、家學而受教，由於條件的惡劣，故產生如陳夢林痛陳的現象[78]：

> 諸羅建學三十年，掇科多內地寄籍者。庠序之士，泉、漳居半，興、福次之，土著寥寥矣。夫士農工賈各世其業，故易有成也。諸羅之人，其始來非商賈則農耳；以世其業者，十不得一焉。兒童五、六歲亦嘗令就學，稍長而貧，易而爲農矣、商與工矣，或吏胥而卒伍矣，卒業於學者十不得一焉。子夫子有言：「自田不井授，人無恆產；而爲士者尤厄於貧，反不得與農工商賈齒。上之人欲聚而教之，彼亦安能終歲裹飯而學於我！」……夫萃天下之力供養士之費而不足，今欲責成於州縣之微祿，雖有義學之設，亦唯力是視；不則，苟具文書而已。雖有穎悟傑出之子，不能自給，亦終於易慮改圖而已。而巨賈列肆而廛，則金帛貨貝足相傲也；田舍翁多收十斛，則菽麥稻粱足相傲也；吏胥舞文爲奸利，鮮衣美食則相傲；強有力竄名卒伍，躍馬彎弓又相傲，於是

---

[77] 《諸羅縣志·義學》載：「義學原在文廟之右，康熙四十五年，臺灣府同知孫元衡攝縣事時建，歲久圮壞無存。五十四年，知縣周鍾瑄更建於縣署之右；前後兩座，共六間。」見〔清〕周鍾瑄、陳夢林，同註[70]，頁79。

[78] 同前註，〈學校志〉，頁80。

此邦視學之途爲迂而無用。內郡之不得志於有司者，群問渡而東焉。科歲而試，此邦之人拱手而讓之；一登解額，即飛揚而歸故里，海外人文何日而興乎？

陳夢林以一介地方型儒士評論臺灣文教機構的敗落以及儒教風氣之衰靡，其心萬分沈痛。諸羅縣雖「建學三十年」，但學籍之名額多爲閩省士子冒名借用，其之所以可得以借名頂替，乃由於諸羅縣乃至當時全臺讀書人實甚稀少之故；而讀書人所以稀少之故，應歸之於朝廷輕賤地方興學的重要性，以國家之力支持國家教育猶且力有不贍，反而要清貧空空的地方儒吏、儒士以微薄俸祿來支持維續地方上的國家教育工程，此不異挾泰山而超北海，實難乎成事也。復次，更由於臺民欲就學校機構求學之路相當艱難，所以有能力與機運者多往商農胥役等行業求發展，一旦有成，往往反過來輕視譏諷讀書人爲「迂而無用」，寖假而往，社會文教的風氣更是日加敗壞。再加上地方大吏又火上加油多方鼓勵閩省士子渡海冒名參與科歲之試❼⁹，於是乎諸羅縣雖立縣甚久，本身的讀書種子卻甚難培育，一直沒有文化大樹的茁長，更不用說文化森林的覆育養成。

---

❼⁹　史家尹章義說：「由於臺灣初設府、縣，讀書應考的人比較少，沒有人攻擊冒名、冒籍的弊端。諸羅知縣周鍾瑄更有『寄籍不必杜，藉其博雅宏通，爲土著之切磋可也』的說法，公然刊布在《諸羅縣志》上，足以代表當時一般地方官對於寄籍者的寬大，甚至鼓勵的態度。」見尹章義：〈臺灣←→福建←→京師──「科舉社群」對於臺灣開發以及臺灣與大陸關係之影響〉，收於《臺灣開發史研究》（臺北：聯經出版事業公司，1989年），頁 545。

四、康熙臺灣賢良儒吏的儒家實踐

　　如前所述，康熙雖然統治了臺灣，但在最初奠基的三十載時間裏，清廷並沒有以其盛世之力爲臺灣立下良好的國家文教的建設，但臺灣自己仍然有社會民間的儒學、儒教的傳承和延續，此種起自社會民間的儒學儒教，一方面是由地方儒士的設帳授徒，通過村塾、家學以及文昌廟宇乃至書院的形式而進行之⑧，一方面也由於治臺官吏中，確也有深受儒學薰陶培育而成的賢良儒吏，以其自身的道德理想主義的文化意識，亹力推展臺灣的儒政、儒學與儒教。譬如死後被諡爲清端公的陳璸即是其中典型；茲以陳璸爲例對於治臺賢良儒吏的行仁政作一簡述。

　　陳氏，廣東雷州海康人，康熙三十三年（1694）中進士，38年（1699）授閩省古田縣知縣，著有政績，四十年（1701）調任臺灣府臺灣縣，四十二年（1703）離任，於康熙四十八年（1709）被派任四川提學道，次年（四十九年，1710）再轉派爲臺廈兵備道兼理學政，於是再來臺灣⑧。據《臺灣縣志》，陳璸在臺以臺灣儒學的急待振興而念茲在茲，於是修葺文廟、建明倫堂，且訂科取士，其所甄拔多孤寒士，又立四坊社學，月有課、季有試以教化貧寒卻有志向學的百姓，除此之外，清端公更重新了啓聖祠，且在文廟兩旁建齋舍十四間使臺地儒士有安心肄業之所，並於康熙五十一年

---

⑧　潘朝陽：〈地方儒士興學設教的傳統及其意義—以臺灣爲例的詮釋—〉，《鵝湖學誌》，第 17 期，1996 年 12 月，頁 1-33。

⑧　黃秀政：〈清代臺灣循吏〉，《臺灣史研究》（臺北：臺灣學生書局，1992 年），頁 81-104。

（1786）至五十四年（1789）三年間於府城內建置了朱文公祠、文昌閣、名宦祠及鄉賢祠⑱。核計陳璸在臺兩任，前後共治臺政約十二年，將臺灣府縣的國家教育基本設施籌建完成，並推及於原住民教育，且訂期課考儒士而使臺地文風爲之丕振。陳清端公可謂特富賢良儒家大臣風範矣。

當然，作爲一位眞正的儒臣，不僅單單勤於推展儒學教育而已，因爲孔子明白地提示了「先富後教」之義，孟子亦發揮了庶民「衣帛、食肉、無饑之後謹庠序之教，申之以孝悌之義」的王道仁政原則⑱，陳清端公的治臺施政之方，其實即遵循孔孟先聖教言而踐成之。任臺灣縣知縣時，上《條陳臺灣縣事宜》，其施政方針有：振興儒教、敦勵良俗、注重民食、留心商貿、清革兵役流弊以及確保社會治安等方面⑭，其任臺廈道時，再上《臺廈條陳利弊四

---

⑱　以上簡述據〔清〕陳文達：〈陳侯璸傳〉、〈學校〉，《臺灣縣志》，同註⑱。

⑱　孟子曰：「五畝之宅，樹之以桑，五十者可以衣帛矣；雞豚狗彘之畜，無失其時，七十者，可以食肉矣；百畝之田，勿奪其時，數口之家，可以無饑矣；謹庠序之教，申之以孝悌之義，頒白者，不負戴於道路矣；七十者，衣帛食肉，黎民不饑不寒，然而不王者，未之有也。」，見《孟子·梁惠王篇》。

⑭　陳璸在其《條陳臺灣縣事宜》的奏摺中列陳了有關臺灣縣政務之急共有十二條：1.文廟宜改建，以重根本；2.宜興各坊里社學，以廣教化；3.宜定季考之規，以勵實學；以上三點與文教有關。4.宜舉鄉飲之禮，以厚風俗；此點與社會風俗有關。5.臺倉積粟宜以時斂散；6.澎湖孤懸海島，宜通商販粟以濟軍民；此兩點與農糧有無以濟民生有關。7.水丁名色宜永遠革除，以甦民困；8.每歲修倉宜永禁派累，以惜民財；9.在坊小夫宜革，以安商旅；10.每歲二丁派買豬羊宜禁，以除陋規；以上四點與革陳胥吏弊

事》，希望大力推展四項政策，即：1.招墾荒田，以盡地利；2.嚴禁科派，以甦民困；3.弛鐵禁，以利農用；4.置學田，以興教化❽。從上述前後兩摺顯見陳璸忠實地踐履孟子王道論的政治理想；孟子曰：「易其田疇，薄其稅斂，民可使富也。食之以時，用之以禮，財不可勝用也。❻」陳璸治臺正是易臺民田疇、薄臺民稅斂；孟子又曰：「春省耕而補不足，秋省斂而助不給。入其疆，土地闢，田野治，養老尊賢，俊傑在位。❼」陳璸兩度治臺，由其奏摺觀之，正是希望臺地能如孟子所說之仁政樂土；當然，清端公很了解富而教之道，孟子曰：「善政不如善教之得民也，善政民畏之，善教民愛之；善政得民財，善教得民心。❽」陳璸深明善教超越於善政之理，故治臺特重推展儒政、儒教之舉。

陳昭瑛從清代臺灣教育碑文的分析中，論及朱子學對清代臺灣儒學深有影響，她也特別指出陳清端公乃是一位將朱子儒學真正在臺灣加以實踐的賢良儒臣❾。陳璸最直接的踐成即是於康熙五十一年（1712）帶領興建了臺灣的朱文公（朱子）祠，因為建朱子祠而

政並助商貿有關。11.兵民雜處宜分別，以清保甲；12.宜逐遊手之徒，以靖地方；此兩點與地方社會的治安有關。見〔清〕陳璸：〈條陳臺灣縣事宜〉，收於《陳清端公文選》（臺灣文獻史料叢刊，臺北：臺灣大通書局，未刊年份），頁1-12。

❽　〔清〕陳璸：〈臺廈道條陳利弊四事〉，同前註，頁13-14。

❻　見《孟子·盡心篇·第23章》。

❼　見《孟子·告子篇·第27章》。

❽　見《孟子·盡心篇·第14章》。

❾　陳昭瑛：〈清代臺灣教育碑文中的朱子學〉，「儒家思想在現代東亞」國際研討會宣讀論文，中央研究院中國文哲研究所籌備處，1999年7月。

有相關文獻留存後世，此即陳璸爲祠之建成而撰的《新建臺灣朱子祠記》⑩，其文曰：

> 予建朱子祠既成，或問曰：「海外祀朱子有説乎？」曰：「有」。……公之神在天下者，如水之在地中，無所往而不在也。……朱子之神，周流海外，何莫不然！
>
> 按朱子宦轍，嘗主泉之同安簿，亦嘗爲漳州守。臺去漳、泉一水之隔耳，……自孔孟而後，正學失傳，斯道不絕如線，朱子剖晰發明於經史及百氏之書，始曠然如日中天。凡學者口之所誦、心之所維，常無有不窹寐依之、羹牆見之者。何有於世相後、地相去之拘拘乎？
>
> 予自少誦習朱子之書，雖一言一字，亦沈潛玩味，終日不忍釋手。迄今白首，茫未涉其涯涘。然信之深，思之至，所謂焄蒿悽愴，若或見之者也。
>
> 朱子之言曰：「大抵吾輩於貨色兩關打不透，更無話可説也」。又曰：「分別義利二字，乃儒者第一義。」又曰：「『敬以直內，義以方外』八個字，一生用之不窮。」……人生德業即此數言包括無遺矣。讀其書者，惟是信之深，思之至，切己精察，實力躬行，勿稍游移墮落流俗邊去，自能希聖、希賢，與朱子有神明之契矣。予所期望於海外學者如此，而謂斯祠之建者無説乎？

---

⑩　〔清〕陳璸：〈新建臺灣朱子祠記〉，同註㊷，頁 31-32。

陳清端公此文乃清代朱子學由閩省入臺的重要文獻，此即所謂「臺去漳泉一水之隔」的區位空間便利於朱子閩學東渡，而弘揚於臺灣。但是地理上的方便，若無有心志有願力的賢良儒臣的自覺和努力，臺灣海峽畢竟也是一條難渡的天塹。所以子曰：「人能弘道，非道弘人」，陳清端公在臺建朱子祠並且撰述了臺灣第一篇朱子學文獻，其深意在此。陳氏自述少時就已誦習朱子文集，受紫陽思想和人格的深刻影響，所謂「信之深、思之切」，以儒者的生命學問的態度，實可信乎其言。而究諸朱子「主敬」之學之要，則認為朱子之學是要求儒門君子確能「打透貨色兩關」，清楚「分別義利二字」，而且以「敬以直內、義以方外」八字用之於一生，陳清端公本人一生的立身行事，確實可以說充盡完成了朱子所提撕人生關頭上的要求。周元文《重修臺灣府志》論贊清端公曰❾❶：「其飲冰茹蘗，屏絕苞苴，不擅威福，不列紈褲，其清介之操，尤人之所難者。古大臣正己率物，風度庶幾近歟！」這樣的史評確實點出陳璸實為身體力行朱子儒學的典型。

　　陳璸以朱子學引進臺灣，並非無因，除了臺灣與朱子學或閩學本家的福建僅以一水相隔，具有地理空間上距離和臺民多閩人的人情方便之外，朱子學本即清廷統治階級，特別是康熙特別加以表彰鼓吹的「理學主流」，其目的當然有將朱子學作為國家政教意識形態的極深用意。於是，泉州儒生李光地迎合康熙的心理和喜好，而奉旨編纂了《性理精義》、《理學真偽論》，並刊定《性理大

---

❾❶　〔清〕周元文，〈陳道憲傳〉，收於《重修臺灣府志》，同註❶❻，頁346-347。

全》、《朱子全書》等,成為清朝國家治國御民的工具書;康熙如此,雍正和乾隆更踵繼前法,變本加厲,去除了儒學中的「君臣相對論」的思想,而只強調忠君愛民之一面,使清朝理學成為一種缺乏革命精神的統御型官方儒學。清廷並沿襲元明以程朱理學作為科舉考試的內容,且極度推尊朱子的地位,康熙五十一年(1712),正式規定全國文廟以朱子神位配祀十哲之列。而指定《四書》主《朱註》;《易》主《易程傳》;《詩》主《朱子集傳》;《書》主《蔡傳》;《春秋》主《胡安國傳》;《禮記》主《陳澔集說》。同時朝廷嚴禁陸象山、王陽明的學術哲學的研讀和流傳,連農村私塾均一統於朱子典範下的儒教❷,於是,在清朝統治意識形態下的國家儒教變成一種天子聖明萬萬歲的奴性儒教,臺灣既入清朝版圖,明鄭帶來的浙東南明抗拒革命型的儒學,隨明鄭滅亡而潛消,清朝的臺灣儒學,當然是沒有孔孟原始儒家所本來具有的至剛至健的精神,能夠勤政愛民如陳清端公已經是最高標準的清代臺灣儒家矣。

五、結論

明鄭在臺灣實踐特富抗拒精神的南明儒學,社會厲行德法雙彰之教化,所以路不拾遺、夜不閉戶,連清初領臺之際的治臺儒吏和儒士均特別有所留心致意。惜明鄭國祚短促,臺灣入清朝統治後,明鄭臺灣儒學和儒教隨之隱沒。

---

❷ 趙吉惠等:《中國儒學史》(中州古籍出版社,1991 年),頁 788-796。

康熙治臺的近四十年，清廷在臺的政教設施可說是治臺的基本規範與張本，對往後二百多年的清領臺灣的整體社會文化影響深遠，就當時臺灣而言，漢文化穩定成熟核心區不過府城及其周圍的今臺南縣一帶，北及於諸羅山，南及於鳳山，或可謂漢文化核心區。其時，透過儒吏與儒士的記述，核心區的漢人社會文化風氣已與中國內地各區無有本質之不同，同樣具有漢人社會文化的正、負面的內涵；一方面呈現漢人確實開發臺灣有其成效，而在另一方面，則顯示當時臺地已開發富足區之社會浮華性，也顯示待開發貧困區之社會暴戾性。浮華與暴戾，皆屬社會文化的負面性存有。站在儒家道德教化觀立場，其時在臺儒者觀察臺灣百態，對此現象，深心有所危懼，故筆之為文藉以警世。

但就清朝治臺的國家機器的層次言，官弁風紀的敗壞，才是十分嚴重的結構性弊病，當時在臺儒吏或儒士早已引為最大憂患。臺灣民變的根由，主要即是導火於「官逼民反」；惜乎清廷一直加以漠視，故使臺地終清世而民變和械鬥不斷，臺民長久生存於恐懼和危難之社會中。

相對於臺灣社會的囂亂現象，在臺灣應該發展的國家文教制度建設，依本文的解明，卻相當受到清廷的輕賤而十分貧乏敗落，就康熙朝而言，臺灣一府三縣的國家教育設施，數十年來均十分疲殆頹敗，其有限的建構，多出於有心的少數地方儒吏和儒士自捐自助而勉強維持。國家文教的不力，實乃社會多浮囂多反亂的重要原因。

以賢良的儒吏儒士戮力於儒教而言，實乃出自儒者個人道德主體自覺的用心；面對結構性的空洞和扭曲，個體的儒者終身辛勤勞

瘁卻常常顯現理想生命實踐之易遭摧折的無奈和悲涼。譬如以清端公而言，陳璸的儒家實踐，畢竟只是儒者個人主體上的力行而已，於清朝治臺的整體政教結構上，實乃缺乏結構性的意義，所謂「人存政舉，人亡政息」，陳清端公儒家理想的實踐隨其離臺辭世，幾乎戛然絕矣。臺灣史大家連橫《臺灣通史》撰有〈循吏列傳〉，其中有陳璸傳。對於陳氏的儒者實踐，連雅堂再三致其崇敬之思，同時對臺灣吏治敗壞而表達其深沈的痛恨㊲：

> 吾生以來，所聞治臺循吏，若夏獻綸、程起鶚，皆嘖嘖在人口中。而余年尚少，不能詳其事，又不能得其行狀而爲之傳。惜哉！獻綸，⋯⋯同治十二年，任臺灣道，整齊吏治，揣抑豪家。⋯⋯起鶚，歷任臺灣、臺南兩府，署兵備道，潔己愛民，獄多平反，而皆卒於臺灣。⋯⋯臺自設官後，二百數十年矣，而舊志所傳循吏，不過數十人。貪鄙之倫，踵相接也。嗚呼！非治之難，而所以治者實難。古之與今，猶一貉也！

就結構而言，清朝在臺官吏，多如連雅堂所斥「踵相接之貪鄙小人」，以五日京兆之心，於臺朘削搜刮而去，不謂之盜匪不可，如賢良儒臣陳璸，恰似沙海中之一金也，於此也就反證清代能以儒學或朱子學爲常道慧命而在臺灣從政教結構上徹底實施儒政、儒學、

㊲　連橫：〈循吏列傳〉，《臺灣通史》（臺中：臺灣省文獻委員會，1976年），頁724。

儒教的賢良儒臣，畢竟不多，且亦無此可能。然則，清代康熙盛世時代的臺灣，其儒家理想的實踐，當然不能說是成功。

※本文發表於《第二屆臺灣儒學國際學術研討會論文集》，國立成功大學中文系，1999年。

臺灣關帝信仰的文教內涵： 以苗栗區域爲例之詮釋

一、前言

清人趙翼《陔餘叢考》論關壯繆曰：

> 鬼神之享血食，其盛衰久暫，亦若有運數而不可預料者。凡
> 人之歿而爲神，大概初歿之數百年，則靈著顯赫，久則漸
> 替。獨關壯繆在三國六朝唐宋皆未有碰祀。考之史志，宋徽
> 宗始封爲忠惠公；大觀二年，加封武安王；孝宗淳熙十四
> 年，加英濟王。祭於荊門當陽縣之廟。元文宗天曆元年，加
> 封顯靈威勇武安英濟王。明洪武中復侯原封。萬曆二十二
> 年，因道士張通元之請，進爵爲帝，廟曰英烈。四十二年，
> 又敕封「三界伏魔大帝神威遠震天尊關聖帝君」。〔……〕
> 繼又崇爲武廟與孔廟並祀。本朝順治九年，加封「忠義神武
> 關聖大帝」。今且南極嶺表、北極塞垣，凡兒童婦女無有不
> 震其威靈者，香火之盛將與天地同不朽，何其寂寥於前而顯
> 爍於後，豈鬼神之衰旺亦有數耶？（清·趙翼，頁400）

　　唐代之前，關雲長在中國神譜中地位不高，宋室方始尊崇，但僅屬王爺之流；至明萬曆年間則已升至國家祀典，尊封帝君。顧亭林《日知錄・卷三十・古今神祠》曰：

> 　關壯繆之祠至遍於天下，封爲帝君。（明・顧炎武，頁875）

或由明中葉始而關帝信仰已甚普及。

　　清廷承明祚，順治元年，定每歲五月十三日致祭關帝；九年敕封爲「大帝」，其祭文曰：

> 　惟帝純心取義，亮節成仁。允文允武，乃聖乃神。功高蓋世，德被生民。兩儀正氣，歷代明禋。英靈丕著，封號聿新。敬修歲事，顯佑千秋。（清・王必昌，頁168）

　　自順治始已將關帝崇祀定性爲尊隆極高的國家級聖神，功在護國佑民，其神格爲成仁取義、德被生民的儒家道德意義下的聖賢型神祇。

　　清朝的關帝崇祀有增無已；康熙時封「伏魔大帝」，乾隆三十三年加封「忠義神武靈佑關聖大帝」。道光間又加封「威顯」，咸豐間再加封「精誠」，旋又加「綏靖」，並御書「萬世人極」匾額，同治九年加封「翊贊」，光緒五年加封「宣德」，累至清季，關帝的廟號爲「忠義神武靈佑仁勇威顯護國保民精誠綏靖翊贊宣德關聖大帝」。（仇德哉，頁2）

　　滿清入主中土後，首建關帝廟於地安門外，乾隆六十年通令全

國寺廟供奉關帝神位，自此之後，關帝廟遍天下（仇德哉，頁 2），上由帝王貴冑下及販夫走卒，周遍三教九流均無不崇奉關聖帝君。關帝信仰的普溥天下，究其原因，就統治者而言，關雲長忠勇神武，為國捐軀，應予國家祀典；宋人曾三異《同語錄》贊關帝曰：「《九歌・國殤》，非關雲長之輩不足以當之，所謂生為人傑，死為鬼雄也。」就庶民而言，有感於關公桃園三結義的義氣干雲、堅貞不二，故崇敬之而歷久不替（呂宗力、欒保群，頁 668）。就儒生而言，關雲長奉大漢正朔，義討奸臣逆豎，一生忠義勇毅，死而後已，正合乎儒家嚴分忠臣烈士與乎亂臣賊子的春秋之教，故立神道設教之方以激勵鼓舞天下人心志。

闽粤漢人於明中葉之後漸次移墾臺灣，自明延平郡王鄭成功開臺，來臺漢人多將大陸原鄉神祇奉來臺灣崇祀，因此臺灣民間神祇之廟宇香火的展佈，實為漢文化在臺灣播種、生根、茁壯的象徵，而神格尊隆崇高的關聖帝君的祭祀，更代表了華夏文化傳統的主體在臺灣的落實與發揚。

二、臺灣關帝崇祀的中心意涵

關帝崇祀在臺甚早，明鄭已置關帝廟，清人陳文達《臺灣縣志》錄關帝廟曰：

> 在西定坊，大關帝廟，偽時建。康熙二十九年，臺廈道王效宗修。五十五年，臺廈道陳璸重修。五十六年，里人鳩眾改建。〔……〕原寧靖王親書其匾，曰「古今一人」。小關帝

廟，僞時建。五十八年，里人同修。在小關帝廟巷內。

在永康里，關帝廟，一在許厝甲，僞時建。係茅屋，開闢後易茅爲瓦，鄉人同建。一在保舍甲，僞時建。臺廈道陳璸匾曰「停驂默禱」。

在長興里，關帝廟，僞時建。五十九年，鄉人同修。

在新豐里，關帝廟，僞時建。（清·陳文達，頁209-213）

明鄭開臺，臺灣的關帝祭祀既興，寧靖王親書「古今一人」，足徵明鄭崇祀關帝典禮之隆。康熙二十二年清廷入主臺灣，仍明鄭祭祀關帝之舊，觀其廟宇湮頹破落，遂著力修之、整之；修整者有官有民，儒臣陳璸特書「停驂默禱」，可見清廷初主臺灣，關帝崇祀不因政權替換而衰微，甚至更受到重視。

根據清代臺灣數部重要方志，約可一窺清代臺灣關帝崇祀。

蔣毓英《臺灣府志》修於康熙二十六年前後，亦即滿清入主臺灣之初，其〈廟宇〉條曰：

關帝廟三所，府治鎮北坊二所，鳳山縣治土擊埕保一所。
（清·蔣毓英，頁123）

在其〈附澎湖廟宇〉條則曰：

關帝廟二所，一在吉貝嶼，一在瓦硐港。（頁126）

此五所關帝廟，理應明鄭時故物，亦即漢人來臺最早的文教見證。

而修於康熙三十三年的高拱乾《臺灣府志》則在鳳山縣的〈關帝廟〉條中除了「一在土擊埕」外，增列了「一在安平鎮」；另外再加上諸羅縣的〈關帝廟〉條，指出其時善化里目加溜灣街上也有關帝廟。關帝崇祀在臺灣逐漸地增強。

周鍾瑄、陳夢林修於康熙五十六年的《諸羅縣志》曰：

> 關帝廟，一在縣內東北角，康熙五十二年，參將翁國楨建。五十四年，參將阮蔡文、守備游崇功成之。〔……〕一在善化里目加溜灣偽時馬兵營，吳大明募建，〔……〕康熙二十三年漳浦營千總陳某重修。五十年，監生林嘉樑同耆民重建。（清·周鍾瑄、陳夢林，頁282）

於此點出，清廷治臺初始，往往由官弁設置廟宇供奉關帝，但逐漸亦有儒生、耆老、鄉紳修建關帝廟、參與關帝崇祀之舉。官祀的味道漸淡而民祀的成份愈重。

謝金鑾於嘉慶年間修的《續修臺灣縣志》關於關帝廟的載記曰：

> 在鎮北坊，偽時建，廟有寧靖王匾。康熙二十九年，巡道王效宗始修；五十三年，巡道陳璸重修；五十六年，里人鳩眾改建；乾隆三年，巡道尹士俍倡修；三十一年，署巡道蔣允焄修，增建更衣廳於廟左；四十二年，知府蔣元樞修，五十四年，知府楊廷理修，於廟門外建戲臺焉。嘉慶十二年，知縣薛志亮捐俸倡修；紳士林朝英、吳春貴、陳啓良等司其

事。（清·謝金鑾，頁63）

以臺南府城鎮北坊的大關帝廟為例，官民不斷地加以重修維護，或予以重建，規模逐漸擴增，且漸由主官轉變成由紳士董理其事；紳士也者即鄉紳士子，亦即地方領導階層。可見臺灣關帝崇祀隨著臺灣文教的發展及社會的成熟，而轉成社會團體參與、管理，而不僅僅是統治階層推展治權的工具而已。

隨著漢人在臺灣的開發，關帝崇祀也就逐漸在臺灣展開。道光初年，周璽《彰化縣志》曰：

> 關帝廟，一在縣治南門內，雍正十三年邑令秦士望捐建，乾隆二十四年，邑令張世珍修，嘉慶五年，邑令胡應魁移建南街同知署故址，道光九年，邑令李廷璧修。一在鹿港王宮邊，乾隆壬辰年南靖商民捐建。一在鹿港文昌祠邊，嘉慶十七年同知薛志亮捐俸倡建，紳士董雲從董其事。（清·周璽，頁153-154）

彰化地區的關帝崇祀隨時間發展，也是由官至民逐漸變動，特別是商紳的參與，顯出鹿港商務繁榮，而關帝的信義正是商人貿遷最需遵循的道德法則。

成書於道光末年的陳淑均《噶瑪蘭廳志》點出關帝崇祀的基本文化意識；其引錄清廷祭祀關帝的祝辭，其辭曰：

> 維某年月日，某官某致祭於忠義神武靈佑仁勇威顯關聖大帝

之神，曰：「惟帝浩氣凌霄，丹心貫日。扶正統而彰信義，
威震九州；完大節以篤忠貞，名高三國。神明如在，遍祠宇
於寰區；靈應丕照，薦馨香於歷代。屢徵異蹟，顯佑群生。
恭值仲春（秋）嘉辰，遵行祀典。筵陳籩豆，几奠牲醪。尚
饗。」（清·陳淑均，頁109）

祭文的中心意旨在於「扶正統而彰信義、完大節以篤忠貞」。由於
關雲長人格之合乎忠貞信義的大節，故能成神成聖。就這點而言，
實符應了儒家春秋大義，故爲儒教的楷模；而「神明如在，靈應丕
照」，且「屢徵異蹟，顯佑群生」，此則爲宗教上的神道之事，在
上層者可藉之而推展普溥文教綱常於民間。同一志載記清代宜蘭地
方關帝廟曰：

關帝廟在廳治西、文昌宮前殿，南向。嘉慶十三年，居民原
祀在米字街。二十三年，文昌廟落成之日，通判高大鏞移奉
同在前殿。至道光五年，陞倅呂志恆改以前殿奉神像，而移
文昌神像於殿後。〔……〕署通判李廷璧額曰：「浩氣凌
雲」，楹聯即用京都正陽門廟神所自作之句：「數定三分，
扶炎漢削魏伐吳，辛苦備嘗，未了生平事業。志存一統，佐
熙朝盪魔伏寇，威靈丕振，祇完當日忠貞」（清·陳淑均，頁
117）

三國時代，全心一志扶炎漢存正統而削魏伐吳，最終殉死難完大節
的關雲長，傳統儒生與官宦均認定其有凌雲的浩然正氣，是忠貞威

靈的模範，不論在朝在野，必一心崇效關雲長而盡其生平志業，莫敢一絲毫虧損了節操，特別是在炎漢的正統觀及盪滅魔寇以顯忠貞的追求華夏一統觀方面，在在深入國人之心。此種文化意識正是儒家的春秋教，也是崇祀關帝的宗教核心。數百年來臺灣關帝崇祀隆盛如恆，日據時期亦蓬勃發展無有稍衰，關帝信仰中的春秋大義，不容否認抹殺也。

關帝崇祀中的儒教倫常，臺灣儒臣賢吏多有深論。最能以明鄭在臺灣延續正統之義而接上關帝春秋大節的是臺灣府鳳山知縣王瑛曾；王氏重建鳳山縣武廟，撰《重建武廟碑記》，有曰：

> 神之志在《春秋》，功在名教，凡忠義志節之鄉，尤心嚮往之。臺雖荒服，考自寧靖王竄跡以來，剩水殘山，崎嶇死所，幾視田橫義島而上之，亦名教地也！《春秋》傳曰：「神所憑依，將在德矣」。毋亦是饗而是宜乎？（清·王瑛曾，頁59）

王氏藉關帝武聖之廟重建立碑為記的機會，指出臺灣雖屬荒服，卻因明鄭奉春秋正朔，寧死不向滿清屈膝苟活而成為一個儒家綱常之島，臺灣之崇祀關帝的深義實即於茲。王氏以「田橫義島、名教之地」指目臺灣，即所以特別重建武廟而高標《春秋》深微大義之所在；整建關廟、崇祀關帝，其目的就在於標揚明鄭在臺灣的田橫名教精神。

雍正十三年，彰化知縣秦士望撰《關帝廟碑記》曰：

關帝者漢壽亭侯，〔……〕因漢室陵替，一片赤心，寢食不寧；〔……〕帝喜讀《春秋》，梗亮有雄氣。〔……〕天不祚漢，帝殉大節，而英靈之丕顯，萬古凜如一日；〔……〕夫自古忠臣義士，生為正人，沒為神明，皆足以奠俎豆、享血食；然或祀隆於一代，或廟建於一方，求其比戶尸祝，海隅禋祀，自漢迄今，日新月盛，惟帝一人。論者謂：「其德配尼山，聖分文武，忠同日月，氣塞天地」。（清·秦士望，頁 1-2）

臺灣儒臣儼然以春秋大義的實踐者視關帝，且認為關帝德配孔子，一為文聖，一為武聖，樹日月乾坤並建之德；傳統儒生或儒臣確是以文武二聖之乾坤並建形式來樹造文教綱常。所以秦氏的後任者彰化知縣張世珍在其《重修關帝廟碑記》一開始便點明：

孔子作《春秋》者也，褒以華袞、貶以斧鉞，作焉而不以為罪，聖人之微權也。關帝讀《春秋》者也，日在天上，心在身中，讀焉而能見諸行，聖人之大節也。作者謂聖，述者謂明，其道同，其心一也。我朝崇功報德，榮及前代，故祀關帝者稱武廟，與尼山俎豆，並分日月之光。蓋其大節凜凜，經百折而不回，亦歷千秋而不泯，有如斯也。（清·張世珍，彰化縣志，頁 452）

臺灣關帝信仰的中心意義正是如上所言以關帝為實踐孔門常道慧命之標竿，因此以關帝作為臺灣教化綱常之楷模，恰如臺灣知府蔣允

焄指出：

> 國家崇德報功，享祀不忒；神勇關帝廟迄今稱武廟，與文廟
> 坊，品用太牢，月望展謁，禮極崇隆。〔……〕臺雖荒服，
> 沐浴王化幾及百年，於文廟以習其禮樂冠裳之盛，於武廟以
> 作其忠誠義勇之氣，〔……〕忠信節義，當有油然而興者
> 矣。（清·蔣允焄，增建武廟官廳碑記，頁 817-818）

忠信節義的儒家綱常文教，透過關帝崇祀而在臺灣社會展溥宣揚；
特別是具有儒家思想素養的官吏，面臨初闢待治的臺灣，非常寄望
以關帝的忠義大節神道設教，庶幾乎臺灣社會可達至文教風行之
境。譬如彰化縣令秦士望曰：

> 我彰邑荒昧初開，民番雜錯，沐聖朝雍熙之化，漸知服教畏
> 法；若更感之以帝德、懾之以帝威，則其鼓舞益神。（清·
> 秦士望，彰化縣志，頁 451）

又如臺灣知府蔣元樞曰：

> 郡城關帝廟凡數區，建西定坊者，爲秩祀所在，〔……〕余
> 以守土主祀事，於秩祀所在，〔……〕益憬然於忠義之爲神
> 不可磨滅，而忠義之感人確有明驗也。《中庸》謂：「凡有
> 血氣者，莫不尊親」；而極其辭曰「至誠如神」。至誠者
> 何？忠義而已矣。蓋盡心所事謂之忠；而孤忠所結，自能伸

大義於千古。斯固凡為人臣者作之鵠，勿謂郡處僻遠，仰止
神明，用鼓其忠誠義烈之氣，而潛化其恣睢囂競之風；習俗
轉移，不當在是耶？斯又余所兢兢自惕，而更為此邦氓庶共
相淬礪也夫。（清‧蔣元樞，重修關帝廟碑記，頁109-110）

蔣氏明白清楚道出：臺灣大吏深冀透過對關帝忠義精神的崇仰和表
彰而能轉移臺灣社會恣睢囂競的惡習粗風。而究其實，這實在是深
受儒家綱常教化的儒吏在臺灣藉關帝以神道設教推展儒教的一種化
民成俗之政。

　　地方主學政之儒吏和地方領導階層合作而共同展佈地方文教，
因此共與了文武廟的修建及運作；嘉慶二十四年鹿港仕紳同修文武
兩祠，由彰化儒學正堂鄭重撰文，而由眾紳共同勒石的碑記曰：

國家臚陳祀典，自都城以及各府州縣，莫不建祠奉文昌帝
君、關聖大帝者，所以振揚文教、扶植綱常也。〔……〕司
馬薛公諱志亮自題廉俸，以蘇雲從為董事，並建武祠，春秋
享祀，稱不惑焉。〔……〕儒雅之風，蒸蒸日上；忠義之
心，油油然生。凡諸采芹香、攀桂馥，較之昔日而尤盛者可
知矣。〔……〕後之君子，心存好義有加無已，俾輪奐長美
於千秋萬世也。（清‧鄭重，頁25-26）

主官薛志亮領頭發起修祠，由鄉紳蘇雲從董其事，而由儒學正堂鄭
重撰文紀念，於此顯示鹿港地方官民一致參與關帝崇祀，共同願望
鹿港地方能上升為文教社會，期其民風儒雅、人心忠義，且更期待

地方秀才文士盛起,使鹿港一地成為君子之鄉千秋萬世而不替。

其實,臺灣的關帝崇祀,已然屬於全民的或社會的文化活動,不必非有官吏與會不可;譬如臺南麻豆虞朝莊關帝廟的重修,就僅是地方儒士及鄉紳耆老共同主其事,而無官宦參與,其紀念碑文曰:

> 我虞朝之有關帝廟也,起於雍正甲寅年國學生吳諱仕光集眾鼎建。迨乾隆戊子歲,地震,幾傾。越甲午,鄉賓黃諱清芳、優庠吳諱時舉、時興議新首倡。董其事者,耆老陳諱志光、柯諱溶哲。閱四五月而告竣,費用白金一千有奇。
>
> 自此神靈赫濯,文衡佐司,何但黌序蜚聲、雍辟馳譽已哉!
>
> (清·重新虞朝莊關帝廟碑記)

碑文中記錄參與修關帝廟者有國學生、鄉賓、優庠、耆老等地方領導階層,他們一致期望在文衡關帝神靈赫濯的庇佑下,麻豆虞朝莊不但「黌序蜚聲、雍辟馳譽」,更有超越莊子弟科舉功名者,此即整個文教綱常在莊中的呈現踐履。

此碑顯示完全由民間社區主導自己社區的關帝崇祀,其意義即是臺灣社會文化力已經開始穩固運作,而不必事事由政治力介入。當一個臺灣村莊的關帝崇祀已由地方秀才主其事時,就已證明關帝崇祀在臺灣民間的深入性。復次,此碑文之後附錄捐款芳名,這些捐款者頭銜有鄉賓、生員、商賈等,更重要的在於其最末段刻有:

通事米涼出銀二十元，耆番公出銀十二元，石涼六元，加弄
四員，米劉四員，沙來四員，大芮二員，知甲一員，卓干二
員，土目等充銀二十員。（清·重新虞朝莊關帝廟碑記，頁115）

此段所錄無論通事、耆番公、土目，以及他們一干人的名字，在在
指出不惟漢人，連麻豆社西拉雅族人也參與了當地的關帝崇祀，顯
示臺灣原住民的漢化，於此亦可見關帝精神在臺灣的影響。

三、日據時代臺灣關帝崇祀的區域性 詮釋：以苗栗地區為例

　　如上所述，臺灣始自明鄭，且歷清一代，除了以國家祀典崇隆
關帝之外，臺民亦十分尊崇關帝，除了大陸上的所有尊號之外，臺
民也稱關帝爲「恩主公」、「恩主爺」、「伽藍爺」等。面積不大
的臺灣關帝廟卻所在多有（馬書田，1993，頁147）。（圖一）即臺灣
關帝廟的分佈形勢，除了中央山地之外，大致上由南至北、不論閩
客區或城鄉區，多有關帝廟的建置，有崇祀關帝之香火。除了媽祖
崇祀之外，在臺灣甚難有他神之普及性超越關帝（潘朝陽，1986）。
史家李國祁甚至認爲臺灣關帝崇祀的普及可視之爲臺灣經由漢人開
發而逐漸臻於文治社會的明證，李氏特稱此過程爲「內地化」（李
國祁，1982）。其實關帝之在臺灣的普受崇祀，不僅僅表徵了所謂
「內地化」，其同時也證明了由儒家思想奠定的傳統華夏文教綱常
已然深植於臺灣。

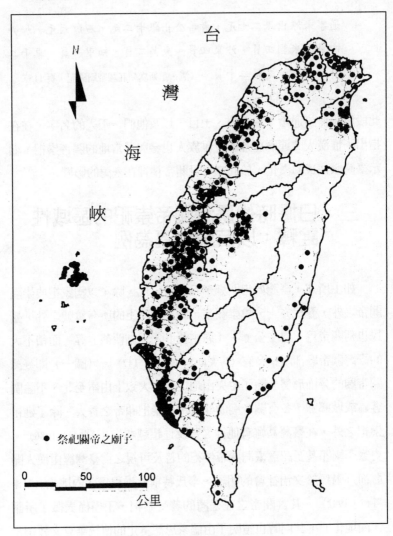

圖一　臺灣關帝廟宇分佈圖

關帝廟普及分佈於臺灣，廣受臺民崇祀，早已奠定了深厚的文教綱常的根基。一八九五年日本據臺，只有在據臺初期爲求安撫臺民抗日情緒而對臺灣漢人傳統宗教假意尊重其自由；到據臺中期，日本則有意利用臺民祭祀賽會舖張奢侈的缺點以壓抑臺民傳統文教綱常的提升和維繫，藉之方便日本在臺的殖民統治，故對臺灣漢人宗教之迷信部份特別加以虛矯的籠絡和表揚；日據後期，日本殖民統治者在臺漸次推展日本神道，並且有計劃地開始迫害破壞臺灣漢人傳統的大小寺廟，鎮壓臺民華夏文化意識下的宗教信仰（陳玲蓉，頁 84-99，1992）。臺灣漢文化傳統以及漢文化意識下的臺灣民間宗教，雖然受到日本殖民統治的打壓摧殘，但毫不屈服，也從未死絕；臺民的關帝崇拜仍然方興未艾、蓬勃發展；甚至成爲臺民延續華夏文化綱常傳統於不墜的重要根據。

茲以苗栗區域的關帝崇祀詮釋臺灣華夏文化傳統。

㈠苗栗區域關帝崇祀空間分佈的意義

苗栗以行政區而言可劃成十八個鄉鎮（圖二），其中泰安鄉爲原住民泰雅族的生活世界，漢式宗教向來無有顯著的存在，另外十七個鄉鎮均爲漢人墾闢區域，早成漢文化區，漢人傳統宗教亦隨漢文化的展佈而在這些區域落實呈現，而對於苗栗漢人民間的文教綱常的教化及維繫方面，擔負了相當重要的角色。

清朝時期漢人已在苗栗區域建立關帝廟。《苗栗縣志》曰：

關帝廟，一在銅鑼灣街，光緒十六年，生員邱國霖、吳湯興、等倡建建造。一在石圍墻莊，嘉慶二十四年，墾戶吳琳

芳倡建建造；同治十四年，吳立才等倡捐重修；光緒十三
年，吳定綱等倡捐復修。一在員潭子莊，嘉慶九年，陳國興
等倡捐建造。一在大湖八份街，光緒十四年，統領林朝棟
建。墾戶吳定連年捐香祀穀一十石；又將八份街地租銀年捐
出一半，作廟內香油之費。（清・沈茂蔭，頁159-160）

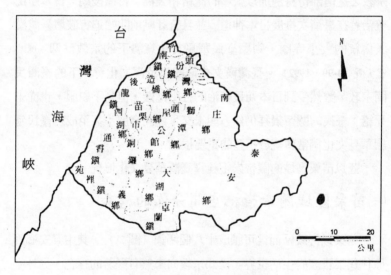

圖二 苗栗縣行政區圖

據此可知苗栗區域的關帝廟在清初的嘉慶年間已始建造，而苗
栗的開發始於乾隆之初（潘朝陽，1994），換言之，約兩代人之數十
年時間內，苗栗已展開了關帝崇祀。至清季的同光時期，依然有關
帝廟的建立或重修，顯示關帝崇祀在清代臺灣的小區域裏持續著其
傳統和成長。

　　《苗栗縣志》所載較有限，根據《苗栗縣寺廟文化之研究》的調查統計，以關帝為主祀神的廟宇之空間分佈見（圖三），在此圖中顯示苗栗縣內除了泰安山地鄉除外，十七個鄉鎮中，只有靠海四鄉鎮（竹南、造橋、後龍、苑裡）無關帝廟，內陸的鄉鎮幾乎都有兩座以上的關帝廟存在；特別是頭屋、苗栗、西湖、銅鑼連成一個關帝廟的密集區；另外由頭份始，經三灣、南莊、獅潭而至大湖的內山地帶亦有顯著的關帝崇祀；苗栗關帝廟的分佈態勢明顯顯示了主祀關帝的空間區位實以客家人集聚的丘陵臺地及山間河谷區為主。如果由廟宇的陪祀神來看，則苗栗區域有以關帝陪祀的廟宇，除了山地鄉泰安之外，只有靠海的苑裡鎮無關帝陪祀之廟宇，從（圖四）清楚看出關帝崇祀縱然只居陪祀地位，其空間分佈亦十分普遍，可見其重要性。若將上面兩張圖加以合併成為（圖五），立刻顯出關帝崇祀在苗栗區域的普及性。關帝崇祀的中心精神如前所述，實為華夏文化的儒家春秋大節、忠義綱常的精神楷模；善男信女進關帝廟燒香，仰視端嚴赫凜、不怒而威的關聖帝君，常是心懷敬惕莊重之情的，往往使頑夫廉而鄙夫有以立志。因此關帝廟的普遍，表徵了忠信節義的文教綱常的教化之普及；其實這也就是儒教常道藉關帝神威的影響而有效地傳播於臺灣鄉土中的一項明證。

　　觀諸史料，苗栗關帝廟固然早自清嘉慶年間已開始建置，其陸續的修建則一直延續下來，（圖六）是清代苗栗崇祀關帝（包括主祀與陪祀）的廟宇分佈，其分佈態勢甚平均，除了苑裡、造橋、三義、泰安之外，均有關帝崇祀，其數目則有三十三座之多；（圖七）則是日據時期才產生的關帝崇祀，由圖中看出關帝信仰在異族高壓統治下，仍然強盛地發展，並未因為日本殖民者的壓迫而消滅

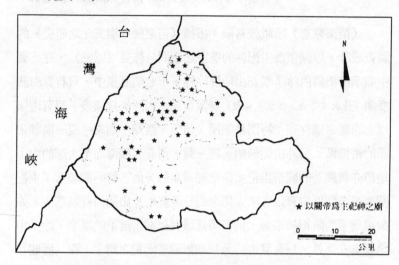

圖三　苗栗區域主祀關帝之廟宇分佈圖

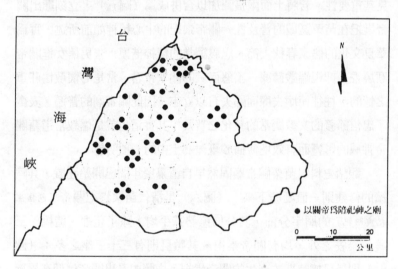

圖四　苗栗區域陪祀關帝之廟宇分佈圖

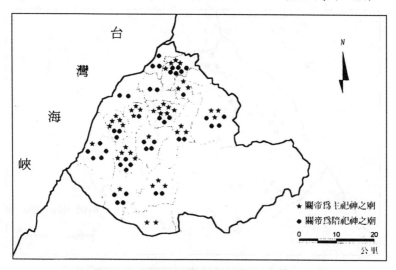

圖五　苗栗區域祭祀關帝之廟宇分佈圖

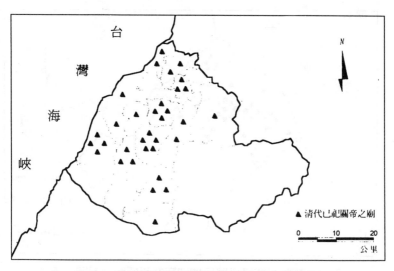

圖六　苗栗區域清代祭祀關帝之廟宇分佈圖

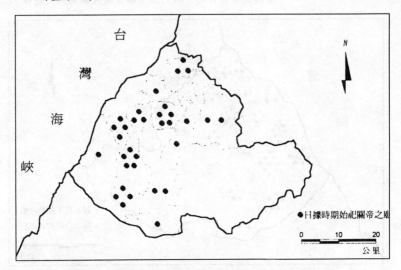

圖七 苗栗區域日據時期祭祀關帝之廟宇分佈圖

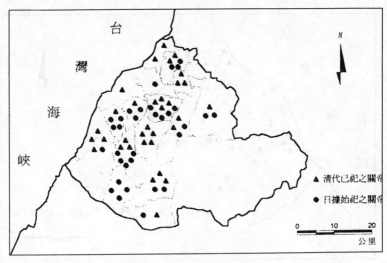

圖八 苗栗區域清代與日據時期祭祀關帝之廟宇分佈圖

或衰頹，其數目亦多達三十三座；在十七個漢人鄉鎮裏面，高達十二個鄉鎮在日據時期新增了關帝崇祀的廟宇，而且其中公館鄉新增五座，通霄鎮、頭屋鄉新增四座，三灣鄉、銅鑼鄉、大湖鄉則新增三座；由其不斷新增關帝崇祀的廟宇以及其普及性以觀，苗栗區域的漢人是明明白白地對異族日本帝國殖民者宣告臺灣不容泯滅的華夏主體性。復次，日據時期苗栗區域的關帝崇祀乃是累積清朝和日據兩個時期的關帝崇祀，因此應將上面兩圖合成（圖八），這個關帝崇祀才是日據時期在苗栗區域的空間分佈態勢，假設當年日本殖民統治者能夠看見這張苗栗地區關帝崇祀的空間分佈圖，豈不憂心苦惱不已？因爲它正是臺灣華夏文教綱常永不滅亡的最有力證明！

㈡關帝崇祀對臺灣儒士的意義
——以銅鑼灣儒士吳湯興爲例

　　對於臺灣儒士而言，關帝崇祀內在的剛健之德及其儒門春秋大義，具有極深刻的影響，可云爲誠敬於心中而必見諸行事；苗栗區域關帝崇祀與抗日英雄烈士吳湯興有著水乳融溶的關係，上引《苗栗縣志》所述銅鑼灣街關帝廟的創建者爲「生員吳湯興與邱國霖」，其時在光緒十六年，離臺灣被日本搶奪而去的光緒二十一年，僅僅五年。銅鑼灣街的大廟不止關帝廟，生員吳湯興和邱國霖不去創建媽祖廟、中壇元帥府、玄天上帝廟或任何其它民間宗教神祇之廟宇，而偏偏只一心建置關帝廟而對武聖崇祀有加，即可了然於苗栗儒士的浩然正氣之大丈夫本色；這腔子浩然正氣以及大丈夫本色，豈是日本侵略兇寇可得而輕侮？連雅堂《臺灣通史》曰：

　　吳湯興，粵族也，家於苗栗，爲諸生。粵人之居臺者，多讀
　書力田，負堅毅之氣，冒危難，不稍顧。而湯興亦習武，以
　義俠聞里中。
　　乙未之役，臺灣自主，各鄉皆起兵自衛。湯興集健兒，籌守
　禦。及聞臺北破，官軍潰，潟旗糾旅，望北而誓曰：「是吾
　等效命之秋也！眾皆起」。遂與生員邱國霖、吳鎮洸等，募
　勇數營，就地取糧，富家多助餉。架一櫓，置大鼓其上，有
　事擊之以聞，立法嚴明。當是時，徐驤起於苗栗，姜紹祖起
　於北埔，簡精華起於雲林，所部或數百人、數千人，湯興皆
　馳書合之。」（連橫，頁 1034）

此之後，吳湯興結合同志在桃竹苗臺地丘陵區展開阻擊侵臺日寇之
役，由北而南；英雄烈士前仆後繼犧牲慘烈，第一位蒙難殉死之姜
紹祖，年方二十！而楊紫雲、賴永興、徐驤、吳彭年等豪傑亦皆死
於保鄉護土之難（黃鼎松，我們的家鄉·史地篇，頁 110-113）。連雅堂
記曰：

　　永福命幕僚吳彭年率黑旗兵七百名，副將李維義佐之。
　〔……〕維義援頭份，而彭年亦趨赴苗栗。〔……〕日軍攻
　苗栗，苗栗無城，不足守。黑旗管帶袁錦清、幫帶林鴻貴皆
　戰沒。彭年收餘兵，退大甲。湯興、徐驤俱入彰化。
　　〔……〕日軍復至，臺中遂破。初七日，彭年誓師，分署各
　隊，以湯興、徐驤合守八卦山。〔……〕日軍攻山，別以一
　隊撲黑旗營。湯興拒戰，徐驤亦奮鬥，而砲火甚烈，不能

支。湯興陣沒；其妻聞報，亦投水死。徐驤奔臺南；彭年戰死山麓，黑旗將士多殲焉。（連橫，頁1036）

少年書生英烈吳湯興在八卦山上壯烈赴難捐軀，其妻義不獨存，亦投水偕夫君共赴死難，一門忠烈，天地同悲。若非儒家春秋教的生命實踐，必不可能也。陳昭瑛選注的《臺灣詩選注》特選一首吳湯興遺詩，詩名〈聞道〉（陳昭瑛，頁137）：

聞道神龍片甲殘，海天北望淚潸潸。
書生殺敵渾無事，再與倭兒戰一番。

陳昭瑛於詩後論評曰：

此詩當作於吳湯興北望誓師之後。用詞淺顯，而慷慨激昂。〔……〕湯興所關心者非僅臺灣一島之安危，尤在於全中國之存亡，〔……〕書生憂國之情躍然紙上。第三句一轉，突然擺脫悲傷，化爲殺敵之力，「書生殺敵渾無事」是何等從容！「再與倭兒戰一番」又是何等豪邁！這兩句看似簡單輕鬆，然而證諸吳湯興事蹟，眞是字字血淚！（陳昭瑛，頁138）

此論評中肯獨到，確然字字血淚。湯興以一介書生，僅能張空拳挺身軀守鄉土護邦家，死而後已。其了無假借，只憑著一腔子的華夏血脈及正氣而已。書生烈士的心志豈能與其家鄉的關聖帝君無關？豈能無關乎？故實應贊英雄烈士儒者吳湯興：眞正是文聖的好門

生、武聖的好子弟也。

㈢關帝崇祀的華夏主體性

　　關帝崇祀的文教綱常之效應，非止於個別人物而然，在苗栗區域，亦可見諸家族教化或村社教化；家族或村社依關帝崇祀的推行，可使臺灣的華夏主體於日據異族統治時代免於滅絕，其潛默運作之功不可謂小。苗栗西湖鄉四湖村劉氏家族早於清乾隆來此開闢，家道興旺，建有家族學堂，奉宣聖，教化族中子弟，時在道光二十年，學堂名「雲梯書院」。至日據之初，劉家為避日人壓迫華夏主體性意識，並增強儒宗的武毅精神，遂改書院為修身堂，除了孔子之外，又奉三恩主，開堂濟世、編造善書、延續文教（潘朝陽，1996）。此堂至今仍存，其在日據時代的基本精神，其主持人依然十分明白，在《苗栗縣寺廟文化之研究》中，其列有下列數端置廟堂、奉兩聖的微言大義（苗栗縣寺廟文化之研究，頁481）：

　　　1.奉祀孔聖，宏揚遵師重道古訓。

　　　2.廣興文教、崇振儒風，寄民族思想於私學。

　　　3.乙未之役割臺議成，臺胞淪入異族，教授大漢語文、肩負
　　　　祖國教育、延續中華文化。

　　　4.奉祀武聖關公，教忠教義，崇揚忠孝節義，熱愛國家民族
　　　　之精神。

這四點微言大義正是日據時代關帝崇祀的春秋名教；實踐了上言「四句教」，就可堂堂正正在臺灣做一個華夏人，而不會是無祖無

宗的亡國奴，更不會是背祖忘宗的日本殖民帝國的劣等順民。

　　與此四句教的精神相同的關帝崇祀的聯對，在日據時代的關帝廟中，甚爲常見，譬如苗栗頭屋鄉外獅潭地方的「五聖宮」主祀關聖帝君，原爲鸞堂「警醒堂」，建於光緒元年，其對聯曰：

　　　扶漢膽心忠，偃月青龍騰浩氣；繞宮風景麗，西山丹鳳舞朝陽。
　　　青龍經百練，丹心常護漢山河；至聖仰千秋，文教遠傳周禮樂。

此兩幅對聯顯示的正是華夏文教綱常的延續與發揚。又頭屋鄉曲洞地方的「曲洞宮」主祀三恩主，亦是鸞堂，名「會善堂」，建於民國九年。其對聯曰：

　　　曲洞建神宮，顯赫長昭唐社稷；沙河揚聖德，雷威永護漢山
　　　河。

此對聯提出漢唐的社稷山河，且明言長昭永護，在日據時代，其華夏主體意識不言可喻。又苗栗獅潭鄉竹木村的「南衡宮」亦主祀關帝，建於光緒十一年。其對聯有曰：

　　　樂斯道之大成曰文曰武，秉兩間之正氣惟孝惟忠。
　　　正氣堂堂，代天行道咸推聖；精忠耿耿，遍地蒙庥共仰神。
　　　玉宇凌雲，護國護民顯神赫；衡門啓瑞，薦蘋薦藻聖威靈。
　　　聖德輝乾坤，浩氣忠心扶大漢；神光昭宇宙，遠山靈塔繡斜陽。
　　　南北會山河，道通天地；衡文光日月，志在春秋。

如上引四句對聯，也充份表達了關帝崇祀的「四句教」。儒家文教綱常的教化義蘊均於此顯露無餘。在日本異族統治下，而臺灣人民透過關帝崇祀終不忘繼承傳續華夏傳統，此在關帝廟宇的對聯中顯其深微之意。又譬如苗栗大湖鄉栗林地方的「聖衡宮」原爲鸞堂「宣化堂」，主祀關帝、三恩主，其建廟緣由爲：

> 本宮原名爲「宣化堂」，創設於民國二十一年二月一日夜，堂主邱阿德突然看見一道紅火，後始知關聖帝君命靈官王天君臨凡創設鸞堂勸世間百姓男女遵從宗教歷史，行守國法尊師重道，敦親睦鄰，宏揚中華文化。（苗栗縣寺廟文化之研究，頁 452）

關帝降鸞創設鸞堂於日據時代的臺灣，其目的不就是要求臺民「遵從宗教歷史」？也即是遵從關聖帝君關雲長之成聖成神的宗教歷史，這樣的遵從亦即是眞確地在異族壓制下不忘實踐儒門春秋教，如此即其所云之「行守國法尊師重道、敦親睦鄰、宏揚中華文化」之眞意，而這也就是臺民於社會生活上澈底回歸華夏主體的文教綱常。又臺民之建置關帝廟，亦有可能遭受日本統治者禁止，譬如苗栗南庄鄉員林小南埔地方有「崇聖宮」，該宮不知建於何時，清光緒二十八年，因三恩主指示擇地改建，乃由張澄水捐地五分重建廟宇於小南埔現址，民國二十四年三月大地震將此廟宇震毀，地方人士擬集資重建，卻橫遭日本殖民統治者禁止，只好一直等到臺灣光復後的民國三十五年重建。縱許如此，崇聖宮仍然一秉關帝崇祀的基本文教意識，其對聯曰：

義氣配山河，盪寇除凶安國社；民模昭日月，匡皇護赤靖臺疆。
義昭青史光天地，民仰丹心壯山河。

這樣的對聯之華夏文教綱常已經十分清楚，其反日的春秋意志，可說是昭昭然如日月之明。在日本異族統治下，先嚴華夏夷狄之分界，再依儒家慧命常道以教化臺民，因為傳統書院往往受日本直接壓制，故常以神道設教方式掩日人耳目而推行華夏主體性教化，關帝崇祀的展佈及其實踐，即是其最主要的形式。最能透過關帝崇祀，而在廟中含藏文武二聖之祭禮，使儒門剛健之德教傳揚延展的佳例，可舉苗栗公館鄉石圍墙莊；該莊早於嘉慶二十二年建成，而在莊公館正堂築龕合祀文武兩聖，成為莊的中心。至光緒丁未年，莊的領導階層更將公館改建成關爺廟，仍奉文武兩聖，其名取「揆一樓」；此「揆一」之廟名更動於臺灣陷入日寇之初，其義深矣微矣，蓋「揆一」之義乃引發自孟子也，孟子曰：

> 舜生於諸馮，遷於負夏，卒於鳴條，東夷之人也。文王生於
> 岐周，卒於畢郢，西夷之人也。地之相去也，千有餘里。世
> 之相後也，千有餘歲。得志行乎中國，若合符節；先聖後
> 聖，其揆一也。（孟子·離婁·第29）

在孟子而言，舜或文王，無論東夷、西夷，入中國則中國之也；亦不論今人、古人，其心同、其理同，即同乎聖人仁義之道，石圍墙莊的領導群以「揆一」名主廟之名，其義一則強調並凸顯中國華夏之文化道統大義，另一則表彰孔聖與關聖乾坤並建之德教，於日據

之初，就有此文化主體性意識，可謂其等眞是眞學孟子。此亦顯示自明鄭開臺數百年來，臺灣的華夏文教綱常已然根深柢固、枝繁葉茂的事實。因此「揆一樓」的對聯即明曉通暢地在日本統治者面前表彰著儒家的慧命常道：

> 文啓尼山，魯雨鄒風傳萬古；武揚漢室，忠魂義氣壯雙峰。
>
> 文聖仰宗師，子弟登堂尊至德；武聖騎赤兔，江山扶漢盡精忠。
>
> 至正至剛，臨大節而不可奪也；能文能武，非聖人豈能若是乎。
>
> 先武穆而神，大漢千古大宋千古；後文宣而聖，山東一人山西一人。
>
> 揆千秋再千秋亦後先道脈，一萬世兩萬世也今古人心。

這些對聯出自石圍墻莊日據故儒陳漢初先生，由上述對聯而觀，先生以尼山風範與關聖人格存在於日據的臺灣，以活生生的儒門君子之行證明了臺灣的華夏精神。

四、日據時代鸞堂雲洞宮施勸堂的存在意義

「鸞堂」是臺灣關帝崇祀的一種重要類型，若上推其源始，可追溯至清初；王志宇引述陳文達《鳳山縣志》所載「仙堂，在長治里前阿社內。鄉人何侃鳩眾所建，祀五文昌，能降乩。〔……〕近

復合祀東王公、西王母於內」，以之證明康熙五十八年之前臺灣屏東地區早有扶鸞活動（王志宇，頁 31，1997）。此鸞堂主祀的五文昌即是以關帝為主神，臺灣清初已有關帝崇祀的鸞堂殆無疑義。然而其有規模計劃的發展，應該在咸豐、同治、光緒三朝之後，以至於日據，在特殊的政治環境中，更形發展，終於形成臺灣重要的民間宗教結社。（王世慶，頁 415-474，1994；王見川，125-156，1996；王志宇，157-178，1996）

　　鸞堂原本的性質實地方儒士及耆老為勸導地方善良生活習慣而藉神道設教形成，譬如咸豐三年澎湖媽宮（馬公）成立「普勸社」，主祀南天文衡聖帝（即關聖帝君），在光緒十一年因故暫停，於十三年正月改稱「一新社」，而於光緒十四年由生員許棻等向廳憲呈稟獲准宣講，廳憲公告之曉喻充份顯出清代地方儒生藉關帝崇祀神道設教以推行文教綱常的苦心；此曉喻曰：

　　即補清軍府署臺南澎湖海防糧補分府龍為出示曉喻事。本年（光緒十四年戊子）二月二十六日，據生員許棻、黃濟時、林維藩（介仁）、鄭祖年、郭丕謨、高攀等稟稱：〔……〕有政不可無教，〔……〕諸士子設立「普勸社」，勸捐資費，採擇地方公正樂善之人，於晴天月夜，無論市鎮鄉村，均就神廟潔淨之處，周流講解聖諭及勸善諸書，以冀挽回習俗於萬一。見夫讀法紀於周官，辰告垂諸風雅，則勸勉之條，誠有司之不可缺者也。〔……〕棻等身列膠庠，頗知見義勇為，不忍坐視頹廢。乃〔……〕鳩資重整社中。談用取《尚書》「舊染污俗，咸與維新」之意，更「普勸」曰「一新

社」。且遴選樂善不倦，兼以口才素裕，可作講生者。如八
品頂戴林陞及童生郭鶴志〔……〕數人者，俱有心向善，殊
堪勝任愉快。庶乎數十年之美舉，得勃然興矣。〔……〕爲
此，示仰闔澎衿耆士庶人等知悉，爾等須知宣講聖諭，解析
善書，均係勸人爲善，有益身家，務須環聚恭聽，謹奉力
行。〔……〕（王世慶，頁432）

以澎湖一新社爲例，可得悉清季地方儒士宣揚關帝崇祀，且透過崇
祀進行的社會文化工作，基本上是勸民爲善、提升心志之文教綱常
的教育。光緒十七年地方儒士再組「樂善堂」，奉文衡聖帝、慈濟
眞君，專門從事地方慈善及公益事業，至日據時期，由於日本放任
臺民吸食鴉片煙的惡風日甚嚴重，由此而引發的社會文教的頹廢狀
況，令有志之士憂心不已，是以鸞堂的工作除宣揚聖教及慈善公益
事業外，也以助民戒除煙毒爲主。（余光弘，頁117-119，1988）
　　日本據臺，在殖民高壓統治下，臺民的華夏主體性一時被迫斷
絕或歸於潛隱，宣講中國大道的書院，遭日本殖民政府打壓，因而
以民間宗教爲外衣的鸞堂在臺灣反而蓬勃發展，表層是爲臺民戒除
煙毒而起，而深層則是透過鸞堂的扶鸞教化以傳揚儒門慧命常道，
使華夏命脈得以延續於臺灣；此亦即透過關帝崇祀醫治臺民免遭日
本鼓勵的鴉片煙膏毒害肉體，同時亦透過關帝崇祀的教誨而一日不
忘自己炎黃華胄的身份。鸞堂的排日、反日，王世慶言之甚詳：

　　　　日本據臺之初，〔……〕將製鹽業、樟腦業、鴉片業等最有
　　　　利益之事業，俱收歸爲官營之專賣，因此〔……〕民間之各

種營業均逐日衰退，加之各種稅捐逐年增加，人民生活陷於
塗炭之苦，人民之利益與清代相比有雲泥之差。故如北部滬
尾、宜蘭、新竹、臺中等處降筆會之重要成員，乃與抗日義
民相謀，以鼓吹排日爲急務，亦以此爲神仙之宣託加以弘揚
擴大戒煙運動，抵制日本之鴉片政策。利用宣講仁義之道，
收覽民心，團結臺胞，俟機起義抗日，以期促進民族運動，
並以將臺灣復歸中國爲目的。當光緒二十七年春，臺灣西部
各地方紛紛設立鸞堂，勸鴉片癮者舉行扶鸞祈禱降筆戒煙之
際，臺灣總督府於四月及七月間，二次提高鴉片煙膏價格，
更使臺胞反感。參加鸞堂降筆戒煙行動。（王世慶，頁 445）

因此，戒煙、反日以及遵行華夏文教綱常，此三件事遂揉合成爲鸞
堂一體多面的功德。由於鸞堂的逐漸興盛，就苗栗區域而言，光緒
二十六年八月，由樹杞林人彭殿華傳授給苗栗一堡沙坪莊的富戶黃
紫雲；黃氏在沙坪莊觀音佛堂奉祀關聖帝君及觀音佛祖等神祇，自
任堂主，於是發揮了苗栗區域關帝崇祀下極大的社會文教綱常的影
響，爲其吸引而藉神力戒除煙毒者數百人之多，這些信眾來自後龍
街、頭屋莊、公館莊、西山莊、福興莊、獅潭莊以及苗栗街等地，
煙毒既戒，當然也就服膺關帝的道德訓誡以及實踐其忠信節義。除
了黃氏之外，田寮莊、苗栗街、九湖莊、四湖莊等地也紛紛成立關
帝（三恩主）崇祀的鸞堂（王世慶，頁 430）。沙坪莊在頭屋鄉內老田
寮附近，由於源發的影響，促使苗栗區域關帝崇祀的地區比重有如
（圖九）所示，第 1 級的地區在頭屋、獅潭、三灣一帶；第 2 級則
在第一級外圍的鄉鎮區，而第 3 級已近海，第 4 級則屬沿海鄉

鎮。前云黃紫雲由樹杞林將鸞堂南傳,此樹杞林即新竹竹東鎮,由彼地傳入苗栗,當然是順山線往南傳,一則為區位之便,二則同屬客家人區,三則多屬丘陵山地區,較可避日人耳目也。

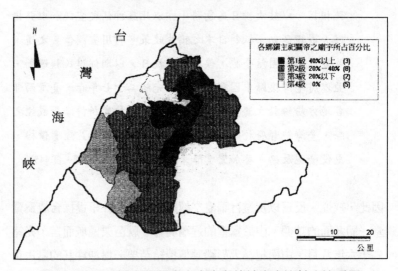

圖九　苗栗區域主祀關帝之廟宇與他神廟宇比較之比重圖

日本殖民統治者顯然注意到臺民關帝崇祀的華夏主體性意識,因而展開壓制取締,光緒二十七年四月二十日至五月三日,約談了苗栗區域數名重要堂主,包括黃紫雲、李緝菴等人。其目的即是在於消滅臺民的關帝崇祀中的華夏綱常之教。但日本殖民統治者畢竟無法禁絕鸞堂的設立,苗栗頭屋鄉雲洞宮扶鸞所造善書《玉鑑龜齡》錄「南宮孚佑帝君」之言曰:

　　時維辛丑,節屆清和。二三子耳聞鸞堂之設,上下盛行,不

禁中心向往，因以權借書屋，暫作鸞臺，特標堂名曰「施
勸」。從此開方問課，夜夜飛鸞，迄無虛日，不覺遠近聞
風，接踵而至，內外鸞下，計有數十餘人。僉云此堂狹隘，
難以容眾。思欲建一廟亭，爲我諸聖神砼蹕之所。吾儕由是
遍察山川形勢，見此處山高水清，地僻市遠，無惡聲之亂
耳，無俗味之逼人，且常有白雲封鎖於其際。細玩此地，頗
覺相宜，乃指點諸子，鳩工卜居，未幾落成。因名其宮曰
「雲洞宮」。（玉鑑龜齡，頁24）

又錄「主壇開臺聖王」之言曰：

今夫玉鑑龜齡一書，因何而作也？益以辛丑之歲，時維梅
月，雲洞諸子，耳聞上下鸞臺之盛，不禁心焉慕之。因借學
館權作鸞臺，一時鄉里聚會、多士濟濟，計有數十生焉。俱
各心堅如石，日夜扶鸞，不厭不倦。數月間聲聞于外，四方
男女，接踵登堂。或問課、或求方，無不各遂其願。諸生見
此情形，興思久遠，因創建一廟，頗壯大觀，名之曰「雲洞
宮」。厥後宮成，細想有廟無書，無以誌當時之盛事，亦無
以啓發我後人。所以黃生色雲，協同雲諸子，連名進表，上
叩帝閽，幸而天心喜悅，旨准開期著書，於是〔……〕彙造
一部玉鑑龜齡，其述證詩詞、歌文論策，〔……〕可以警
惡、可以勸善。〔……〕（玉鑑龜齡，頁25）

由此兩段降鸞之文得知，辛丑年的光緒二十七年，在日本殖民統治

者找黃紫雲、李緝菴等堂主麻煩的時候，黃紫雲的兄弟色雲無視於
日警如鷹犬一般的監察，而竟然也在頭屋鄉鳴鳳村山中設鸞傳道，
可見縱許日本殖民統治者已展開壓迫，但臺民關帝崇祀的文化主體
力量實已沛然難禦；依上文所說，其鸞堂實由書房轉型而成，此正
是臺民借神道以避日人眼目來傳揚華夏文教綱常的一個佳證。其成
效是深遠的，在甚短時間內，窄狹的書房空間已不足容納數十位儒
生的宣道活動，故才有建廟之舉，而且爲應廣大信眾之需，所以在
極短時間內編造出善書《玉鑑龜齡》。

　　雲洞宮施勸堂主祀三恩主，以關聖帝君（文衡聖帝）爲主神，
其設堂施方闡教之宗旨何在？《玉鑑龜齡》載「南天文衡聖帝」之
序言曰：

> 竊思二帝之休風莫睹，三王之盛治難追。溯厥由來，皆因人
> 心不古，惟利是圖，上下交征，仁義弗講。故卒至父子君臣
> 典禮湮沒，兄弟夫婦規法淪亡，良可嘆也。又況友道日非，
> 交情愈薄；陽敦管鮑之誼，陰效孫龐之尤，吾也目擊心傷。
> 　　　　（玉鑑龜齡，頁19）

據此可知雲洞宮施勸堂的諸儒士，假借關帝的神諭而對於清末日初
紛亂不定的臺灣社會人心浮囂狀態之憂慮，而思運用神道設教之方
有以救之。又，「雲洞宮主席眞君」亦降鸞而有序，其序曰：

> 自楊墨之道不息，孔子之道不著，一時上下四方，皆放於利
> 而行。而綱常名教之經，遂日即於泯滅。父不言慈、子不言

孝，兄弟絕少友恭、朋友不講信義。至於夫婦一倫，尤屬可
嘆，夫也不以婦爲室、婦也不以夫爲家；非配偶而相從，棄
倫常而不顧；苟合苟離，任施行其不範；無廉無恥，異禽犬
於幾希。他如臨財苟得，見利忘義，陰圖肥己，暗計害人，
種種惡端，難以悉數，故迺年來，刀兵四起，水火爲災。
（玉鑑龜齡，頁20）

此段序文分明就是孟子斥責戰國亂世的口吻，所謂五倫的君臣、父
子、兄弟、夫婦、朋友，居昏亂之時世，在在均成爲罪惡之淵藪，
這乃是日本殖民帝國侵據臺灣，因臺灣天地沈淪劇變而引起的社會
人心之昏昧與囂亂，深受傳統華夏綱常之教的地方儒士是深爲擔憂
悲喪的，甚至認爲此與日寇侵臺之役有著互爲因果的關聯。

面對亂局的臺灣，地方儒士崇祀關帝、設鸞施教之目的正是
「豁落靈官王天君」所說：

三代以前，道在君相；三代以後，道在師儒。今日者上而朝
廷，堯舜禹皇不復作；下而草野，孔孟程朱不再生。此我夫
子，不得不以神道設教，以維道統於廢墜之秋，所以處處開
堂，方方宣化。著書不嫌萬巷，大抵無非彰善瘴惡，欲使人
倫之克明於天下也。（玉鑑龜齡，頁22）

於此已十分明白指出臺灣沈淪，落入異族統治，即已成爲「堯舜禹
皇不復作、孔孟程朱不再生」的非華夏的夷狄世界了。面臨華夏道
統的淪亡，臺灣儒生的心痛神傷，是逾恆難表的，但神龍雖潛隱，

卻絕不令其斷喪，此全在於「人能弘道、非道弘人」的儒家剛健克難之德操，盡己一心以行之，因而儒士們透過剛健之德的關帝之號召，期能喚醒日本夷狄統治下的臺民之華夏心魂。這才是他們此處所言「彰善癉惡、使人倫克明於天下」的眞實大義。

五、結論

　　數百年來，關帝崇祀是中國人國家與民間兩層以神道設教的方式推展普溥儒家文教綱常的最主要形式，其深入國人之心靈、生活及基本立身處世之道，可謂極深遠篤厚矣。華夏之民追隨延平郡王鄭成功開臺的腳印，如長江巨河般移居臺灣，臺灣亦隨之成爲關帝崇祀的土地，華夏文教綱常也就在臺逐日根深、枝盛、葉茂。日人侵據臺灣垂五十一年，臺民在異族高壓統治下，一日不忘自己華夏文化的主體性，此亦拜關聖帝君之賜；當臺民入關帝廟馨香默禱之際，儒宗春秋節操自然深透於臺民之心靈深處；若非關帝以其崇高武德實踐孔門忠信節義之德，臺民或將被日寇夷狄迷其心神。其幾若是之危也，若無臺灣先儒的虔其心誠其志，戮力宣揚傳續關帝崇祀中的華夏文教與綱常，臺灣或將百世萬代爲日本殖民帝國的順民或奴隸。

徵引書目

明，顧炎武，《日知錄》，明倫出版社。
清，趙翼，《陔餘叢考》，華世出版社。

清，王必昌，《重修臺灣縣志》，臺灣文獻史料叢刊（第二輯），
　　31 號，臺北大通書局。

清，陳文達，《臺灣縣志》，臺灣文獻史料叢刊（第二輯），30
　　號。

清，蔣毓英，《臺灣府志》，北京中華書局。

清，周鍾瑄，《諸羅縣志》，臺灣文獻史料叢刊（第一輯），12
　　號。

清，謝金鑾，《續修臺灣縣志》，臺灣文獻史料叢刊（第二輯），
　　32 號。

清，周璽，《彰化縣志》，臺灣文獻史料叢刊（第一輯），16
　　號。

清，陳淑均，《噶瑪蘭廳志》，臺灣文獻史料叢刊（第一輯），17
　　號。

清，王瑛曾，收於《臺灣南部碑文集成》（上），臺灣文獻史料叢
　　刊（第九輯），173 號。

清，秦士望，收於《臺灣中部碑文集成》，臺灣文獻史料叢刊（第
　　九輯），175 號。

清，蔣允焄，收於余文儀《續修臺灣府志》（下），臺灣文獻史料
　　叢刊（第一輯），6 號。

清，蔣元樞，收於《臺灣南部碑文集成》（上）。

清，鄭重，收於《臺灣中部碑文集成》。

清，〈虞朝莊關帝廟碑文〉，收於《臺灣南部碑文集成》（上）。

清，沈茂蔭，《苗栗縣志》，臺灣文獻史料叢刊（第一輯），14
　　號。

連橫，《臺灣通史》（下），臺灣文獻史料叢刊（第一輯），20
　　號。

馬書田（1993），《華夏諸神·道教卷》，雲龍出版社。

潘朝陽（1986），〈臺灣民俗宗教分佈的意義〉，《師大地理研究
　　報告》12 期。

　　（1994），《臺灣傳統漢文化區域構成及其空間性》，臺灣
　　師大地理系博論。

　　（1996），〈地方儒士興學設教的傳統及其意義〉，《鵝湖
　　學誌》十七期。

李國祁（1982），《中國現代化的區域研究——（1869－1916），
　　閩浙臺地區》，中研院近史所。

仇德哉（1983），《臺灣的寺廟與神明》（三），臺灣省文獻會。

余光弘（1988），《媽宮的寺廟》，中研院民族學研究所。

李阿成、陳運棟、彭富欽（1988），《苗栗縣寺廟文化之研究》，
　　苗栗縣政府·文復會苗栗總支會。

呂宗力、欒保群（1991），《中國民間諸神》（下冊），臺灣學生
　　書局。

陳玲蓉（1992），《日據時期神道統制下的臺灣宗教政策》，自立
　　晚報社。

黃鼎松、曾桂龍、徐禮雲（1993），《我們的家鄉苗栗——史地
　　篇》，苗栗縣政府。

王世慶（1994），《清代臺灣社會經濟》，聯經出版事業公司。

陳昭瑛（1996），《臺灣詩選注》，正中書局。

王見川（1996），《儀式、廟會與社區：道教、民間信仰與民間文

化》（李豐楙、朱榮貴主編），中研院中國文哲研究所。

王志宇（1996），《儀式、廟會與社區：道教、民間信仰與民間文
　　化》。

（1997），《臺灣的恩主公信仰》，文津出版社。

《玉鑑龜齡》（清·光緒二十七年），苗栗頭屋雲洞宮施勸堂。

《孟子》。

※本文發表於《臺灣師大地理研究報告》第 28 期，1998 年
　　5 月。

國家圖書館出版品預行編目資料

明清臺灣儒學論

潘朝陽著. - 初版. - 臺北市：臺灣學生，
2001[民 90]
面；公分；

ISBN 957-15-1095-5 (精裝)
ISBN 957-15-1096-3 (平裝)

1.學術思想 - 臺灣 - 歷史
2.儒家 - 論文，講詞等

673.24   90014368

明清臺灣儒學論 (全一冊)

著　作　者：潘　　　　朝　　　　陽
出　版　者：臺　灣　學　生　書　局
發　行　人：孫　　　善　　　治
發　行　所：臺　灣　學　生　書　局
　　　　　　臺北市和平東路一段一九八號
　　　　　　郵政劃撥帳號：00024668
　　　　　　電　話：(02)23634156
　　　　　　傳　眞：(02)23636334
本書局登
記證字號：行政院新聞局局版北市業字第玖捌壹號
印　刷　所：宏　輝　彩　色　印　刷　公　司
　　　　　　中和市永和路三六三巷四二號
　　　　　　電　話：(02)22268853

　　　　　精裝新臺幣四二〇元
定價：平裝新臺幣三五〇元

西　元　二　〇　〇　一　年　十　月　初　版